Gartenprojekte

© Naumann & Göbel Verlagsgesellschaft mbH
Autor: Hans-Werner Bastian
Mitarbeit: Peter Himmelhuber
Gesamtherstellung: Naumann & Göbel Verlagsgesellschaft mbH, Köln
Alle Rechte vorbehalten

ISBN 978-3-625-11645-5

www.naumann-goebel.de

Gartenprojekte

Terrassen, Wege, Wassergärten,
Zäune und mehr

Inhalt

Vorwort

Verschönern Sie Ihren Garten!
Bauen Sie die neue Holzterrasse,
die Sie sich schon lange wünschen.
Vielleicht soll auch ein Teich mit
Wasserfall angelegt werden. Und
wer Kinder hat, sollte ihnen das heiß
ersehnte Spielhaus schenken.
Diese und viele andere attraktive
Gartenprojekte präsentiert dieses
Buch mit detaillierten Anleitungen,
die das Nachbauen erleichtern.

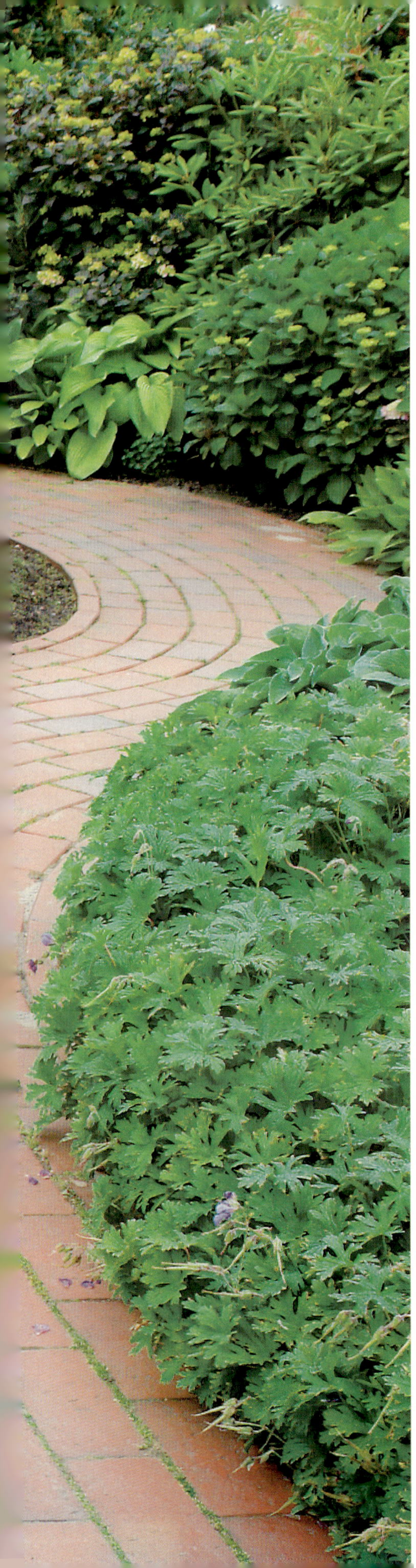

Terrassen und Wege pflastern

Materialkunde Pflastersteine

Arbeitstechniken bei Pflasterarbeiten

Terrasse aus Klinkersteinen

Materialmix beim Pflastern

Wege im Garten pflastern

Treppen im Garten anlegen

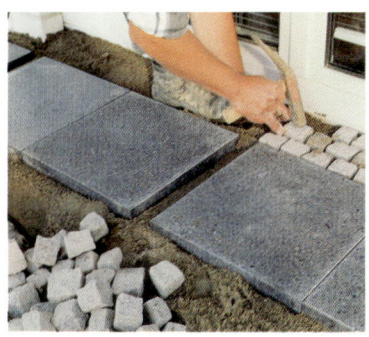

Materialkunde Pflastersteine

**Gepflasterte Wege und Plätze im Garten erschließen das Grundstück.
Steine als Bodenbelag sind dauerhaft und sicher zu begehen**

Solange der Mensch mit Natursteinen und Ziegeln Häuser baut, solange benutzt er diese Materialien auch schon, um damit dauerhaft Wege und Plätze zu befestigen.

Am Anfang wurden große Kieselsteine oder Bruchplatten von Geröllhalden, so wie sie waren, ins Erdreich gelegt und zu einem einigermaßen ebenmäßigen Pflaster ausgerichtet. Später hat man Natursteine behauen, um ihnen weitgehend gleiche Form zu verleihen,

oder man hat gebrannte Ziegel verwendet, die ohnehin annähernd gleiche Maße aufwiesen.

Natursteine

Bei den Natursteinen unterscheidet man zwei Gruppen. Zunächst sind die so genannten Hartgesteine zu nennen. Dazu gehören Granit, Porphyr, Gneis, Basalt oder Quarzit. In Steinbrüchen wird dieses Material gewonnen und

Vor dem Einschlämmen des Fugensands lassen sich letzte Korrekturen am Fugenverlauf vornehmen. Dazu benutzt man Kelle oder Spaten

dann zu verschiedenen Platten- und Pflasterformaten zurechtgehauen. Zur zweiten Gruppe gehören die Weichgesteine wie Kalk- oder Sandstein. Dieses Material wird in die gewünschten Formate zersägt. Aufgrund der wesentlich höheren Belastbarkeit stehen Hartgesteine als Pflastermaterial absolut im Vordergrund.

Natursteine weisen immer gewisse Maßtoleranzen auf und sind daher schwieriger zu verlegen als genormte Klinker- oder Betonsteine. Diese Unregelmäßigkeit macht aber gerade die Attraktivität aus. Im Handel unterscheidet man zwischen Groß-, Klein- und Mosaikpflastersteinen. Die bei Großpflaster gängigen Größen sind: 13/15, 15/17 und 17/19 cm. Der Fachmann bezeichnet damit Natursteinwürfel mit Kantenlängen von ca. 14, 16 oder 18 cm. Nach oben und unten variieren die angegebenen Kantenlängen der Steine dabei um maximal 1 cm.

Bei Kleinpflaster werden die Formate 9/11, 8/10, 8/11, 7/9 und 7/10 cm angeboten. Bei Mosaikpflaster sind die Größen 6/8, 5/7, 4/6 und 3/5 cm handelsüblich.

Die Kombination verschiedener Verlegemuster macht das Naturpflaster lebendig

Oben ein Großpflasterstein aus Basalt. Rechts in klassischer Weise verlegtes Kleinpflaster aus Quarz-Porphyr

Verschiedene Natursteinpflaster im Überblick: **1** Basalt, **2** Grauwacke, **3** Metten Quarz-Porphyr, **4** Granit Portugal, **5** Granit hellgrau geflammt, **6** Granit grau rötlich, **7** Granit dunkelgrau, **8** Schwedischrot, **9** Andesit schwarz, **10** Grauwacke neu, **11** Carrara Marmor

Pflasterklinker

Neben normalen Ziegeln werden zum Pflastern vor allem Klinker verwendet. Klinker sind wie Ziegel aus Ton gebrannt. Das Rohmaterial wird allerdings verdichtet und bei besonders hohen Temperaturen von über 1100 °C gebrannt. Dabei sintert der Ton, d. h., er schmilzt, und es entsteht ein sehr harter, biegezugfester, frost- und säurebeständiger Stein.

Pflasterklinker sind sehr maßhaltig. Im Handel werden die verschiedensten Formate angeboten. Standardgrößen sind z. B. 10 x 20 cm, 10 x 10 cm sowie 24 x 11,8 cm und 11,8 x 11,8 cm. Dabei sind wahlweise Dicken von 4,5 cm, 5,2 cm, 6,2 cm oder 7,1 cm erhältlich. Den gebräuchlichsten Stein der Größe 20 x 10 cm gibt es zusätzlich auch in 80 mm Dicke für besonders stark beanspruchte Pflasterflächen.

Weitere Formate sind 5 bzw. 5,7 cm breite Riegel, kleine Mosaiksteine mit 5,2 cm Kantenlänge und 5,2 cm dicke Platten der Maße 15 x 15 cm bzw. 24 x 24 cm.

Für die individuelle Verlegung stehen zudem Ecksteine, Kreissteine und viele weitere Formsteine zur Verfügung. Die Farben variieren bei Pflasterklinkern in den verschiedensten Rot-, Gelb- und Brauntönen. Je nach Herkunft des Tons sind sogar blaue Farbtöne möglich. Klinker harmonieren sehr gut mit Natursteinen.

Betonpflastersteine

So genanntes Verbundpflaster aus grauen Betonsteinen wird vor allem zur preiswerten Befestigung großer Flächen im öffentlichen Bereich genutzt. Der private Bauherr greift heute eher auf die verschiedensten Sonder-

Der Rohstoff Ton und das Fertigprodukt Klinker. Die Steine sind absolut frostsicher

Pflasterklinker werden heute in den verschiedensten Formaten angeboten

Betonpflastersteine gibt es in verschiedenen Formen und Farbtönen. Auch die changierenden Töne gebrannter Klinker lassen sich täuschend echt nachahmen. Die verschiedensten Verlegemuster sind möglich

gestaltung ein einheitliches Erscheinungsbild erzielt werden. Auch die Kombination mit Natursteinen oder Klinkern ist reizvoll.

Materialien für den Unterbau und die Pflasterfugen

Man unterscheidet gebrochene Materialien (Schotter und Splitt) von ungebrochenen Materialien (Kies und Sand). Kies oder Schotter benutzt man für den Unterbau von Pflasterungen. Feiner Splitt oder Sand kommen beim Verfugen der Beläge zum Einsatz. Um natürliche Ressourcen zu schonen, wird für den Unterbau immer häufiger so genanntes Recycling-Material verwendet. Schredderanlagen zerkleinern geeignete alte Baustoffe auf die gewünschte Größe.

Gartenweg aus roten Betonsteinen (oben)

Unterschiedliche Steine lassen sich hervorragend kombinieren. Hier ein Beispiel mit Pflasterklinkern und Natursteinen (unten)

produkte aus Beton zurück, die in vieler Hinsicht den Vergleich mit Natursteinen nicht zu scheuen brauchen.

Man benutzt für die Herstellung des Betons verschiedenfarbige Sände und Zementmischungen. Außerdem lassen sich UV-beständige und dauerhafte Eisenoxidfarben zumischen. Besonders hochwertige Steine entstehen, wenn man Zusätze aus Naturstein in den Beton gibt oder Feinsplitt aus Hartgestein in die Oberfläche einbaut. Werden solche Steine dann gestrahlt, geschliffen oder strukturiert, entstehen ausgesprochen edle Pflastersteine.

Der große Vorteil von Betonprodukten besteht darin, dass sich die verschiedensten Formen realisieren lassen. Der Handel bietet Steinprogramme, bei denen vom kleinsten Mosaikstein bis hin zur großen Verlegeplatte oder zur Palisade alle Produkte den gleichen Farbton bzw. die gleiche Oberfläche aufweisen. So kann bei der Außen-

Arbeitstechniken bei Pflasterarbeiten

Wer in Eigenleistung Gartenwege und Terrassen pflastern möchte, muss schon kräftig zupacken können. Die Techniken sind aber schnell erlernt

An erster Stelle stehen beim Pflastern Erdarbeiten. In der Regel muss Mutterboden abgetragen werden, um anschließend einen stabilen Unterbau sowie eine wasserdurchlässige Tragschicht einbringen zu können.

Bei kleineren Arbeiten kommt man mit einer Kreuzhacke, einem Spaten, einer Schaufel und einer Schubkarre aus, um die notwendigen Erdbewegungen durchzuführen. Doch schon bei einem Weg von 10 m Länge und 1 m Breite müssen bei 40 cm tiefer Auskofferung rund vier Kubikmeter Erde ausgehoben werden. Umgekehrt ist dann das Material für Unterbau und Bettung der Pflastersteine einzubringen, zu verdichten und zu planieren. Hier gilt es, sehr genau zu überlegen, was man sich an solcher „Knochenarbeit" zutrauen und zumuten kann.

Stein ist ein sprichwörtlich hartes Material. Zum Brechen und Trennen brauchen Sie Spezialwerkzeuge (unten). Für größere Erdbewegungen kann man einen solchen Kleinbagger einsetzen (oben)

Wann immer es die örtlichen Gegebenheiten erlauben, sollte man versuchen, Maschinenkraft einzusetzen.

Es gibt beispielsweise Mini-Bagger und kleine Planierraupen, die auch durch schmale Einfahrten passen und in wenigen Minuten so viel Erde bewegen, wie man mit reiner Muskelkraft nur in Stunden schafft. Solche Maschinen kann man leihen und selbst bedienen oder mitsamt Fahrer zu festen Stundenpreisen mieten. Ebenfalls mieten lassen sich Rüttelplatten, die man zum Verdichten des Unterbaus und zum Abrütteln des fertigen Pflasterbelags benötigt. Kleine Rüttelplatten lassen sich problemlos in jedem Kombi transportieren. Übers Wochenende gibt es häufig besonders günstige Mietpreise.

Abstecken, Messen und Nivellieren der Pflasterfläche

Was man unbedingt benötigt, sind mehrere angespitzte Eisenstangen (Schnureisen), die man ins Erdreich rammt, um daran Schnüre für das Markieren von Fluchten und Höhen zu befestigen. Werden Höhen auf kurze Distanz übertragen, arbeitet man am besten mit der Wasserwaage oder einem Richtscheit und aufgelegter Wasserwaage.

Bei größeren Distanzen kommen die Schlauchwaage oder der heute schon recht preiswerte Baulaser zum Einsatz. Die Pflasterprofis benutzen auch den so genannten Theodoliten, ein optisches Messgerät, mit dem sich von einem zentralen Messpunkt aus höhengleiche Punkte festlegen lassen.

In die Bettung gelegte Rohre dienen als Lehre zum Abziehen. Mit der Wasserwaage die richtige Lage kontrollieren

Der Pflasterhammer: Seine gebogene Spitze dient zum Verdichten der Bettung unter Platten oder Natursteinen

Beim Nivellieren von Sand- oder Splittbettungen verwendet man in der Regel gerade Kanthölzer, Bretter oder Richtscheite aus Aluminium. Am besten legt man verzinkte Wasserrohre als Lehren in die Bettung und zieht das Material darüber ab.

Hilfsmittel zum Klopfen und Schlagen

Bei der klassischen Verlegetechnik klopft man die Pflastersteine einzeln ins Sandbett. Hierzu eignet sich ein Gummihammer. Profis arbeiten mit dem traditionellen Pflasterhammer, mit dessen scharfer Seite sich die Bettung unter einem Stein oder einer Platte verdichten lässt. Hat man sich dagegen für maßgleiche Pflasterklinker oder Betonpflaster entschieden, werden die Steine nur lose auf der Bettung ausgelegt und nach dem Verfugen als gesamte Fläche abgerüttelt.

Werkzeuge zum Verfugen und Abrütteln

Um das Fugenmaterial einzuarbeiten, brauchen Sie einen groben Besen sowie einen Wasserschlauch zum Einschlämmen. Bei kleinen Flächen genügt ein Handstampfer, um die Steine fest in die Bettung zu drücken. Meist empfiehlt sich aber der Einsatz der Rüttelplatte, die mit größerer Energie arbeitet und vor allem den Druck gleichmäßig auf eine große Fläche verteilt und damit letzte Unebenheiten beim Verlegen ausgleicht.

Passsteine herstellen

In den seltensten Fällen kann man bei Pflasterarbeiten nur mit ganzen Steinen arbeiten. Fast immer sind im Randbereich oder bei Anschlüssen an

1 Ein gerades Brett kann zum Abziehen verwendet werden. Sind die Ränder erhöht, wird das Brett ausgeklinkt

2 Zum Anklopfen von Steinen mit empfindlichen Oberflächen nimmt man einen Fäustel mit Gummikappe

3 Mit der Richtlatte werden die Fluchten kontrolliert. Mit leichten Gegenschlägen kann man die Steine ausrichten

4 Die Verdichtung erfolgt per Rüttelplatte. Ein exzentrisch bewegtes Gewicht erzeugt den Druck aufs Erdreich

andere Flächen Passsteine erforderlich. Mit einem scharfen Meißel können Sie viele Steine einigermaßen sauber per Hand trennen. Profis verwenden auch einen Steinbrecher, der die Steine zwischen zwei Hartmetallschneiden sauber „knackt".

Sehr schnell und relativ exakt arbeitet ein Zweihandwinkelschleifer, bestückt mit einer Diamantscheibe für Trockenschnitt. Bei der Arbeit mit einem solchen Winkelschleifer sollte man sich die Mühe machen, den Stein beispielsweise mit einer stabilen Schraubzwinge auf einer Baudiele zu fixieren. Am saubersten und präzisesten schneidet man Pflastersteine allerdings mit einer stationären Nassschneidemaschine. Solche Geräte können bei Firmen für Werkzeugverleih gemietet werden. Auch einige Baustoffhändler und große Anbieter von Pflastersteinen verleihen Nassschneider. Wenn man nur einige

wenige Passsteine benötigt, kann man sich diese Steine auch anzeichnen und direkt beim Materiallieferanten auf Maß zuschneiden lassen.

Wichtig bei allen Trenn- und Schneidearbeiten: die Sicherheitsvorschriften beachten! Kinder dürfen sich nicht in der Nähe der Maschinen aufhalten.

Vom Unterbau zum fertigen Pflasterbelag

Zu den ersten Vorarbeiten gehören das Einmessen und das Abstecken der zu pflasternden Flächen. Die Umrisse sollten zuvor auf einem maßstabsgerechten Plan der Außenanlagen eingezeichnet worden sein. Diesen Plan übertragen Sie dann aufs Gelände. Was die Höhe des Pflasters angeht, gibt es immer Bezugspunkte, an denen man sich zu orientieren hat. Terrassen-

höhen richten sich nach den Austrittshöhen der Türen. Wege, die zum Haus führen, müssen ebenfalls die Höhen von Türen berücksichtigen bzw. die Höhen von Terrassen oder Podesten, an die sie sich anschließen sollen.

Wege im Gelände abstecken

Bei geradlinigen Wegeverläufen genügt es, die Außenecken abzustecken. Schlagen Sie zunächst außerhalb der Pflasterflächen Schnureisen ein, an denen Sie die Richtschnüre befestigen. Dann werden die Außenecken der Flächen durch etwa 50 cm lange, unten angespitzte Holzpflöcke markiert. Wenn Sie zuvor die Richtschnüre mit der Schlauchwaage (Bild li.) in der Höhe exakt ausgerichtet haben, lassen sich die Pflöcke leicht in die korrekte Position bringen und bis auf Höhe des Pflasters einschlagen.

Sind vor dem Pflastern größere Aushubarbeiten erforderlich, ist es sinnvoll, die Holzpflöcke in einem definierten Abstand zu den späteren Pflasterflächen einzuschlagen. Sie haben anschließend eine genaue Markierung des Weges mitsamt Höhenverlauf. Wenn Sie eine 2 m lange Richtlatte aus Alu besitzen, sollten Sie die Holzpflöcke auf etwas weniger als 2 m Entfernung voneinander platzieren. Später lassen sich dann alle Markierungspunkte durch Auflegen der Richtlatte miteinander verbinden. Die Zeichnungen rechts oben zeigen, wie man Wege mit geradlinigen, aber versetzten Rändern oder kreisförmige Flächen bzw. geschwungene Wege markiert.

Die Schlauchwaage zeigt höhengleiche Punkte an

Hier wird genau nach Plan gearbeitet. Bei aufwändigeren Verlegemustern wie dem gezeigten müssen immer wieder Passsteine hergestellt werden, um Lücken in Winkelbereichen zu füllen

Der richtige Unterbau fürs Pflaster

Zwei Grundanforderungen werden an den Unterbau einer Pflasterfläche gestellt: Er muss tragfähig und er muss wasserdurchlässig sein. Deshalb besteht er aus einer verdichteten, aber dennoch porösen Schicht aus grobem Steinmaterial. Um die Steine exakt ausrichten zu können, kommt auf diese Tragschicht eine Bettung aus Sand oder feinem Splitt. Wie aufwändig Sie den Unterbau Ihres Pflasters vorbereiten müssen, hängt von den späteren Belastungen und den Ansprüchen an die Maßhaltigkeit ab. Im einfachsten Fall verlegt man Steine oder Platten in einem dünnen Sandbett direkt auf dem gewachsenen Boden. Für unbelastete Gartenwege reicht das oftmals aus. Bereiten Profis den Unterbau für eine stark belastete Pflasterfläche fachgerecht vor, wird dagegen ein mehrschichtiger Aufbau realisiert, wie ihn die Grafik unten zeigt.

Mit gespannten Schnüren Fluchten markieren

Im rechten Winkel versetzte Ränder von Wegen oder Terrassen werden mit Pflöcken und Schnüren markiert (A). Bei kreisförmigem Randverlauf ermittelt man den Mittelpunkt und schlägt den Kreis mit Hilfe einer Schnur (B). Ein geschwungener Weg: Die geraden Linien müssen die durchlaufende Flucht stets im rechten Winkel schneiden (C).

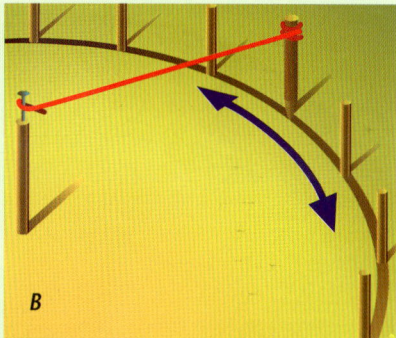

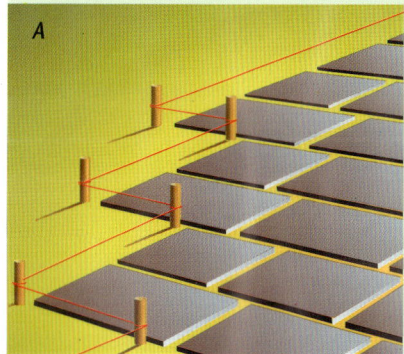

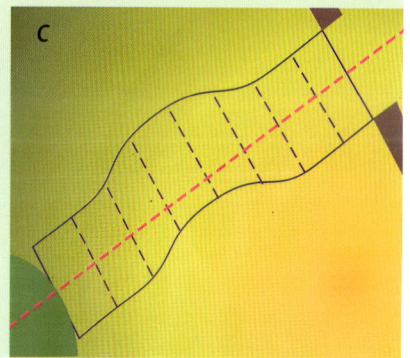

Ein einfacher Unterbau: Über der Tragschicht aus grobem Material liegt eine dünne Sandschicht als Bettung der Platten

Denken Sie daran, dass der Unterbau an den Rändern stets etwa 10 cm über die Pflasterflächen hinausragen muss, um ein seitliches Abkippen des Belags zu vermeiden. Der verwendete Grobkies oder Schotter bzw. das heute häufig eingesetzte Recycling-Material wird immer lagenweise eingebracht und dann mit dem Rüttler gut verdichtet. So vermeiden Sie spätere Setzungen.

Entwässerung und Dränage des Pflasters

Das Oberflächenwasser soll bei Terrassen und Einfahrten immer vom Haus weg fließen. Bei gepflasterten Wegen wird es stets zu den Seiten geleitet. Man empfiehlt ein durchschnittliches Gefälle von 1,5 bis 2 %, was 1,5 bis 2 cm auf einen Meter entspricht. Be-

Die Randbefestigung der Pflasterfläche

Bei Stellplätzen und Einfahrten werden häufig speziell für diesen Zweck angefertigte Randsteine im Mörtelbett versetzt (A). Bei einfachen Gartenwegen dagegen muss der Rand nicht unbedingt befestigt werden (B). Eine Randbefestigung des Pflasters durch eine Rückenstütze aus Mörtel ist eine weitere mögliche Variante (C).

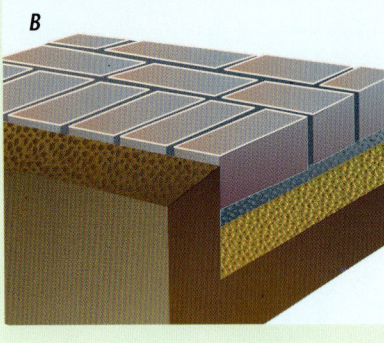

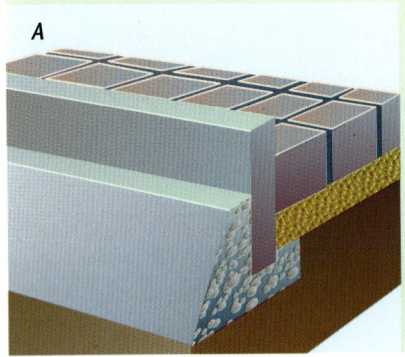

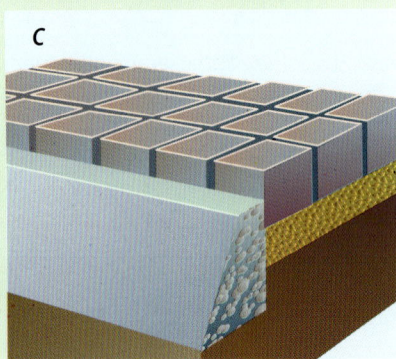

Natursteine verlegen

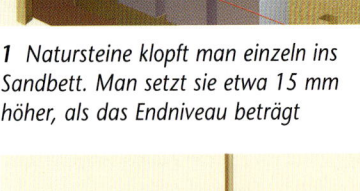

1 Natursteine klopft man einzeln ins Sandbett. Man setzt sie etwa 15 mm höher, als das Endniveau beträgt

2 Fugensand stabilisiert den Pflasterbelag. Er wird mit einem Besen diagonal in die Fugen eingearbeitet

3 Zuletzt verdichtet und egalisiert man den Belag mithilfe des Handstampfers oder einem Rüttler

4 Hier wurde eine Treppe gebaut. Die Konstruktion besteht komplett aus hochkant verlegten Pflastersteinen

reits der Unterbau muss mit dem vorgesehenen Gefälle eingebracht und verdichtet werden. Die Sand- oder Splittschicht der Bettung darf nämlich nicht mehr zum Nivellieren der Pflasterfläche benutzt werden. Unterschiedlich hohe Bettungsschichten führen zwangsläufig zu Setzungen und späteren Unebenheiten des Pflasters.

Wenn das Oberflächenwasser nicht von den seitlichen unbefestigten Flächen aufgenommen werden kann, muss man für eine Entwässerung hin zum Kanalsystem sorgen. Läuft das Wasser aufgrund des Gefälles punktförmig zusammen, wird eine Senke ins Pflaster eingebaut.

Bei Einfahrten wählt man dagegen häufig eine linienförmige Entwässerung, bei der man schmale Entwäs-serungsrinnen über die gesamte Breite einbaut. Hierin fließt das Wasser dann seitlich zu einem installierten Fallrohr ab. Die Kanalrohre für die Entwässerung müssen natürlich vor Einbringen des Unterbaus frostfrei im Sandbett verlegt werden.

Stabile Randbefestigungen herstellen

Außer bei wenig belasteten Gartenwegen empfiehlt es sich grundsätzlich, die äußeren Ränder von Pflasterflächen so zu befestigen, dass die Steine nicht zu den Seiten hin kippen oder wegrutschen. Wie bereits angesprochen, muss der Unterbau des Pflasters über den späteren Rand hinausragen, um Stabilität der Seiten zu garantieren. Zusätzlich empfiehlt es sich jedoch, eine so genannte Rückenstütze aus Beton herzustellen. Dazu kratzt man die Bettungsschicht nach dem Verlegen der Steine vorsichtig bis auf die Tragschicht weg und bringt einen Streifen Magerbeton oder Mörtel ein. Die keilförmige Stütze sollte mindestens bis auf halbe Steinhöhe hochgezogen werden.

Noch stabiler wird der Rand, wenn Sie die äußeren Steine direkt auf dem Unterbau im Mörtelbett verlegen. Das Randpflaster muss dann allerdings sehr sorgfältig in der Höhe ausgerichtet werden. Außerdem müssen die Abstände zu Hauswänden oder gegenüberliegenden Rändern genau abgemessen werden. Bei sorgfältiger Vorarbeit fällt Ihnen das Nivellieren der Bettung anschließend jedoch leichter. Man bringt den Sand oder Splitt ein und zieht ihn einfach über den vorbereiteten Rändern ab.

Die klassische Verlegemethode

Wenn man mit Natursteinen arbeitet, die sehr unterschiedliche Größen haben, muss man diese Differenzen ausgleichen, indem jeder Stein einzeln mit dem Hammer ins Sandbett geklopft wird. Dabei orientiert man sich an einer Schnur, die nicht nur die Flucht markiert, sondern auch die Höhe des Fertigbelags. Die Steine sollen etwa 15 mm über das Fertigniveau hinausragen, da sie sich beim Abrütteln der Fläche bzw. beim Feststampfen des Pflasters noch entsprechend tief in die Bettung eindrücken.

Pflastern mit maßhaltigen Klinker- oder Betonsteinen

Pflasterklinker oder Betonpflastersteine weisen nur sehr geringe Maßtoleranzen auf. Zudem besitzen sie eine eben-

mäßige Unterfläche. Daher bietet es sich beim Pflastern mit solchen Steinen an, die Bettung möglichst glatt abzuziehen und auch schon zu verdichten, ehe man die Steine dann lose auf dem so vorbereiteten Untergrund auslegt. Anschließend wird zur Stabilisierung der Steine Fugenmaterial eingefegt und die gesamte Fläche noch einmal mit der Rüttelplatte bearbeitet.

Gepflasterte Treppen und Podeste anlegen

Sobald das zu pflasternde Gelände Höhenunterschiede von mehr als 7 % aufweist, sollten Sie Stufen oder Podeste einplanen. Diese Abstufungen brauchen grundsätzlich einen Unterbau aus Beton. Unsere Zeichnungen zeigen einige Lösungsvorschläge.

Am einfachsten ist es, mit fertigen Blockstufen aus Beton zu arbeiten. Diese werden mit 1 bis 2 cm Kantenüberlappung verarbeitet. Am besten bereiten Sie den Unterbau so vor, dass die Stufen anschließend in ein dünnes Mörtelbett gesetzt werden.

Werden die Stufen aus Natursteinen, Klinkern oder Betonpflaster hergestellt, berechnet man die Stufenhöhe und die Auftrittstiefe nach der gängigen Faustformel: zwei Stufenhöhen plus eine Auftrittstiefe sollten etwa 65 cm ergeben. Bei einer Stufenhöhe von 12,5 cm ergibt sich demnach eine Auftrittstiefe von 40 cm.

Im Außenbereich sollten aus Gründen der Bequemlichkeit und sicheren Begehbarkeit Stufenhöhen von 15 cm nicht überschritten werden. Längere Treppen werden durch Podeste aufgelockert. Hier gilt die Regel: Das Schrittmaß von 65 cm plus eine Auftrittstiefe ergibt die Podestlänge.

Betonpflaster verlegen

1 Wird mit Betonpflastersteinen gearbeitet, verdichtet man zuerst die Tragschicht für den Belag mit dem Rüttler

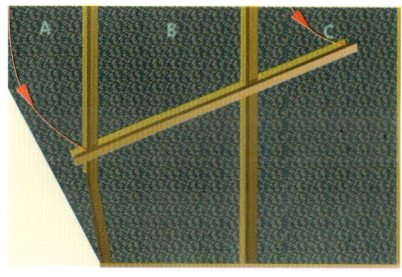

2 Anschließend wird die Bettung auf die vorbereitete Fläche aufgebracht und mit einer Lehre exakt abgezogen

3 Die Steine lassen sich nun zu einer gleichmäßigen Fläche auslegen. Dann kann verfugt und abgerüttelt werden

Terrasse aus Klinkersteinen

Die hartgebrannten Klinker sehen gut aus, sind absolut dauerhaft und bieten auch bei Feuchtigkeit einen trittsicheren Bodenbelag

Vor allem dort, wo traditionell Klinkersteine für den Hausbau gebrannt werden, versieht man häufig auch Wege und Terrassen mit dem natürlichen Pflasterbelag aus Ton.

Beim rechts gezeigten Verlegebeispiel erhält ein für den norddeutschen Bereich typisches Klinkerhaus eine Terrasse aus dem dazu passenden Pflastermaterial. Der Bauherr hat sich für das Standardformat von 200 x 100 mm bei 62 mm Klinkerdicke entschieden. Die rot geflammten Steine sollen im Fischgrätverband parallel zur Flucht des Hauses verlegt werden. Im Randbereich sind bei diesem Verlegemuster halbe Steine erforderlich. Das laut Verlegeplan erforderliche Material wird palettenweise angeliefert. Man sollte darauf achten, dass man es so lagert, dass die Wege zum Verlegebereich möglichst kurz sind.

Der Unterbau

Um den Unterbau für die Pflasterklinker fachgerecht vorzubereiten, wird zuerst der Mutterboden abgetragen und seitlich zur späteren Wiederverwendung gelagert. Der anstehende bzw. gewachsene Boden unterhalb der Mutterbodenschicht muss anschließend so vorbereitet werden, dass er

Treppenstufen müssen nicht immer gerade verlaufen, wie dieses Beispiel beweist. Mit Pflasterklinkern lassen sich solche Verschwenkungen leicht realisieren

Der Mutterboden im Bereich der Terrasse ist hier bereits abgetragen

Vor dem Haus lagern die angelieferten Paletten mit den Pflasterklinkern

frostfrei und ausreichend tragfähig ist. Dazu ist in der Regel eine Planierung und Verdichtung erforderlich.

Dann wird ein Unterbau aufgebracht, dessen Stärke sich nach der Höhe des anstehenden Bodens im Verhältnis zur Höhe des Fertigbelags richtet. Der Unterbau dient als Ausgleichsschicht (Auffüllung) für verbleibende Höhenunterschiede und ist auch wichtig für die Lastverteilung. Man wählt für diesen Zweck ein Grobkiesgemisch, das lagenweise aufgebracht und anschließend verdichtet wird. Die Gesamtschichtdicke beträgt etwa 50 cm.

Das Verdichtungsmaß für Schüttgüter wie die im hier gezeigten Beispiel

Der Unterbau

1 Ein genauer Blick auf den vom Architekten erstellten Bauplan hilft beim Abstecken der Terrassenbegrenzungen

2 Ausgehend vom seitlichen Terrassenaustritt bestimmt man nun die Fertighöhen des späteren Pflasterbelags

3 Mit Grobkies gleicht man Unebenheiten aus und stellt auf diese Weise auch einen tragfähigen Unterbau her

4 Lagenweises Abrütteln des Unterbaus verdichtet und ebnet die Fläche. So entsteht das nötige Grobplanum

5 Im nächsten Schritt muss der Abstand der Randeinfassung zur angrenzenden Hauswand ermittelt werden

6 Im Bereich der Randeinfassungen muss man den Unterbau in einem weiteren Arbeitsgang nochmals verdichten

7 Damit die Randklinker einen stabilen Unterbau erhalten, wird in diesem Bereich erdfeuchter Mörtel aufgebracht

8 Unter Zuhilfenahme einer gespannten Richtschnur wird das Mörtelbett auf die erforderliche Höhe abgezogen

Der Unterbau

9 Ist das Mörtelbett komplett vorbereitet, kann der erste Stein hochkant ins Mörtelbett gedrückt werden

10 Beim exakten Ausrichten des ersten und aller folgenden Randsteine helfen Wasserwaage und Richtschnur

11 Jetzt kommt der Pflasterhammer zum Einsatz. Einen Stein nach dem anderen klopft man nun entlang der Schnur fest

12 Auch wenn alles gerade aussieht – das Augenmaß kann täuschen. Immer wieder die Wasserwaage anlegen!

13 Mit der quer aufgelegten Wasserwaage kann man letzte Unregelmäßigkeiten der Randsteine korrigieren

14 Der Mörtel muss nun ein wenig anziehen. Dann können die Steine verfugt werden. Verwenden Sie hierzu das Fugeisen

15 Ist die Randeinfassung aufgebaut und verfugt, erhält sie an der Außenseite eine Rückenstütze aus Mörtel

16 Durch sorgfältiges Abfegen der noch frischen Mörtelreste lassen sich Zementflecken auf den Klinkern verhindern

Klinkerterrassen passen besonders gut zu Häusern, deren Fassaden ebenfalls aus den gebrannten Ziegeln bestehen (rechts)

verwendete Kiesmischung beträgt ca. 33%. Bei grobkörnigen Schüttgütern ist darauf zu achten, dass die Korngröße nach oben hin abnimmt und die jeweiligen Schichtdicken weitgehend gleich sind. Auf diese Weise können spätere Setzungsunterschiede vermieden werden.

Eingeebnet und zuvor lagenweise sorgfältig verdichtet, ergibt der Unterbau aus dem aufgebrachten Kiesgemisch das so genannte Grobplanum.

Die Randeinfassung

Nachdem der Unterbau für unsere Klinkerterrasse auf die beschriebene Weise präpariert ist, geht es zunächst an die Vorbereitung der Randeinfassungen. Damit wird der Rahmen für den späteren Pflasterbelag geschaffen. Dieser Rahmen muss auf die exakte Endhöhe des Belags gebracht werden, und das Verlegemuster der Pflasterung muss genau in den Rahmen hineinpassen. Die Randeinfassung stabilisiert den Pflasterbelag dann zu den Seiten hin. Sie hat die Aufgabe, ein Verschieben der Pflasterklinker im Randbereich während der Herstellung und der Nutzung der Pflasterflächen zu verhindern. Die Klinker der Randeinfassung werden in Magerbeton verlegt – z. B. als so genannte Rollschicht mit hochkant stehenden Steinen. Nach außen stabilisiert man die Steine durch eine Rückenstütze aus Magerbeton.

Um beim späteren Pflastern so wenig wie möglich schneiden zu müssen und ein sauberes Verlegemuster zu erzie-

Tragschicht anlegen

1 Wenn die vorbereiteten Randeinfassungen stehen, werden Schnureisen eingeschlagen und daran die Schnüre gespannt

2 Zunächst markiert man mit den Schnüren die Höhe der Tragschicht aus Mineralgemisch und richtet diese daran aus

3 Mit dem Zollstock kontrolliert man, ob der Abstand des Unterbaus zur Schnürung auf der gesamten Fläche gleich ist

4 Im darauf folgenden Arbeitsschritt verdichtet und planiert man die Tragschicht sorgfältig mit dem Rüttler

Unterbau und Randeinfassung im Schnitt. Zur Gartenseite sind 1,5 bis 2% Gefälle anzulegen

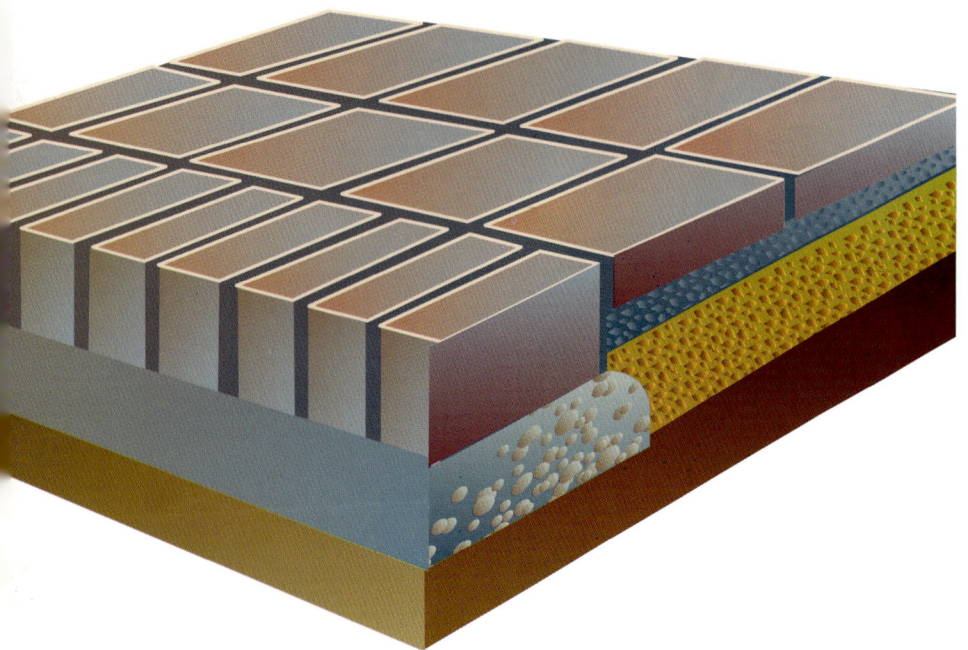

Wenn der Klinkerbelag der Terrasse sich auf dem anschließenden Weg fortsetzt, entsteht ein harmonisches Gesamtbild (rechts)

len, wird der lichte Abstand der Randeinfassung – beispielsweise zur Hauswand – zuvor durch Auslegen von Pflasterklinkern mit 3 bis 5 mm Fuge exakt ermittelt. So kann man bei der Verlegung ohne lästigen Verschnitt mit ganzen Steinen arbeiten.

Die lichte Höhe der Randeinfassung über dem Grobplanum errechnet sich aus der Höhe der anschließend aufzubringenden Tragschicht von mindestens 10 cm Dicke sowie der Dicke der Bettung (ca. 3 cm) und der gewählten Klinkerdicke. Dabei ist vom Haus weg hin zum Garten ein Gefälle von ca. 1,5 bis 2% zu berücksichtigen. Damit die Randsteine sich bei Frost nicht aus dem Betonbett lösen, muss man die Fugen zwischen den Steinen durch Mörtel verschließen. Dann kann kein Wasser eindringen. Frische Mörtelreste werden abgefegt, um Zementflecken zu vermeiden.

Die Tragschicht

In die geschlossene Randeinfassung wird jetzt als Oberbau die Tragschicht eingebracht. Sie sollte mindestens 10 cm dick sein und aus kornabgestuftem Material von 0 bis 45 mm bestehen. Die Tragschicht hat die Aufgabe, die aus der Pflasterdecke eingebrachten Lasten zu verteilen, sodass sie von den darunterliegenden Schichten bzw. dem Untergrund aufgenommen werden können. Die Tragschicht muss zudem wasserdurchlässig sein, damit sie Regen, der durch die Fugen der Pflasterung einsickert, ableiten kann. Das Mineralgemisch wird lagenweise mit ca. 1,5 bis 2% Gefälle verdichtet.

Bettung anlegen

1 Ein letztes Mal müssen Schnüre gespannt werden. So legt man die Höhe der aufzubringenden Bettung fest

2 Die Bettung besteht aus Feinsplitt, der auf die Tragschicht aufgebracht und anschließend sorgfältig verteilt wird

3 In den Feinsplitt eingelegte Rohre dienen als Lehren. Sie helfen beim abschließenden Abziehen der Bettung

4 Ein gerades Brett dient als Schiene, das man nun gleichmäßig über die in den Split eingelegten Lehren zieht

5 Auch parallel zur Hauswand werden Lehren eingelegt. Zur Gartenseite hin besitzt die Bettung ein leichtes Gefälle

6 An schmalen Stellen benutzt man ein ausgeklinktes Brett. Zuletzt wird der Splitt mit dem Rüttler verdichtet

Die Bettung aus Splitt

In die geschlossene Randeinfassung wird auf die planierte Tragschicht nun als letzte Lage die Bettung der Pflasterklinker eingebracht. Dazu verwendet man Brechsand (Splitt) in der Kornabstufung 2 bis 5 mm.

Die Materialmenge ist so zu bemessen, dass die Schichtdicke im abgerüttelten Zustand 3 cm nicht übersteigt. Um eine absolut gleichmäßige Oberfläche des Pflasterbetts zu erreichen, zieht man das Material zwischen vorher ausgerichteten Lehren ab. Als Lehren dienen Rohre, die mit der notwendigen Neigung von 1,5 bis 2 % in den Splitt eingelegt werden.

Achten Sie darauf, dass die Oberfläche der fertigen Bettung so hoch liegt, dass die später darauf verlegten Klinker auch nach dem endgültigen Abrütteln der Pflasterung um etwa 10 mm über die Randeinfassung hinausragen. So wird für einen problemlosen Abfluss des Oberflächenwassers gesorgt.

Das Verlegen der Pflasterklinker

Um beim nun folgenden Verlegen ein gleichmäßiges und natürliches Farbspiel der unterschiedlich geflammten Klinker zu erreichen, sollten die Steine grundsätzlich quergemischt aus mehreren Paletten verarbeitet werden. Man beginnt bei den befestigten Rändern (Randeinfassungen, Mauern, Treppenstufen) und legt zunächst nur ein paar Reihen bzw. eine kleine Fläche in dem gewünschten Verband aus.

So präsentiert sich die abgezogene und verdichtete Bettung vor dem Auflegen der Pflasterklinker (links)

Klinker verlegen

1 Die Verlegung der Pflastersteine auf dieser Terrasse soll im so genannten Fischgrätmuster erfolgen

2 Sind die ersten Reihen verlegt, spannt man im Verlauf der Pflasterfugen zwei Schnüre parallel zur Hauswand

3 Wenn der Abstand zwischen den Schnüren stimmt , kann man anschließend weitere Klinker auslegen

4 Will man die Fluchten quer zu den Schnüren kontrollieren, verwendet man hierzu den Richtscheit

5 Beim Auslegen der weiteren Klinker bieten die zu Beginn gespannten Schnüre stets eine sichere Orientierung

6 Man darf nicht vergessen, stets den richtigen Fugenabstand einzuhalten, der in diesem Fall 3 bis 5 mm beträgt

7 Entscheidet man sich für das Fischgrätmuster, so muss man für die Randbereiche halbe Steine zurechtschneiden

8 Das Muster ist ansonsten in der Verlegetechnik recht einfach. Ist der Anfang gemacht, geht es meist schnell voran

Passstücke schneiden

1 Hier wird es komplizierter, denn die Hauswand verläuft nicht in einem 90°-, sondern einem 45°-Winkel zur Terrasse

2 Die individuell anzufertigenden Passstücke müssen vor dem Zuschnitt ausgemessen und angezeichnet werden

3 Am leichtesten lassen sich Passstücke mithilfe einer Säge anfertigen, die mit einem Diamantblatt bestückt ist

4 Ein Wasserbad kühlt das Sägeblatt, sodass sich das Metall nicht zu stark erhitzt und dadurch stumpf wird

5 Achten Sie darauf, dass Sie auch im Anschluss zur Hauswand den nötigen Fugenabstand von 3 bis 5 mm einhalten

6 Der Randbereich wird nun mit den passgenau zugeschnittenen Steinen Schritt für Schritt lückenlos geschlossen

7 Wenn man exakt gearbeitet hat, erhält man im Anschluss zur Hauswand eine gleichmäßig breite Fuge

8 Am Terrassenaustritt ist ein Eckausschnitt erforderlich. Bei diesem Zuschnitt ist höchste Präzision gefragt

Damit ist das Raster festgelegt und wird durch straff gespannte Schnüre auf den Rest der zu pflasternden Fläche übertragen. Im hier gezeigten Fall wird am Terrassenende rechts von der Terrassentür begonnen. Sobald etwa ein Quadratmeter Klinker im korrekten Anschluss an die Randeinfassung und die Hauswand ausgelegt ist, spannt man Schnüre parallel zu Hauswand und Randeinfassung bis zum gegenüberliegenden Terrassenende.

Wichtig ist es, zwischen den Klinkersteinen eine einheitlich breite Fuge von 3 bis 5 mm zu lassen. Auch wenn die Klinker mit seitlichen Wülsten als Abstandhalter versehen sind, muss ein zusätzlicher Abstand eingehalten werden, damit später ausreichend viel Fugensand eingeschlämmt werden kann, der dem Pflasterbelag letztlich seine Stabilität verleiht. Erforderliche Passstücke im Randbereich werden mit einem Zweihandwinkelschleifer (Diamantblatt) oder einer speziellen Steinsäge (Nassschnitt) hergestellt. Beide Werkzeuge kann man bei Verleihfirmen mieten. Beachten Sie beim Arbeiten mit Winkelschleifer und Steinsäge stets die Sicherheitsvorschriften. Schutzbrille und Handschuhe tragen!

Die Pflasterfugen mit Feinsplitt einschlämmen

Bevor die fertig verlegte Pflasterfläche mit einem Rüttler mit einem Gummischuh oder einer Neopren-Schutzplatte verdichtet wird, schlämmt man Brechsand (0 bis 2 mm Körnung) in die Fugen ein. Dies wird nach dem Abrütteln nochmals wiederholt, um die Fugen vollständig zu füllen.

Alle Steine liegen in der richtigen Position. Jetzt muss der Belag durch Einfegen von Fugenmaterial stabilisiert werden (links)

Fugen einschlämmen

1 Nachdem das Pflaster verlegt ist und die Fugenverläufe kontrolliert sind, wird das Fugenmaterial eingebracht

2 Schräg zum Fugenverlauf fegt man den aufgestreuten Feinsplitt, der eine Körnung von 1 bis 3 mm besitzt, ein

3 Anschließend wird der Feinsplitt durch reichliche Zugabe von Wasser intensiv in die Fugen eingeschlämmt

4 Mehrmaliges Fegen der gesamten Fläche sorgt dafür, dass die Fugen schließlich vollständig gefüllt sind

Abrütteln

1 Zum Schutz der Oberfläche erhält der Rüttler eine Kunststoffschürze. Die Unwucht läuft auf mittlerer Frequenz

2 Nachdem man die Fläche gleichmäßig abgerüttelt hat, führt man den Rüttler auch an allen Randbereichen entlang

3 Der Feinsplitt in den Fugen zwischen den Klinkersteinen stabilisiert den Belag und macht ihn erst belastbar

Schichtaufbau im Schnitt

So stellt sich der auf den vorhergehenden Seiten gezeigte Pflasteraufbau dar, wenn man ihn aufgräbt: Gewachsener Boden, Ausgleichsschüttung, Tragschicht, Bettung aus Splitt, Steine.

Klinkerterrassen in vielfältigen Gestaltungsformen

Nach der auf den vorangegangenen Seiten vorgestellten Verlegeanleitung können Sie Ihre ganz individuelle Terrassenanlage mit Pflasterklinkern gestalten. Wie das Bild unten zeigt, lassen sich große Flächen gut durch eingeschobene Reihen aus Mosaikpflaster auflockern. Auch geschwungene Randeinfassungen sind möglich. Hier schließt ein Teich an die Terrasse an.

Beim Beispiel rechts wurden quadratische Klinker verwendet. Bei der Diagonalverlegung braucht man im Randbereich so genannte Bischofsmützen als Passsteine. Dazwischen liegen blaue Keramiksteine.

Direkt an die geschwungene Terrasse aus Klinkersteinen schließt sich ein großflächiger Gartenteich an

Materialmix beim Pflastern

Einen besonderen Reiz haben Pflasterflächen, bei denen man verschiedene Materialien kombiniert hat. So wird der Belag optisch gegliedert

Bei der hier gezeigten Terrassenanlage werden edle Steinplatten im Format 40 x 40 cm verarbeitet. Um die Fläche aufzulockern, kommt zwischen die Platten Mosaikpflaster aus Granit. Seitlich schließt sich ein Steinkreis aus verschiedenfarbigem Mosaik an. Unterschiedliche Verlegemuster und Materialmix bestimmen also das Bild. Im Gegensatz zur zuvor gezeigten Terrasse sind hier ein anderer Aufbau und auch eine andere Verlegetechnik erforderlich.

Der Unterbau

Das Haus steht auf einem sehr lehmhaltigen Boden, der keine ausreichende Dränage nach unten garantiert. Um zu verhindern, dass sich das Erdreich unterhalb des Steinbelags vollsaugt und bei starkem Frost nach oben drückt, wird die etwa 28 m² große Terrassenfläche zunächst 80 cm tief ausgehoben und mit geschreddertem Recycling-Material wieder aufgefüllt.

Für die Terrasse sowie alle befestigten Flächen im Garten sind Pflastersteine der ideale Belag

Dieser Unterbau sorgt für eine ausreichende Dränage. Um den Unterbau ausreichend tragfähig zu machen, wird er lagenweise aufgebracht, nach zuvor gespannten Schnüren nivelliert und verdichtet. Auch hier muss ein Gefälle von 1,5 bis 2% zur Gartenseite hin beachtet werden.

Die Verlegetechnik

Da die zu verlegenden Platten und das für die Ränder und Zwischenräume vorgesehene Mosaikpflaster unterschiedliche Höhen aufweisen, können Sie die Steine nicht auf eine exakt abgezogene Bettung aus feinem Splitt verlegen. Statt dessen kommt auf das Grobplanum aus Recycling-Material eine etwa 10 cm hohe Lage aus trocken mit Zement vermischtem Sand. In dieses Bett werden zunächst die Platten reihenweise gelegt und mit dem Pflasterhammer einzeln nach der Schnur ausgerichtet und mithilfe der Wasserwaage auf gleichmäßiges Niveau gebracht. Im nächsten Arbeitsschritt füllt man dann den Randbereich zur Hausseite mit Mosaikpflaster. Anschließend pflastert man die Zwischenräume der Platten mit den kleinen Granitsteinen. Auf diese Weise wird eine Plattenreihe nach der anderen verlegt, bis die Kante zum Garten hin erreicht ist. Hier bildet eine Reihe Basaltgroßpflaster mit Rückenstütze den Abschluss. Die fertig gepflasterte Terrassenfläche kann bei der hier beschriebenen Verlegetechnik nicht mehr abgerüttelt werden. Letzte Korrekturen des Niveaus der Platten und Steine werden durch leichte Hammerschläge auf ein aufgelegtes Kantholz erreicht. Stabilität erreicht der Unterbau, wenn das Sand-Zement-Gemisch Feuchtigkeit aufnimmt, dadurch abbindet und sich erhärtet. Nach zwei Tagen ist die Fläche belastbar. Dann werden die Fugen mit Sand eingeschlämmt.

Trockenmörtel als Unterbau

1 Nach dem Erdaushub (80 cm), bringt man Recycling-Material ein, das lagenweise nivelliert und verdichtet wird

2 Als Bettung für die Platten und das Mosaikpflaster dient eine Trockenmörtelmischung (6 Teile Sand, 1 Teil Zement)

3 Die Bettung wird mit leichtem Gefälle zum Garten hin abgezogen. Dann die ersten Platten mit Abstand auslegen

4 Die an der Schnur ausgerichteten Platten werden nun in die Bettung gedrückt. Kontrolle mit der Wasserwaage

5 Zur Hauswand bzw. zur Terrassentür bleibt ein Abstand von drei Reihen Mosaikpflaster bis zur ersten Plattenreihe. Die Natursteine werden mit dem Pflasterhammer einzeln in die Bettung eingeklopft, sodass eine gleichmäßige Fläche entsteht

Trockenmörtel als Unterbau

6 Immer wieder kommt die Wasserwaage zum Einsatz. Mit dem Gummihammer die Platten anklopfen und ausrichten

7 Reihe für Reihe geht es weiter. Den Abschluss zum Garten bildet Basaltgroßpflaster mit einer Rückenstütze

8 An der rechten Flanke bleibt eine Aussparung für den Übergang zu dem vorgesehenen Mosaik-Steinkreis

9 Kreismittelpunkt festlegen und Schnureisen spannen. Dann die Belagendhöhe mit der Wasserwaage übertragen

Der Mosaikkreis entsteht

1 Für den Unterbau des Mosaik-Steinkreises wird Recycling-Material eingebracht und anschließend verdichtet

3 Nachdem sieben Kreise aus Mosaikpflaster gelegt worden sind, folgen zwei Kreise aus Basaltgroßpflaster

2 Trocken mit Zement vermischter Sand dient als Bettung. Mit einer Schnur die zu pflasternde Kreisfläche markieren

4 Für die Flächen zwischen plattierter Terrasse und Steinkreis müssen exakt passende Steine ausgesucht werden

Mosaikkreis pflastern

Für den sich seitlich an die Terrasse anschließenden Mosaik-Steinkreis wird ein Unterbau aus Sand-Zement-Gemisch aufgebracht. Mit einer Eisenstange in der Kreismitte und einer Schnur lässt sich der Pflasterkreis anreißen. Dann werden von innen nach außen die Pflastersteine einzeln ins Mörtelbett geklopft. Die Köpfe stehen dabei noch etwa 15 mm über der vorgesehenen Endhöhe. Alle fünf bis sechs Reihen bringt man die Steine mit einem Handstampfer auf das richtige Niveau. Zuletzt werden die Fugen mit Sand eingeschlämmt. Nach zwei Tagen ist die Fläche voll belastbar.

Wenn der Pflasterkreis fertiggestellt ist, kann rundum Mutterboden angefüllt und Gras ausgesät werden

TIPP: Verlegen im Trockenmörtel

Die hier gezeigte Trockenmörtel-Verlegetechnik können Sie nur bei gutem Wetter durchführen. Starker Regen würde das Gemisch zu schnell abbinden lassen und das Ausrichten der Steine erschweren. Außerdem verursacht Regen Zementflecken auf den Steinen.

Wege im Garten pflastern

Gartenwege aus Stein erschließen das Grundstück. Breite, Unterbau und Belag richten sich nach den jeweiligen Gegebenheiten

Wie breit und wie stark belastbar Wege im Außenbereich des Hauses sein sollen, hängt von den unterschiedlichen Gegebenheiten ab. Im einfachsten Fall werden Platten von 40 x 40 cm Größe mit Schrittabstand in einer Rasenfläche verlegt. Dazu sticht man die Rasensoden aus, gibt Sand in die entstehenden Löcher und setzt die Platten ein.

Für etwas breitere Gartenwege muss das Pflasterbett komplett mindestens einen Spaten tief ausgehoben und dann mit Sand gefüllt werden. Bei geringer Belastung ist eine Randbefestigung nicht erforderlich. Bei solchen Wegen muss man aber in Kauf nehmen, dass die Steine mit der Zeit ein wenig verrutschen, sodass sich kein einheitliches Pflasterbild mehr bietet.

Stärker belastbare Wege, bei denen die Pflastersteine auch nach Jahren noch in gleicher Höhe und Position stehen, brauchen einen Unterbau, wie wir ihn schon vom Terrassenbau her kennen.

Zunächst muss man die Breite festlegen. Bei einem Hauptweg – beispielsweise durch den Vorgarten zum Hauseingang – sollten zwei Personen bequem aneinander vorbeigehen können. Hier beträgt das Mindestmaß 110 cm. Bei kleineren Gartenwegen reichen auch 60 bis 80 cm Breite.

Wege aus Natursteinplatten fügen sich besonders harmonisch in die Bepflanzung des Ziergartens ein. Allerdings sind solche Wege auch nur gering belastbar

Interessanter Effekt: Ein klares Fugenbild trotz verschlungener Wege (oben).
Rechts ein gegabelter Klinkerweg. Beim Verschwenken der Wegführung entstehen unterschiedlich breite Fugen, was die Optik der Pflasterung aber nicht beeinträchtigt

Der Wegeverlauf richtet sich nach der Nutzungsart und den örtlichen Gegebenheiten. Achten Sie bei altem Baumbewuchs darauf, ausreichenden Abstand zu den Wurzeln zu halten. Wurzeln können die Pflasterung anheben.

In der Regel hebt man den Mutterboden etwa 40 cm tief aus und bringt eine wasserdurchlässige Tragschicht ein, die mit dem Rüttler verdichtet wird. Im nächsten Schritt verlegt man die Randsteine im Mörtelbett und formt zur Gartenseite hin eine Rückenstütze. Sind die Randsteine exakt höhengleich verlegt, fällt es nicht schwer, den Sand oder Splitt der Bettung wie über eine Lehre sauber abzuziehen. Danach werden die Pflastersteine verlegt und verfugt. Dann wird die Fläche abgerüttelt und nochmals verfugt.

Aufbau eines Weges

1 Zuerst wird – wie immer – die Tragschicht eingebracht, gut verteilt und mit dem Rüttler sorgfältig verdichtet

2 Dann die Pflasterbettung aufstreuen und mit einem langen, geraden Brett oder einer Aluschiene abziehen

3 Zwischen den im Mörtelbett verlegten Randsteinen wird anschließend die Fläche des Gartenweges gepflastert

4 Hier läuft die Pflasterung zweier Wege ineinander. Im Übergangsbereich müssen Steine zugeschnitten werden

Für wenig belastete Wege reichen Natursteinplatten im Splittbett

Neben Hauptwegen legt man auf großen Gartengrundstücken oft schmale Nebenwege aus einzelnen Trittplatten an. Solche Wege erschließen beispielsweise Staudenbeete oder locker gruppierte Sträucher. Sie brauchen keinen aufwändigen Unterbau.

Besonders natürlich wirken in solchen Bereichen Wege aus unregelmäßig geformten Natursteinplatten (A).
Es reicht völlig, den Gartenboden überall dort, wo die Platten liegen sollen, etwa 10 cm tief auszuheben. Danach wird ein etwa 5 cm

dickes Splittbett in die Vertiefungen gegeben und ebenmäßig abgezogen (B).
Dann legt man die Platten auf den Splitt, richtet sie aus und klopft sie fest (C). Zuletzt wird Splitt in die Ritzen gegeben, sodass sie auch seitlichen Halt bekommen.

Rechts: Der beste Schutz gegen Wurzeln von Sträuchern und Bäumen sind Pflasterwege mit im Betonbett verlegten Randsteinen (siehe Seite 18 u. 22)

In unmittelbarer Nähe von Pflasterflächen dürfen keine flach wurzelnden Bäume gepflanzt werden

Bambus bekommt eine Wurzelsperre

Wurzelausläufer beachten

Der Gartenexperte Peter Himmelhuber empfiehlt, bei der Bepflanzung an mögliche Schäden durch Wurzelausläufer zu denken: „Pflanzen haben eine ungeheure Energie. Zu sehen ist das beispielsweise, wenn sich ein Löwenzahn durch die Asphaltdecke schiebt oder wenn Bambuswurzeln das Pflanzgefäß sprengen. Mit dieser Problematik müssen sich natürlich auch die Gartenplaner und Baufachleute beschäftigen, zumal in den Städten möglichst viel Grün erwünscht ist, das jedoch keine Schäden verursachen darf. So müssen etwa Tiefgaragen vor einer Begrünung wurzelsicher abgeschottet werden. Ebenso müssen die Fundamente von Gebäuden ausreichende Barrieren erhalten. Keinesfalls dürfen Angriffspunkte für Baumwurzeln vorhanden sein. In der Regel dienen beim Hausbau so genannte Mauerschutzbahnen aus Kunststoff zur Abdichtung. Beim Straßenbau halten Einfassungen aus Granitzeilen, die auf ein Streifenfundament aus Beton gesetzt werden, das Wurzelwerk ab. Gleichermaßen lassen sich, wo das nötig ist, Pflasterflächen und Wege im Garten vor dem Unterminieren durch Bäume und Sträucher schützen. Statt der Granitzeilen eignen sich auch Pflastersteine als Einfassungen. Solche so genannten Einzeiler können im Garten auch als Beeteinfassungen nützlich sein. Wenn sie auf Beton gesetzt werden, bilden sie recht sichere Barrieren für Gehölze oder auch für Stauden und Gräser, die sich stark durch Ausläufer vermehren.

Gartenwege aus Platten, die im Sandbett verlegt wurden, heben sich mit der Zeit unweigerlich an, wenn daneben Obstbäume stehen, deren Wurzeln sich rund um den Stamm kräftig entwickeln. Hier müssen also ausreichende Abstände eingehalten werden.

Besonders weite Wurzelausläufer bilden Bambusarten. Sie wuchern nicht nur direkt am Standort, sondern treiben Ausläufer, die Wege und Pflasterflächen unterwandern. Hier helfen nur Wurzelsperren aus Kunststoff. Man setzt den Bambus in eine Pflanzmulde, die zuvor rundum mit Mauerschutzfolie ausgelegt wurde, die die Wurzeln nicht durchwachsen können."

Typischer Schaden: Ein naher Baum hat die Wegplatten angehoben

Treppen im Garten anlegen

Steht das Haus auf einem Hanggrundstück, bietet es sich an, den Garten in verschiedene Ebenen zu gliedern und durch Treppen zu verbinden

Für die Gestaltung des Gartens in Form von mehreren Ebenen eignen sich L-förmige Böschungselemente zum Abstützen von Hängen. Diese auch Mauerscheiben genannten Teile werden auch als rechteckige Innen- und Außenecken sowie in konvexer bzw. konkaver Form angeboten. Damit können Sie die Hangbefestigung jeder Geländeform und jedem Gestaltungswunsch anpassen. Das Bild links zeigt ein Anwendungsbeispiel mit Treppe und Pflasterung mit passenden Blockstufen und Steinen.

Treppen aus Systemelementen

Treppen und Wege erschließen und gliedern den Garten. Treppen werden grundsätzlich dann angelegt, wenn das Weggefälle mehr als 7 % beträgt, das sind 7 cm Höhenunterschied auf 1 m Wegstrecke. Steilere Wege sollten aus Gründen der sicheren Begehbarkeit grundsätzlich vermieden werden.

Wann immer es möglich ist, sollte man einen Garten auf mehreren Ebenen anlegen. Das bringt Spannung in die ganze Anlage. Stufen, Podeste, Treppen und Hochbeete machen den Außenbereich quasi zum zweiten Wohnzimmer. Mauerumrandungen laden zum Sitzen ein. Man hat viele ver-

Treppenbreite Blockstufen wurden aufeinandergesetzt und rechts und links mit Kieseln verschiedener Größe umrahmt

die bereits angesprochene Regel: zwei Stufenhöhen plus eine Auftrittstiefe sollen etwa 65 cm ergeben. Das heißt: Je höher die Stufen, desto kürzer die Auftrittstiefen.

Aus Beton gegossene Blockstufen lassen sich gut verarbeiten, sind aber ausgesprochen schwer. Man muss immer zu zweit arbeiten. Da die Stufenhöhe mit 15 cm festliegt, muss man beim Treppenbau die Ebenen unterhalb und oberhalb der Treppe anpassen.

Die unterste Stufe wird auf ein frostfrei gegründetes 20 cm tiefes Betonfundament gesetzt. Für die weiteren Stufen genügt dann ein Unterbau von 10 cm Beton auf einer Schicht Kies.

Links: Der Höhenunterschied des Geländes wurde durch L-Steine abgefangen. Die Treppe besteht aus passenden Blockstufen.

Unten: Die Treppe wurde aus klein-formatigen Blocksteinen passend zu den Platten der Terrasse gebaut

schiedene Betrachtunsperspektiven. Der Garten wirkt viel interessanter als bei klassischer Aufteilung mit Terrasse und anschließender Rasenfläche.

Zum Bau von Treppen rund ums Haus werden heute die verschiedensten Fertigelemente angeboten. Besonders beliebt sind so genannte Blockstufen. Diese einteiligen Elemente lassen sich sehr rationell verarbeiten.

Bevor es an den Bau einer Treppe geht, müssen Stufenzahl und Steigungsverhältnis berechnet werden. Die Stufenzahl ergibt sich, indem man den ermittelten Höhenunterschied durch die gewünschte Stufenhöhe dividiert. Die Stufenhöhe sollte 15 cm nicht überschreiten. Man verändert die Stufenhöhe dann so, dass sich in der Rechnung eine glatte Stufenzahl ergibt. Bei der Tiefe des Auftritts gilt

*Minipalisaden lassen viele Gestaltungs-
möglichkeiten zu. Hier ein Hauseingang
mit einfachem Podest*

*Auch eine zweistufige Konstruktion aus
Minipalisaden ist möglich, hier in Form
dekorativer Halbkreise angelegt*

*Mut zum Materialmix: Pflasterklinker
und Natursteine lassen sich zu Treppen
und Podesten kombinieren*

*Hier sehen Sie ein Podest, das mit
Natursteinen eingefasst wurde.
Die Pflasterklinker sind blau glasiert*

Die Stufen werden in den frischen Beton gesetzt und durch Schläge mit einem Gummihammer ausgerichtet. Zuerst bringt man sie in Längsrichtung in die Waage. Dann werden sie vorn etwa um 1 cm abgesenkt, damit das Regenwasser gut abfließen kann.

Die Stufen müssen mit 1 bis 2 cm Überlappung verlegt werden. Während des Versetzens der Stufen sollten Sie die Auftrittstiefe immer wieder kontrollieren und die Wasserwaage auflegen. Es gibt Blockstufen in Längen zwischen 50 und 150 cm Länge. Um bei breiteren Treppen durchlaufende Fugen zu vermeiden, sollten Sie die Elemente von Stufe zu Stufe versetzt zueinander anordnen.

Bau von Stufen und Treppen mit Palisaden und Pflastersteinen

Geradezu ideal für den Treppenbau sind Palisadenelemente, wie sie heute in den meisten Betonpflaster-Programmen angeboten werden. Da Wege und Treppen eine gestalterische Einheit bilden, bietet es sich an, durchgängig mit einem einheitlichen Material zu arbeiten. Dabei setzt man zuerst in der bereits auf Seite 18 und 22 beschriebenen Weise die Randsteine der Wege ins Mörtelbett. Dann werden die Treppenflanken und die Vorderkanten der Stufen aus in Magerbeton versetzten Minipalisaden gebildet. Wegflächen und Auftrittsflächen der Stufen lassen sich dann wie oben beschrieben pflastern. Man muss die Auftritte der Treppe so bemessen, dass stets mit ganzen Steinen gearbeitet werden kann.

*Links: Ein Weg ums Haus aus roten
Pflasterklinkern. Rechts: Podeste und
Ränder aus Natursteinen setzen Akzente*

Mauern und Beet-einfassungen

Stützmauern für Hanggrundstücke

Trockenmauern fachgerecht bauen

Attraktive Steingärten anlegen

Pflanzen für Steingärten

Beeteinfassungen gliedern den Garten

Hochbeete liefern reichen Ertrag

Kräuterspirale für Hobby-Köche

Stützmauern für Hanggrundstücke

Gärten mit verschiedenen Ebenen haben ihren besonderen Reiz. Wir zeigen Ihnen, wie man das Erdreich sicher abstützen kann

Wenn der Garten am Hang liegt oder eine ebene Fläche aus gestalterischen Gründen auf unterschiedliche Niveaus gebracht werden soll, benötigt man Stützmauern zur Befestigung des Erdreichs. Solche Mauern können beispielsweise aus speziellen Böschungssteinen bestehen (siehe Bild unten) oder man arbeitet mit Betonpalisaden.

Palisaden, die zur Befestigung von Böschungen eingebaut werden, müs-sen unbedingt auf einem Betonfundament ruhen. Zur frostsicheren Gründung muss unter dem Fundament eine mindestens 10 bis 15 cm starke Filterschicht aus verdichtetem Kies angelegt werden. Die Einbautiefe der Palisaden beträgt mindestens ein Viertel, besser noch ein Drittel der Gesamthöhe. Am Fuß der Palisaden baut man auf der Hangseite eventuell eine Dränage aus groben Kieseln oder aus Schotter ein, damit sich dort keine Staunässe bildet.

Natursteinpalisaden aus Basalt sind attraktiv, aber auch besonders teuer (oben). Preiswerter sind gegossene Böschungssteine (unten)

Oben: Mauersteine und Bodenplatten bestehen aus zueinander passendem Material.
Unten: Einzelteile des Mauersystems

Intelligente Mauersysteme, die keinen Mörtel brauchen

Das hier gezeigte Mauersystem besteht aus industriell vorgefertigten Steinen, die man vor Ort trocken aufeinanderschichtet. So kann man ohne Mörtelfugen hochwertiges Mauerwerk in professioneller Qualität herstellen.

Lediglich die erste Steinlage wird im Mörtelbett auf einem gegossenen Betonfundament versetzt. Hierbei ist Präzision gefragt, damit die folgenden Lagen möglichst nicht mehr korrigiert

Systemmauerwerk für die Böschung im Schnitt

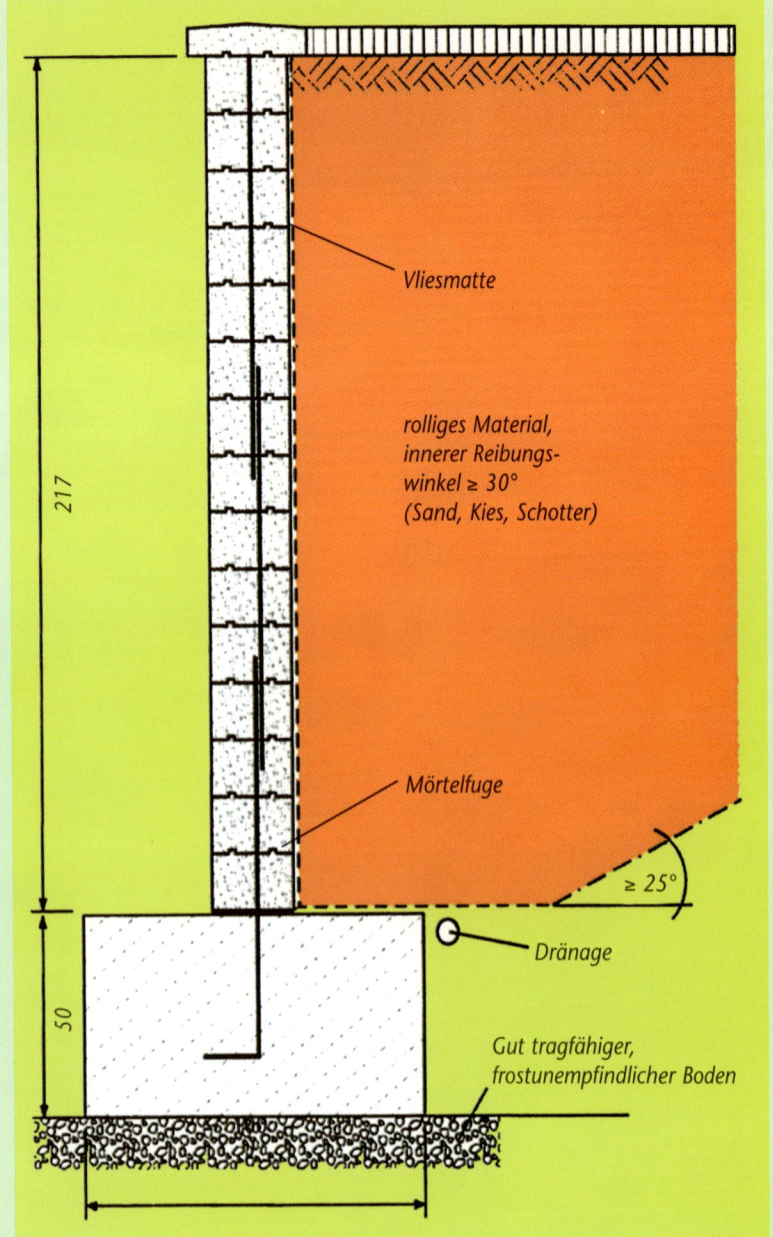

Vliesmatte

rolliges Material,
innerer Reibungs-
winkel ≥ 30°
(Sand, Kies, Schotter)

Mörtelfuge

217

50

≥ 25°

Dränage

Gut tragfähiger,
frostunempfindlicher Boden

Ganz oben: Zweilagige Systemmauer
mit Abdeckplatten.
Darunter: Abschnitte aus Systemmauern
zwischen Säulen aus aufeinandergeschich-
teten Böschungselementen

Das Mauersystem kann nicht nur frei stehend errichtet werden,
sondern stützt auch Böschungen und Hänge. Dazu muss ein Betonfundament gegossen werden, in das man Bewehrungsstäbe einlässt,
die dann in die Hohlkammern der Steine führen. Weitere Bewehrungsstäbe stabilisieren den Verbund der Steinlagen. Zum Hang wird das
Mauerwerk durch Vlies abgedeckt. Eine Dränage verhindert Staunässe

werden müssen. Angearbeitete Nut-
und Federprofile sorgen für eine form-
schlüssige Verbindung der im Halb-
verband aufeinandergesetzten Steine.

Zusätzlichen inneren Halt bekommt
das trocken geschichtete Mauerwerk
durch Ausbetonieren der runden Kam-
mern, die jeder Stein aufweist. Diese
Hohlräume erlauben es zudem, Bewehrungsstäbe aus Stahl in den frischen Beton einzustecken. Sie verstärken den verbindenden Beton und können die Mauer auch im Fundament
verankern. Die zum System gehören-
den Abdecksteine befestigt man
punktweise mit Spezialkleber. Zusätzlich dichtet man sie mit Silikon ab.

Solche Mauern aus Systemelementen
sind zwar deutlich teurer als herkömm-
lich Stein auf Stein gesetzte Mauern
mit verbindender Mörtelschicht, dafür
spart man aber teure Handwerker-
löhne. Denn das klassische Mauern mit
Mörtel überfordert den ungeübten

Gartenbesitzer fast immer. Mit den hier gezeigten Systemsteinen dagegen kann jeder erfolgreich arbeiten.

Die Schnittzeichnung links zeigt, wie eine Systemmauer zur Hangabstützung aufgebaut wird. Ebenso lassen sich frei stehende Mauern zur Grundstückseingrenzung errichten. Bis zu welcher Höhe die Systemsteine ohne Mörtel geschichtet werden dürfen, entnehmen Sie den technischen Beschreibungen der Hersteller.

Es gibt auch Sonderteile zum Herstellen von Säulen, die man mit Zaunelementen oder Toren aus Metall oder Holz kombinieren kann.

Oben: Abgestufte Systemmauer
Unten: Pflanzterrassen am Hang, die durch Systemmauern gestützt werden

Trockenmauern fachgerecht bauen

Trockenmauern bereichern jeden Garten. Sie sind dekorativ und bieten als Steingarten vielen Pflanzen und Tieren Lebensraum

Eine gute Zeit für den Bau einer Trockenmauer ist Herbst oder Winter. Sie können sich dann schon im folgenden Frühjahr an der Bepflanzung erfreuen. Der Aufbau der Mauer macht zwar etwas Mühe, doch danach braucht sie wenig Pflege.

Das Material ist so vielfältig wie die Gestaltungsmöglichkeiten. Es gibt Kalkgestein, Granit, Schiefer, Sandstein und viele andere Arten und davon viele Formen, so etwa große Quader, flache Platten oder geschliffene Kiesel. Oft gibt es einen Steinbruch oder ein Schotterwerk in der Region, wo das Baumaterial günstig zu bekommen ist. Statt der Bruchsteine eignen sich auch Feldlesesteine, die von Bauern zu bekommen sind, oder alte Ziegelsteine wie auf Seite 46-47 zu sehen.

Die Trockenmauer als Lebensraum

Mit dem Bau von Trockenmauern errichten Sie nicht nur natürlich aussehende Abstützungen für Hänge und unterschiedliche Ebenen im Garten – Sie schaffen gleichzeitig auch Biotope, in denen sich viele schützenswerte Pflanzen und Tiere wohl fühlen.

Jeder Ritz und Hohlraum zwischen den Steinen wird schon bald von Kleinlebewesen erobert, die dort sicheren Unterschlupf finden. Vielleicht siedeln sich auch Erdhummeln oder Eidechsen an. Mediterrane Pflanzen schätzen die Steine als Wärmespeicher, die für ein Kleinklima sorgen, in dem sie optimal gedeihen. So können Sie auf einer Trockenmauer einen kleinen italienischen

Kräutergarten mit Oregano, Thymian und Salbei anlegen. Je mehr Sonne diese Pflanzen bekommen, desto intensiver ist ihr typisches Aroma. Sie werden es beim Würzen in der Küche merken.

Stein auf Stein

Anders als etwa eine Gartenmauer, die ein solides Fundament benötigt, lässt sich eine Trockenmauer recht frei anlegen. Selbstverständlich sind gewisse statische Richtlinien und Grundlagen bei der Gesteinswahl, beim Aufbau und der Bepflanzung zu beachten. Bevor die Steinlieferung kommt, müssen die Lage, die Form und die Größe ungefähr festgelegt sein. Eine Südlage ist günstig, zumal die meisten Stein-

gartenpflanzen viel Licht brauchen. Näheres zur Steingartenbepflanzung lesen Sie ab Seite 56.

Zunächst wird der Boden vorbereitet. Dazu steckt man die Grundfläche ab und hebt die lockere Mutterbodenschicht aus. Die Aushuberde wird beim Aufbau wieder gebraucht. Auf dem gewachsenen Untergrund lässt sich nun die erste Steinreihe setzen. Die Zwischenräume werden mit der Aushuberde verfugt. Das Festtreten der Erde verhindert ein späteres Zusammensacken. Jetzt ist der weitere Aufbau der Trockenmauer auf der unteren Steinlage möglich, bis sie die gewünschte Höhe erreicht hat. Dabei lassen sich kantige Steine einfacher zu einem stabilen Verband aufschichten als runde. Aber selbst mit großen Kieseln ist der Bau einer Trockenmauer möglich, wenn sie sorgfältig gelegt und richtig miteinander verkeilt werden. Hohlräume sind mit Erde zu verfüllen. Ein konischer Aufbau ist grundsätzlich wichtig. Die Flanken müssen also leicht schräg zum Hang hin geneigt sein, damit die Steine nicht abrutschen.

Bepflanzung

Je nach Bepflanzung ist ein spezielles Substrat nötig. Alpenrosen (z. B. Rhododendron hirsutum) und andere Moorbeetpflanzen brauchen saure Erde. Stauden und Gehölze, die auf Kalkgesteinsböden vorkommen, gedeihen nur auf alkalischer Erde. Das Gros der Steingartenpflanzen ist jedoch recht tolerant und wächst auf jedem Gestein beziehungsweise in guter Erde zwischen den Steinen.

Schon bald nach der Bepflanzung hat sich ein kleines Naturparadies entwickelt, das wenig Pflege benötigt

Die Steine setzen

1 Bei den Steinen ist der Transport meist das Teuerste. Am besten sucht man einen Steinbruch in der Nähe aus

2 Für die erste Steinreiche wird der Mutterboden 40 bis 50 cm tief ausgehoben, bis man auf festen Untergrund stößt

3 Die erste Lage sollte aus möglichst breit geformten Steinen bestehen. Sie werden mit lockerer Erde hinterfüllt

4 Seitlich schließt sich hier eine Treppe aus Natursteinen an. Die Stufen mithilfe eines Brettes gleichmäßig ausrichten

5 Auf jede neue Lage kommt lockere Erde, die quasi als Mörtel dient und die Hohlräume zwischen den Steinen füllt

6 Schicht um Schicht wächst die leicht zum Hang hin geneigte Trockenmauer nun auf die gewünschte Endhöhe

Attraktive Steingärten anlegen

Ein Steingarten bietet besondere Lebensräume für ausgewählte Pflanzen und ist ein Rückzugsgebiet für zahlreiche gefährdete Tiere

Ein Steingarten ist ein willkommenes Gestaltungselement in jedem Garten. Die „Baustoffe" Gestein, Erde und Pflanzen passen gut zusammen und lassen sich vielfältig arrangieren. Der Aufbau macht zwar sehr viel Mühe, er gleicht weitgehend dem Bau einer Trockenmauer (siehe oben), doch braucht der fertige Steingarten recht wenig Pflege. Im Wesentlichen müssen nur störende Pflanzen, die sich selbst ansiedeln, immer wieder gründlich gejätet werden, damit die erhaltenswerte Vegetation ungehindert wachsen kann.

Den Standort festlegen

Gewöhnlich richten sich Art und Form eines Steingartens nach dem Grundstück beziehungsweise nach der vorhandenen Fläche. Die Anlage ist jederzeit, also gleich bei der Gartenneugestaltung oder auch nachträglich möglich. Sie brauchen keinen strengen Plan, vielmehr sollte der Steingarten eher etwas unregelmäßig gestaltet sein. Im Gegensatz zu einer Gartenmauer, deren Steine im Mörtelbett aufeinandergesetzt werden, braucht der Steingarten kein gegossenes Fundament aus Beton.

Lage, Form und Größe sollten Sie festlegen und grob abstecken, bevor Sie die erforderlichen Steine bestellen. Ideal für die meisten Steingartenpflanzen ist Südausrichtung. Dann bekommen sie das Licht und die Wärme, die sie zum Gedeihen benötigen. Die Form passt man dem Gelände an. Je größer der Steingarten gebaut wird, umso attraktiver ist er, da sich dann Pflanzflächen für viele verschiedene Gehölze und Stauden bieten.

Es dauert nicht lange, und der Steingarten ist bereits üppig bewachsen

Arbeitsschritte

1 Der für den Steingarten vorgesehene Bereich wird abgesteckt und vorbereitet. Dann die erste Steinreihe verlegen

2 Lage für Lage arbeitet man sich nun nach oben. Die Steine werden stets gut verankert und mit Erdreich „vermörtelt"

3 Nun ist die obere Abschlussreiche erreicht. Noch kann man letzte Korrekturen vornehmen, ehe es ans Bepflanzen geht

4 Die in der Staudengärtnerei gekauften Pflanzen verteilt man nach günstigen Standorten, setzt sie ein und gießt sie an

Pflanzen für Trockenmauern und Steingärten

Der Lebensraum Steingarten ist besonders für alpine Pflanzen geeignet. Aber auch viele sonnenliebende mediterrane Arten fühlen sich dort wohl

Ein Steingarten bietet vielen schützenswerten Tieren Unterschlupf. Eidechsen kommen oft von selbst und sonnen sich im Sommer gerne auf den warmen Steinen. Wildbienen und Schmetterlinge fliegen zum Nektartrinken an. Immerhin blühen schon im Spätwinter die ersten Polsterstauden und danach verschiedene andere Nektarquellen auf, so etwa Kräuter und Duftsträucher wie der Sommerflieder, die Bartblume oder der wilde Dost.

Natürlich ist der Steingarten auch ein idealer Lebensraum für seltene alpine Pflanzen. Enziane, Küchenschellen und Katzenpfötchen benötigen solche Plätze zum Gedeihen. Selbstverständlich holt man sich die Jungpflanzen nicht aus der Natur, sondern aus einer

Das gelbe Steinkraut und pinkfarbener Polsterphlox sorgen im Frühjahr für üppige Blütenpracht im Steingarten

Staudengärtnerei, zumal vorkultivierte Topfpflanzen zügig anwachsen – im Gegensatz zu ausgegrabenen Wildpflanzen, die selten einwurzeln und bald verkümmern. Damit die Struktur der Mauer erhalten und sichtbar bleibt, ist die Pflanzenauswahl begrenzt und vor allem auf kleinwüchsige Arten beschränkt, die das Gestein nicht überwuchern.

Pflanzsubstrat

Den meisten Steingartenpflanzen genügt die Gartenerde, die beim Aufbau in die Fugen gefüllt wird, so etwa die Latschen (Zwergkiefern), Zwergweiden, Seidelbast-Arten, Polsterphlox, Blaukissen, Hauswurzen und viele andere. Nur Spezialisten wie etwa die Alpenrosen (Rhododendron hirsutum), brauchen beispielsweise ein spezielles Moorbeetsubstrat.

Richtige Pflanzenauswahl

Gehölze, die von Natur aus besonders gut in Steingärten gedeihen, sind: Zirbelkiefern, Säulenwacholder, Felsenmispeln, Felsenbirnen (Amelanchier ovalis), Bergkiefern (insbesondere Zwergformen), Zwergweiden, Alpenrosen, Seidelbast, Salbei und Lavendel. Natürlich muss man sich auf eine Auswahl beschränken, die der Größe des Steingartens angepasst ist. Von den ausdauernden Stauden bieten sich an: Polsterphlox, Blaukissen, Steinkraut, Mauerpfeffer, Hauswurz, Enzian, Küchenschelle, Primeln, Alpenmohn, Mannsschild, Nelken, Christrose, Akelei, Steinbrech, Silberdistel und Glockenblumen. Die Stauden wirken in kleinen Gruppen am besten. Sie sind ausdauernd und breiten sich zunehmend aus. Das gilt auch für viele Gräser wie etwa Blaukissen, Bärenfellgras und Perlgras, ebenso für Wildzwiebel-

Als Pflanzsubstrat für den Steingarten genügt in der Regel normale Gartenerde

blumen wie Blausternchen, Wildtulpen, Traubenhyazinthen, Herbstzeitlose, Schneeglöckchen, Märzenbecher, Krokusse, Zwergiris u. a. Sie vermehren sich, wenn sie ungestört blühen, abblühen und einziehen dürfen.

Pflege der Pflanzen

Außer der Bewässerung nach dem Pflanzen und dem gelegentlichen Jäten benötigt ein Steingarten keine besondere Pflege. Falls nötig sind nach Jahren allzu wüchsige Pflanzen zu reduzieren, wenn sie schwächere Arten bedrängen. Selbstverständlich sind auch Nachpflanzungen möglich, wenn einige Arten schlecht wachsen oder neue dazukommen sollen.

Sedum-Arten brauchen wenig Pflege. Sie überstehen auch längere Trockenphasen

Hauswurz verträgt sommerliche Hitze und längere Trockenheit ohne Schaden

Hauswurz
(Sempervivum)

Merkmale

Sempervivum heißt immerlebend (vom Lateinischen semper = immer und vivere = leben). Das trifft für die vielen Hauswurz-Arten durchaus zu. Diese vitalen Polsterstauden bilden kräftige Rosetten, die jedes Wetter vertragen. Im Sommer nehmen sie Hitze und Trockenheit ohne Schaden hin, im Winter kann ihnen strenger Frost nichts anhaben. Die wasserspeichernden Pflanzen lassen sich in Steinfugen oder auch in Pflanzgefäßen ansiedeln. Zu ihrer Verbreitung tragen die zahlreichen Ausläufer bei, die sich an den Mutterpflanzen bilden. Alte Exemplare bringen im Sommer ihre ungewöhnlichen Blütenstände hervor.

Standort

Hauswurzen waren früher oft auf Ziegeldächern von Bauernhäusern zu fin-

Selbst auf Ziegeldächern können die anspruchslosen Hauswurzen überleben

Das Edelweiß mit seinen schönen Blüten ist eine der bekanntesten Gebirgspflanzen

den. Den außergewöhnlichen Pflanzen wurde eine Abwehrwirkung gegen Blitzschlag nachgesagt („Donnerwurz", „Dachwurz"). Die Sukkulenten kommen mit kargen Bedingungen zurecht und eignen sich auch zur extensiven Dachbegrünung und für die Schalenbepflanzung.

Pflege

Wenn sie ungestört wachsen dürfen, bilden Hauswurzen eine Fülle an „Kindeln", die sich zunehmend ausbreiten. Die fleischigen Blätter enthalten ein Frostschutzmittel, das sie vor Kälteschäden bewahrt. Ein Winterschutz ist deshalb nicht nötig.

Edelweiß
(Leontopodium alpinum)

Merkmale

Im Sortiment der Steingartenpflanzen darf natürlich das Edelweiß nicht fehlen. Dieser typische Gebirgsbewohner, der in freier Natur auf wenige Standorte in den Alpen beschränkt und dort vom Aussterben bedroht ist, lässt sich recht einfach im eigenen Garten ansiedeln. Selbstverständlich stammen die Jungpflanzen nicht aus der Natur, sondern aus der Staudengärtnerei. Im Sommer sind bereits blühende Pflanzen in Töpfen zu bekommen. Die kräftigen Wurzelballen erleichtern ihnen das Anwachsen auf vorbereitetem Boden.

Standort

Die Pflanzung erfolgt an gut sichtbaren Stellen im Steingarten, damit die schönen Blüten gut zur Wirkung kommen.

Pflege

Nach der Pflanzung ist die Wasserversorgung nicht zu vernachlässigen, insbesondere im Regenschatten etwa unter Felsvorsprüngen. Im Winter mit Reisig vor Frostschäden schützen.

Salbei
(Salvia officinalis)

Merkmale

Im Steingarten dürfen auch Kräuterpflanzen nicht fehlen. Denn Lavendel, Bergbohnenkraut, Thymian und andere Arten kommen auch wild in den Bergen vor. Neben diesen Kräutern lässt sich auch der Echte Salbei aufnehmen. Der immergrüne Strauch aus dem Mittelmeerraum bildet einen etwa kniehohen Busch, dessen silbrige Blätter im Winter erhalten bleiben. Im Sommer zeigt er schöne blaue Blüten.

Standort

Die nicht ganz winterharten Sträucher sollten einen geschützten Platz in einer südseitigen ausgerichteten Stelle im Steingarten bekommen. Der Boden sollte wasserdurchlässig sein.

Pflege

Im Winter bekommt den immergrünen Gehölzen ein luftiger Frostschutz aus Fichtenreisig gut.

Lavendel
(Lavandula angustifolia)

Merkmale

Die verschiedenen Lavendelarten kommen am Mittelmeer wildwachsend vor. Mittlerweile haben sich die recht robusten Halbsträucher in anderen Regionen der Erde etabliert und zwar auch nördlich der Alpen. Durch Züchtung sind Sorten entstanden, die selbst strenge Winter unbeschadet hinnehmen. Die Pflanzen bilden holzige Büsche, die mit den Jahren zunehmend üppiger werden. Das Strauchwerk nimmt zwar einen Rückschnitt hin, dennoch sollte es sich ungehindert

Lavendelblättriger Salbei breitet sich im Steingarten flächig aus

entwickeln können. Das Einkürzen der jungen, krautigen Triebe schadet dagegen nicht, sondern fördert einen buschigen Wuchs. Im Winter tut den immergrünen Trieben ein Frostschutz etwa aus Fichtenreisig gut. Die duftenden Blüten entwickeln sich nach dem Austrieb an jungen Trieben und öffnen sich im Sommer.

Standort

Wie der Salbei sollte der Lavendel einen geschützten Platz erhalten. Beide Kräuterpflanzen gedeihen am besten in sonniger Lage.

Pflege

Neben dem Frostschutz mit Reisig lässt sich der Lavendel durch einen maßvollen Rückschnitt kompakt und buschig gestalten.

Lavendel mit seinen duftenden Blüten darf in keinem Steingarten fehlen

Die Blüten des Blaukissens zeigen sich schon im zeitigen Frühjahr

Blaukissen
(Aubrieta)

Merkmale
Auch wenn die Blütezeit nur wenige Tage im Frühjahr andauert, so sind die genügsamen Kreuzblütler in dieser Zeit eine Pracht. Sie passen gut zum gelben Steinkraut und dem pinkfarbenen Polsterphlox. Wie bei anderen Polsterstauden empfiehlt es sich, mehrere Exemplare einer Sorte in Gruppen zu pflanzen, um die Wirkung zu verstärken.

Standort
Die kleinen Polster gedeihen am besten in südseitig ausgerichteten Trockenmauern oder auf sonnigen Steingärten.

Pflege
Außer dem Ausputzen von welken Pflanzenteilen brauchen Blaukissen keine besondere Pflege.

Mauerpfeffer
(Sedum-Arten)

Mermale
In der Natur siedeln sich die heimischen Arten dieser kleinen dickblättrigen Stauden wie der Weiße Mauerpfeffer (S. album) oder der Scharfe Mauerpfeffer (S. acre) in Mauerritzen oder verlassenen Steinbrüchen an. Sie

Die zu den Sedum-Arten gehörende Tripmadam ist ein beliebtes Würzkraut

kommen mit den natürlichen Niederschlägen aus und brauchen keine Pflege. Ebenso genügsam sind Fetthennen (S. telephium), die ihre Blüten erst im Spätsommer entfalten, sowie die Tripmadam (S. reflexum), die als Küchenkraut kultiviert wird.

Standort
Die wüchsigen Sukkulenten eignen sich vorzüglich zum Verwildern in Kiesbeeten und Schotterflächen oder auch auf begrünten Dächern.

Pflege
Ausgewachsene Pflanzen brauchen so gut wie keine Pflege; die hohen Fetthennen (S. telephium) erhalten im Frühjahr einen Rückschnitt.

Die blauen Blüten des Enzians sind eine Zierde für jeden Steingarten

Enzian
(Gentiana)

Merkmale
Der Gelbe Enzian kommt in den Bergen vorwiegend auf moorigen Böden vor, da er keinen Kalk verträgt. Im Garten lässt er sich auf Dauer nur auf sauren Böden ansiedeln, die mit Moorbeet-Substrat verbessert wurden. Dagegen kommen kalkverträgliche Arten wie der Frühlingsenzian (G. verna) auch in Trockenmauern oder Steingärten aus Kalkbruchsteinen zurecht. Bei der Auswahl dieser schönen blauen (bzw. gelben) Steingartenpflanzen sind

die Bedürfnisse der jeweiligen Arten zu beachten.

Standort

Die Bodenvorbereitung richtet sich nach den ausgewählten Enzian-Arten, oder man wählt geeignete Arten für den im Garten vorhandenen Boden.

Pflege

Ein Winterschutz mit luftigem Material (Laub und Fichtenreisig) bewahrt die Stauden vor Kälteschäden.

Katzenminze

(Nepeta faassenii)

Merkmale

Bemerkenswert ist ihre Fülle an blauen Blüten, die den ganzen Sommer hindurch anhält. Die Katzenminze lässt sich gut mit Kräutern kombinieren. Sie passt aber auch auf Trockenmauern, wo sie überhängend wächst.

Standort

Die vitalen Stauden brauchen einen freien Platz, wo sie sich ungehindert ausbreiten können.

Pflege

Ein Rückschnitt im Frühjahr direkt über dem Boden hat kräftigen Neuaustrieb zur Folge. Im Sommer die welken Blütenstände nicht zu früh entfernen, da sich ständig neue Blüten entfalten.

Katzenminze ist anspruchslos. Sie verträgt einen kräftigen Rückschnitt sehr gut

---

Tipps vom Experten

Praktische Steingartenpflege

Der Gartenexperte Peter Himmelhuber hat schon zahlreiche Steingärten angelegt. Er empfiehlt zur Steingartenpflege: „Die Pflege richtet sich nach der Art der Anlage. Eine Trockenmauer mit genügsamen Polsterstauden oder ein Schotterbeet mit Wildpflanzen brauchen weniger Pflege als ein typisches Alpinum mit ausgewählten Gewächsen oder ein Steingarten mit Küchenkräutern. Die Pflege beginnt im Frühjahr mit dem Entfernen des Frostschutzes und dem Beseitigen der Frostschäden, etwa durch den Rückschnitt von Rosen und dürren Stängeln bei Blütenstauden. Nach dem Winter bietet sich eine gute Gelegenheit zur Überprüfung des Pflanzenbestandes und für Umpflanzungen, Ergänzungen und Erneuerungen. Im Zuge der Renovierung ist auch der allgemeine Schnitt der Rosen und Ziergehölze an der Reihe. Er muss rechtzeitig vor dem Austrieb erfolgen. Nur bei Frühblühern wie bei Forsythien und Zierjohannisbeeren erfolgt der Schnitt erst nach der Blüte. Einem Schnitt im Winter würden auch Blütentriebe zum Opfer fallen. Schonung brauchen ebenso die frühblühenden Zwiebelblumen, wie Netziris (Iris reticulata), Schneeglöckchen (Galanthus nivalis) oder Winterlinge (Eranthis hyemalis). Sie sollten nach der Blüte in Ruhe einziehen, damit sie Kräfte sammeln können. Durch den Rückschnitt der welken Blütenstände und Blätter gehen wertvolle Nährstoffe verloren.

Die Pflanzzeit für frühblühende Wildzwiebeln beginnt im September und dauert bis zum Dezember an, solange der Boden nicht gefroren ist."

Was die Bewässerung im Sommer angeht, rät Peter Himmelhuber: „Hauswurzen, Mauerpfeffer und andere typische Steingartenpflanzen zeichnen sich durch eine besondere Trockenheitsresistenz aus, da ihre fleischigen Blätter Wasser speichern können. Im Steingarten gedeihen neben diesen Sukkulenten allerdings auch gewöhnliche Blütenstauden oder Sommerblumen wie Tagetes, Gazanien oder Ringelblumen. Und die sind auf regelmäßige Wassergaben angewiesen. Besonders, wenn sie in durchlässigem, mineralischem Substrat sitzen."

Sukkulenten wie die verschiedenen Sedum-Arten – hier die beliebte Fetthenne – können Wasser speichern

Beeteinfassungen gliedern den Garten

Feste Beeteinfassungen aus Palisaden oder Natursteinen halten wuchernde Pflanzen im Zaum und helfen, den Garten aufzuteilen

Alle Rabatten und Gemüsebeete wären bald mit Gräsern, Kräutern und Klee durchwachsen, wenn sich der Rasen ungehindert ausbreiten dürfte. Genauso würden wuchernde Stauden ineinander greifen und weniger vitale Pflanzen unterdrücken. Aus diesem Grund nimmt das Eindämmen der Rasenfläche, das Reduzieren der Bodendeckerteppiche oder das Umpflanzen der Staudenhorste viel Pflegearbeit in Anspruch. Die Rasenkante muss nach jeder Mahd frisch gestochen werden, wuchernde Cotoneaster sind immer

Beeteinfassungen aus Stein gibt's in vielen Varianten. Möglich sind Abgrenzungen aus Natursteinen (links), aus gerundeten Betonsteinen (ganz oben) oder aus Formziegeln (oben)

wieder mit der Schere zu reduzieren und üppige Staudenhorste müssen geteilt und umgepflanzt werden.

Der Ausbreitungsdrang der Gräser, Bodendecker und Stauden ist aber auch mit festen niedrigen Bollwerken zu bremsen. Der Handel bietet eine Reihe wirksamer Beeteinfassungen an. Zu empfehlen sind Natur- und Kunststeine, imprägnierte Bretter, Rundhölzer, senkrecht eingeschlagene Palisaden oder niedrige Hecken, um die Beete dauerhaft einzugrenzen.

Unterirdische Wurzelausläufer des Sanddorn werden beispielsweise nur von tiefen lückenlosen Platten zurückgehalten. Dazu bieten sich Betonfertigteile an, die unsichtbar in den Boden eingesenkt werden. Oberflächlich wucherndes Gras ist schon mit flachen Kantensteinen wirksam von den Blumenbeeten fernzuhalten. Je nach Einsatzgebiet wählt man die richtige Beeteinfassung.

Einfassungen aus Natur- und Kunststein

Im Gegensatz zu anderen Materialien wie Holz und Kunststoff sind viele Natur- und Kunststeineinfassungen besonders dauerhaft. Aus Naturstein lassen sich phantasievolle Einfassungen gestalten. So kann man z. B. gebrannte Ziegel reihenweise hochkantig einsenken, Streifen aus quadratischen Pflastersteinen zwischen Wege und Pflanzflächen setzen, ebene Beete mit fertig behauenen Bordsteinen aus Granit dauerhaft einfassen oder Beete am Hang mit hohen Winkelsteinen aus Beton vor Erosion schützen.

Attraktiv gestaltete Pflanzstreifen

Ein einfaches Gestaltungselement, um Beete, Rabatten und auch Wege abzugrenzen und in Schmuckstücke zu verwandeln, sind die Einfassungspflanzen selbst. Die niedrige Buchsbaumhecke ist mit der Wiederentdeckung des Bauerngartens zu neuen Ehren gekommen. Das satte Grün des Buchses als Einfassung wirkt am besten in farbigen Gärten. In überwiegend grünen, mit viel Rasen angelegten Gärten, darf es bei den Einfassungspflanzen ruhig

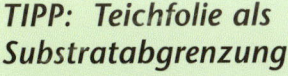

Weitere Beispiele für Einfassungen aus Stein. Die Minipalisaden (oben) gibt es in 50-cm-Segmenten. Hochkant gestelltes Betonpflaster sieht man unten. Links nochmals Natursteine

TIPP: Teichfolie als Substratabgrenzung

Wenn Sie nicht auf Pflanzen verzichten wollen, die nur in bestimmten Substraten gedeihen, können Teichfolienreste als Beeteinfassungen dienen. Man hebt Pflanzgruben aus, kleidet diese mit der Folie aus und füllt das nötige Substrat ein. Auf diese Art sind beispielsweise Moorbeetpflanzen in gewachsenem Kalkboden kultivierbar.

bunt zugehen. Infrage kommen alle klassischen Einfassungspflanzen, wie Vergissmeinnicht, Maßliebchen, Studentenblumen, Begonien, Leberbalsam, Steinkraut, Stiefmütterchen und Lobelien. Warum also als Alternative zur üblichen Rasenkante nicht einmal ein buntes Band aus Sommerblumen setzen?

Wichtig ist bei einer solchen Einfassung allerdings, dass nur eine Pflanzenart verwendet wird oder mehrere, die in einem sich ständig wiederholenden Muster angeordnet werden sollten. Sinnvoll ist es, sich nach dem allgemeinen Stil des Gartens zu richten.

Holz oder Kunststoff

Alternativ zu Pflanzstreifen oder den bereits oben angesprochenen Einfassungen aus Stein können Sie auch andere Materialien verwenden. Der Handel bietet eine große Auswahl an Einfassungselementen an, z. B. auch aus witterungsbeständig imprägniertem Holz oder Kunststoff.

Natursteine (oben) passen zu jeder Bepflanzung. Beton- und Ziegelsteine (links und unten) wirken immer etwas strenger, auch wenn sie mit Holz kombiniert werden (links unten)

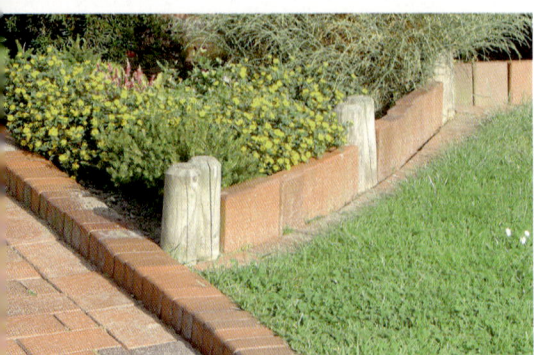

Holz lässt viele Gestaltungsmöglichkeiten zu. Liegende Rundholzrohlinge halten lose Erde in einem frisch angelegten Heidebeet, kesseldruckimprägnierte Rundhölzer bilden standhafte Palisaden, wenn sie senkrecht in den Boden geschlagen werden. Eingesenkte Bretter können den Rasen schmuckvoll vom Rosenbeet trennen, und mit Kanthölzern sind Kräuterbeete einfach aufzuteilen.

Von gewöhnlichen Kunststoffeinfassungen ist abzuraten, denn manche Kunststoffe werden durch Sonnenlicht spröde. Die Einfassungsstreifen aus gewelltem oder glattem Plastik treffen außerdem nicht jedermanns Geschmack. Kunststoffeinfassungen können aber nützlich sein, wenn es z. B.

TIPP: Unbehandeltes Holz verwenden!

Mit Imprägniermitteln wie Teeröl geschützte Hölzer sind als Beeteinfassungen ungeeignet, denn die Giftstoffe können in den Boden eindringen. Besser sind Rundhölzer von der Robinie oder Eiche, die den Fäulnisbakterien auch ohne Holzschutz lange Widerstand bieten.

darum geht, feuchte Beete mit Folie von Trockengebieten abzugrenzen. Eingesenkte Streifen aus Teichfolie sind auch als Wurzelschutz wirksam.

Einfassungsstreifen richtig setzen

Bevor Sie Kantensteine, eine Holzpalisade oder andere Einfassungen setzen, sollten Sie den Verlauf markieren. Man kann dazu einfach den Spaten in die Erde stechen und so eine schmale Rille ziehen oder Pflöcke einschlagen und eine Richtschnur spannen. Für eine tiefe Beeteinfassung als Wurzelschutz oder zur Hangbefestigung muss ein ausreichender Graben ausgehoben werden. Eine optisch wirksame Einfassung braucht man nur oberflächlich einzusenken. Es genügt, dazu einen schmalen Streifen Mutterboden auszustechen und die Rundhölzer oder die Kantensteine flach einzusenken bzw. die Palisadenpfähle an der Richtschnur entlang in den Boden zu rammen.

Einfassungs-Buchs oder andere kleinbleibende Gehölze werden in geringen Abständen in die vorbereiteten Pflanzstreifen gesetzt, damit sie rasch zu dichten Einfassungen verwachsen. Achten Sie bei der Befestigung von Rasenkanten auf das Niveau der Einfassung. Die Hölzer oder die Steine

Feste Beeteinfassungen aus Steinen im Mörtelbett

1 Für eine dauerhafte Beeteinfassung aus Pflastersteinen muss ein etwa 20 cm tiefer Graben ausgehoben werden

2 In den Graben füllt man eine erdfeuchte Mischung aus Zement und Betonkies im Verhältnis von 1 : 6-8

3 Damit Sie die Steine auf gleiche Höhe ausrichten können, werden Pflöcke für die Richtschnüre eingeschlagen

4 Der erste Stein wird ins Mörtelbett gesetzt und mit dem Gummihammer an der Schnur ausgerichtet

5 Stein wird nun neben Stein gesetzt und so lange ins Mörtelbett getrieben, bis er genau an der Schnur fluchtet

6 Sind alle Steine verlegt, wartet man zwei Tage, bis man den Graben wieder mit der zuvor ausgehobenen Erde füllt

dürfen nicht beim Mähen behindern! Man senkt sie ein und klopft sie mit dem Gummihammer fest, bis die Oberkanten mit der Erdoberfläche abschließen.

Schon bei der Neuanlage eines Gartens kann man feste Einfassungen setzen. Vor den Erdarbeiten werden die Beete abgesteckt und mit dem gewünschten Material eingerahmt. Auf diese Weise lässt sich der Gemüsegarten streng gliedern. Zwischen den Beeten kann man Platten legen, die den Zugang zum Gemüsegarten bei jedem Wetter ermöglichen. Ebenso lassen sich Blumenbeete symmetrisch gestalten. Man kann etwa durch eine stabile Einfassung aus Natursteinen ein dauerhaftes Rosenrondell anlegen.

Hochbeete liefern reichen Ertrag

Hochbeete geben dem Garten mehr Ordnung. Außerdem erleichtern sie das Arbeiten, weil sie von allen Seiten gut erreichbar sind

Der Bau eines Hochbeetes ist mit wenigen Mitteln möglich. Dazu eignen sich beispielsweise Bohlen, die zu einem festen Holzkasten zusammengebaut werden. Das können unbehandelte Bretter oder Balken sein, die nach der Verrottung ersetzt werden oder auch kesseldruckimprägnierte Holzbauteile, die länger haltbar sind. Eisenbahnschwellen, die zwar eine stabile, haltbare Wandung bilden, sind weniger geeignet. Sie enthalten giftige Holzschutzmittel, die ins Erdreich gelangen. Außerdem verbreiten sie insbe-

sondere an heißen Tagen üble Gerüche. Wenn dieser Baustoff dennoch genutzt werden soll, ist das Auskleiden der Hochbeete mit Teichfolie empfehlenswert. Der Boden sollte natürlich frei und unversiegelt bleiben. Zumindest sind Wasserabzugslöcher in der Folie nötig. Das gilt auch für gemauerte Hochbeete oder für Kästen aus Beton.

Grundsätzlich sollte jeder Kasten richtig befüllt werden. Obwohl sich auch gute Gartenerde pur als Substrat eig-

net, hat eine schichtweise Füllung mit ausgewählten Materialien Vorteile. Die unterste Schicht aus Zweigen fördert die Durchlüftung. Die zweite Schicht aus verrottetem Stallmist kommt der Nährstoffversorgung zugute. Diese beiden Schichten sollten festgetreten werden, sonst sacken sie nach kurzer Zeit zusammen. Die nächste Schicht besteht aus guter Gartenerde. Damit

Hochbeete können aus den verschiedensten Materialien gebaut werden. Hier eine Konstruktion aus Rundhölzern und Reisig

wird das Hochbeet bis etwa 20 cm unter der Oberkante aufgefüllt. Darauf kommt ein lockeres, nährstoffreiches Substrat aus Kompost und Gartenerde.

Mischkulturen

Die kleine Pflanzfläche bietet sich für intensive Mischkulturen an. Hochbeete sind ideal für Kombinationen aus verschiedenen Gemüsearten, Kräutern und Blumen. Bei der Aussaat und Pflanzung müssen Sie sich natürlich genau nach den Ansprüchen der entsprechenden Pflanzen richten.

Pflege

Zunächst erfordert der Bau eines Hochbeetes durchaus viel Mühe. Später aber machen sich die Materialbeschaffung und der Aufbau bezahlt. Die hohe Arbeitsebene erleichtert die Versorgung wesentlich, obwohl der

Hochbeetkasten bauen

1 Mobile Hochbeete können Sie leicht aus Brettern bauen. Man verschraubt sie im Eckbereich mit Kanthölzern

2 Nach Bedarf werden mehrere Etagen der vorbereiteten Kastenelemente aufeinandergesetzt und mit Erde befüllt

3 Schon können Sie mit der Bepflanzung beginnen. Der Vorteil: Man muss sich nicht so tief bücken wie zum Beet

4 Durch einen Glaskastenaufsatz machen Sie Ihr Hochbeet zum Frühbeet. Dann kommt der erste Salat noch zeitiger

TIPP: Hochbeete aus Betonringen

Massive und dauerhafte Hochbeete lassen sich auch aus Betonfertigteilen erstellen. Dazu können beispielsweise Brunnenringe aus Beton dienen, die es in verschiedenen Größen im Baustoffhandel gibt. Der graue Beton kann mit Fassadenfarbe freundlicher gestaltet werden. Die Lieferung der schweren Ringe ist nur mit einem Kranwagen möglich, der sie an die gewünschte Stelle hievt.

Für die Wandungen von Hochbeeten lassen sich die verschiedensten Materialien verwenden, beispielsweise Geflechte aus Seil, Jute oder Weide

Wasserverbrauch im Sommer etwas größer ist als bei ebenerdigen Beeten. Die Höhe, Breite und Länge lassen sich beliebig gestalten und an vorhandene Flächen wunschgemäß anpassen.

Hügelbeet

Das Hügelbeet ist eine besondere Form eines Hochbeetes. Es wird ohne festen Rahmen lose aufgeschichtet. Die Lagen und Schichtungen sind aber dem eines Hochbeetes gleich.

Die Wasserversorgung ist schwieriger, zumal das Gießwasser nicht auf der gewölbten Oberfläche stehen bleibt. Die Verdunstung lässt sich jedoch durch das Mulchen der Beetoberfläche deutlich vermindern.

Hochbeete erleichtern das Arbeiten, weil man sich nicht bücken muss, und gleichzeitig gliedern sie den Garten

Kräuterspirale für Hobby-Köche

Da die meisten Kräuter Sonne lieben, fühlen sie sich zwischen den als Wärmespeicher dienenden Steinen besonders wohl

Wenn Sie in Ihrem Garten den Aufbau einer Trockenmauer planen, so überlegen Sie, ob eine Kräuterspirale nicht eine sinnvolle Ergänzung sein könnte. Eine Kräuterspirale ist im Prinzip eine Trockenmauer in runder Form. Sie wird mehr oder weniger streng aufgebaut und mit ausgewählten Kräutern bepflanzt. Dazu dienen vorzugsweise mehrjährige Arten, die zunehmend üppigere Büsche fürs Auge oder auch zum Ernten entwickeln. So können gehölzartige Kräuter wie Salbei, Lavendel, Ysop und Thymian, sowie staudenartige wie Pfefferminze, Zitronenmelisse und Oregano (wilder Majoran) den besonderen Kräutergarten in wenigen Jahren überwuchern. Je nach Bedarf stehen dann im Sommer hindurch stets frische Triebe für die Ernte bereit. Den Pflanzen schadet das Abpflücken nicht. Sie werden dadurch sogar zu Verzweigung und buschigem Wuchs angeregt.

Die Kräuter mediterranen Ursprungs mit dem höchsten Wärmebedarf kommen in der Kräuterspirale ganz nach oben

Kräuterspirale bauen

1 Die Spirale wird in der vorgesehenen Größe aus dem Erdreich geformt. Lehmigen Boden vorher mit Sand lockern

2 Damit die unregelmäßigen Felssteine sich gut ausrichten lassen, kann man lockere Erde oder Feinkies auslegen

3 Soll die Kräuterspirale am Fuß auch mit Wasserpflanzen ergänzt werden, wird dort ein Mini-Teich aus Folie angelegt

4 Ganz außen am Fuß der Spirale beginnend, werden die Steine nun nebeneinander ausgelegt und ausgerichtet

5 Die Zwischenräume der Steine mit Pflanzsubstrat füllen, bis die Konstruktion ausreichende Stabilität erreicht

6 Nun kann es ans Bepflanzen gehen. Die Tabelle auf Seite 73 zeigt eine typische Auswahl geeigneter Kräuter

Genügsame Gewächse

Kräuter sind recht genügsame, pflegeleichte und robuste Pflanzen. Sie kommen mit wenig Wurzelraum aus. Umso mehr eignen sich Steingärten für die Kultur dieser nützlichen Zierpflanzen. Sie lassen sich ihrer Natur entsprechend selbst in den Fugen von einfachen Steinhaufen ansiedeln, wenn sie ein wenig Erde finden. Genauso ist die Pflanzung in systematisch aufgebauten Kräuterspiralen möglich.

Feldlesesteine nutzen

Baumaterial für eine Kräuterspirale finden Sie oft in der Umgebung oder im eigenen Garten. So sind große Feldsteine oder Steinbrocken, die an Feldrändern liegen oder im Garten bei

Tipps von der Expertin

Kräuterspiralen bepflanzen

Gartenbauingenieurin Hildegard Stöckel empfiehlt zur Bepflanzung der Kräuterspirale: „Zum Bepflanzen eignen sich vorzugsweise Kräuter in Töpfen, die schon kräftige Wurzelballen haben. Sie wachsen zügig an und bilden bald dichte Bestände. Aber auch eigene Gartenkräuter sind durch Teilung oder durch Aussaat vermehrbar. Es gibt im Übrigen keine strengen Auswahl- und Pflanzregeln. Die Wurzelballen werden einfach in freie Fugen gedrückt. Sie müssen natürlich fest sitzen und

mit Erde bedeckt sein. Während die trockenheitsresistenten Arten wie Mauerpfeffer, Salbei oder Lavendel im oberen Bereich der Schnecke angesiedelt werden, bekommen Pfefferminze, Zitronenmelisse oder Beinwell besser einen Platz an der Basis, wo sie stets feuchte Erde vorfinden. Zu bedenken ist auch, dass strauchförmige Arten wie der Salbei oder der Lavendel große mehrjährige Büsche bilden, die einen Durchmesser von mehr als 50 cm erreichen. Auch staudenartige Kräuter wie die Zitronenmelisse oder die Pfefferminze breiten sich stark aus. Die Minze bildet dabei besonders

Ideal für die Bepflanzung der Kräuterspirale sind kräftige Topfpflanzen

kräftige Wurzelausläufer. Die starkwüchsigen Arten müssen in ausreichendem Abstand zu den schwächer wachsenden wie Basilikum, Thymian oder Bohnenkraut eingesetzt werden."

Erdarbeiten anfallen, gut genug. Der Aufbau ist auch mit Ziegeln, Granitsteinen oder Pflastersteinen machbar. In Steinbrüchen oder Schotterwerken in der Region sind Bruchsteine meist recht günstig zu bekommen. Die verschiedenen Kräuter gedeihen in den Fugen aller möglichen Steinarten. Sie brauchen nur die nötige Erde zum Anwachsen und Einwurzeln.

Pflanzsubstrat

Die meisten Kräuter brauchen kein besonderes Substrat. Allerdings lohnt es sich, sehr lehmigen Gartenboden mit Sand (gewöhnlichem Bausand) zu lockern. Kompost trägt ebenfalls zur Lockerung bei und fördert die Nährstoffversorgung. Bewährt hat sich ein Substrat aus Gartenerde, Sand und

Kompost zu gleichen Teilen. Wenn die Anlage eines solchen Kräutergartens im Winter geplant ist, sollte man sich eine Periode mit etwas milderem Wetter aussuchen. Nicht ganz frostharte Kräuter, wie Rosmarin oder Ysop erhalten nach der Pflanzung einen Schutz aus Laub und Fichtenreisig oder werden erst im Frühjahr gepflanzt.

Oben: Die Steine zum Bau einer Kräuterspirale können Sie sich von einem Steinbruch liefern lassen.
Links: Im Mini-Teich der Spirale wachsen Brunnenkresse und Wasserminze

Die wichtigsten Kräuter in der Übersicht

Pflanze	Höhe	Standort	Kultur	Verwendung
Basilikum	20–30 cm	sonnig-halbschattig	einjährig	Würzkraut
Liebstöckel	bis 150 cm	sonnig-halbschattig	mehrjährige Staude	Würzkraut
Oregano	30–50 cm	vollsonnig	mehrjährige Staude	Pizzagewürz
Petersilie	20–30 cm	sonnig-halbschattig	zweijährige Pflanze	Würzkraut
Rosmarin	30–50 cm	vollsonnig	mehrjähriger Strauch	Würzkraut
Salbei	50–70 cm	vollsonnig	mehrjähriger Strauch	Würzkraut
Schnittlauch	30–50 cm	sonnig-halbschattig	mehrjährige Staude	Würzkraut
Thymian	10–30 cm	vollsonnig	mehrjähriger Zwergstrauch	Pizzagewürz
Zitronenmelisse	30–50 cm	sonnig-halbschattig	mehrjährige Staude	für Tees

Basilikum – Im Mai ins Freiland ausgesät kann es von Juni bis November durchgängig geerntet werden

Liebstöckel – die mehrjährige Staude wächst sehr hoch und eignet sich daher gut für die Hintergrundbepflanzung

Oregano – die wilde Form des Majorans findet in der italienischen Küche sehr viel Verwendung

Petersilie – ein Klassiker unter den Kräutern. Man verwendet sie zum Würzen und zum Garnieren

Rosmarin – keimt sehr langsam, daher empfiehlt es sich, die Pflanzen nicht selbst zu ziehen, sondern zu kaufen

Salbei – zum Würzen verschiedener Gerichte, aber auch als halsberuhigender Teeaufguss sehr beliebt

Schnittlauch – sollte in keinem Salat fehlen. Eingefroren kann man ihn auch im Winter verwenden

Thymian – ein Allrounder unter den Gewürzen, denn er passt fast zu allem: Fleisch, Fisch, Gemüse etc.

Zitronenmelisse – ihr frischer Zitronengeschmack macht die Melisse so beliebt und vielseitig verwendbar

Garten-gestaltung mit Holz

Materialkunde Gartenhölzer

Wichtige Arbeitstechniken

Zäune als Gartengrenze

Sichtschutz mit Holzelementen

So werden Pergolen gebaut

Pflanzen für die Pergolabegrünung

Holzterrassen fachgerecht bauen

Materialkunde Gartenhölzer

Gartenanlagen mit Holz zu gestalten, ist ein Trend, der immer mehr Anhänger findet. Setzen auch Sie auf Holz im Grünen!

Pergolen mit geschwungenen Hölzern, Rankgitter in kunstvollen geometrischen Formen, vorgefertigte Bodenroste, Baukastensysteme aus Palisaden – kein Gestaltungswunsch muss bei diesem breit gefächerten Angebot unerfüllt bleiben. Doch schon bei Planung und Einkauf ist schnell der erste gravierende Fehler gemacht: Häufig wird bei der Gestaltung kleiner

Gärten zu viel des Guten getan. Typisch sind die Grünflächen frisch angelegter Reihenhaussiedlungen: Sobald Bagger und Planierraupen das Terrain verlassen haben, werden die „Claims" abgesteckt und durch Zäune, Palisaden oder hohe Sichtschutzelemente vor unerwünschtem Betreten und neugierigen Blicken geschützt. Je kleiner die Grundstücke, desto gewaltiger

sind oft die wetterfest lasierten oder kesseldruckimprägnierten Bollwerke. Hier sollten Sie also unbedingt darauf achten, dass die Proportionen stimmen. Im Zweifelsfall legen Sie sich für die Planung ein maßstabsgerechtes Modell Ihres Gartens an.

Pergolen werden häufig mit Sichtschutzelementen kombiniert

Materialkunde Gartenhölzer

Der zweite Kardinalfehler beim Kauf von Gartenhölzern liegt darin, die Qualität zu vernachlässigen. Sonderangebote eilig zusammengeschusterter Fertigelemente bestimmen heute die Gartenbauszene. Solche Pergolen und Sichtschutzelemente zum Schleuderpreis bestehen häufig aus minderwertigen und schlecht verarbeiteten Hölzern, die im Eilzugtempo durch die Imprägnierkessel geschickt wurden. Der Mangel an Qualität zeigt sich schon nach kurzer Zeit. Selten halten solche Hölzer länger als fünf Jahre.

Nicht zuletzt sind es aber auch Fehler bei der Verarbeitung und beim Einbau der Gartenhölzer, die schon nach kurzer Zeit die Freude am liebevoll gestalteten Garten trüben. Abgesackte

TIPP: Praktische Pfostenabdeckungen

Bei Pfosten, die im Garten für den Bau von Pergolen, Zäunen, Sichtschutzelementen usw. verwendet werden, ist das nach oben ungeschützte Ende eine Angriffsfläche für die Witterung. Das Holz saugt dort bei jedem Regen Feuchtigkeit auf, was auf Dauer zu Rissen und sogar zu Fäulnis führen kann.
Schutz für die Pfostenköpfe bieten solche Abdeckungen, die zudem gut aussehen. Daneben gibt es auch Abdeckungen aus verzinktem Stahl, teilweise sogar mit dekorativen Kugeln. Diese sind allerdings teurer als Holz.

Hochwertige Pfosten bestehen aus schichtverleimtem Holz (unten)

Kesseldruckimprägnierte Konstruktionshölzer gibt es in verschiedenen Maßen (oben)

Holzdecks, umgestürzte Pergolen und abgefaulte Zaunpfosten müssen aber nicht sein. Wer sich an den Verarbeitungstipps dieses Ratgebers orientiert, kann seinen Gartenhölzern eine Lebensdauer von Jahrzehnten verleihen.

Wetterschutz für Gartenhölzer

Im Freien verbautes Holz ist durch eine Vielzahl verschiedenster Schädlinge gefährdet. Aber muss man deshalb generell mit schwersten chemischen Geschützen anrücken? Sicher nicht. Entscheidend für einen möglichen Schädlingsbefall ist der Feuchtigkeitsgehalt des Holzes. Schädliche Pilze wie

Aus Zedernholz: Kombination aus geschwungener Pergola mit Zaunelementen (rechts). Einen wettergeschützten Platz bietet der Pavillon mit Holzgerüst und Plane (unten)

Treppen und Podeste lassen sich aus imprägnierten Massivbalken bauen

zum Erdreich hat, fault aber auch bei Druckimprägnierung nach einigen Jahren weg. Daher empfiehlt es sich, Betonfundamente mit speziellen Metallträgern herzustellen, auf denen die Holzkonstruktion dann ohne Erdkontakt ruht. Wer bei den Fundamenten größeren Aufwand in Kauf nimmt, muss sich nicht über abgefaulte Pfosten ärgern.

Systemteile erleichtern die Montage: Es gibt Clipse für die Befestigung auf der Unterkonstruktion sowie Abschlussprofile für die Außenkanten (oben und unten)

auch Insekten brauchen mindestens 20% Holzfeuchte, um ihrem zerstörerischen Werk nachgehen zu können. Holz, das nach jedem Regenguss auch wieder weitgehend abtrocknen kann, ist also deutlich weniger gefährdet als ein Pfosten, der ins Erdreich eingegraben wurde und damit ständig feucht ist. Die Grundregel für Gartenbesitzer mit ökologischem Gewissen lautet: So wenig Chemie wie möglich. Vor diesem Hintergrund sollte man zu umweltfreundlich kesseldruckimprägnierten Hölzern greifen: Sie sind mit speziellen Salzen behandelt, die unter hohem Druck in die Zellen des Materials gepresst werden und sich dauerhaft mit den Holzfasern verbinden. Dieser Holzschutz wird nicht von der Bewitterung ins Erdreich ausgewaschen. Ökologisch unbedenkliche Imprägnierungen werden durch Aufdrucke gekennzeichnet. Fichten- oder Kiefernholz, das ständigen Kontakt

Stabile Pfostenanker und Schrauben

Pfosten von Zäunen, Pergolen und anderen Holzkonstruktionen sollten Sie nach Möglichkeit nicht ins Erdreich eingraben. Besser ist die Montage mit Pfostenankern, die man in den Boden schlägt oder einbetoniert bzw. auf eine vorhandene Betonunterlage schraubt. Zur Befestigung der Pfosten an den Metallankern verwenden Sie verzinkte Maschinen- oder Schlossschrauben.

Wenn es darum geht, Holzteile miteinander zu verschrauben, werden selbstschneidende Kreuzschlitzschrauben eingesetzt. Die verzinkte Standardausführung ist aber nur bedingt korrosionsbeständig. Beim Eindrehen beschädigt der Schrauber-Bit in der Regel die Verzinkung, sodass die Schraubenköpfe zu rosten beginnen. Verwenden Sie daher nur Schrauben aus rostfreiem Edelstahl. Weil Edelstahl nicht so fest ist wie normaler Stahl, sollten Sie stets mit einem dünnen Holzbohrer vorbohren, damit die Schraube beim Eindrehen nicht abbricht.

Oberflächenbehandlung

Imprägnierte Hölzer widerstehen der Witterung auch ohne zusätzlichen Schutz. Dennoch verlängern Lasuranstriche das Leben des Holzes, denn die darin enthaltenen Pigmente verhindern, dass UV-Strahlen die Zellen des Holzes zerstören. Je dunkler der Anstrich, desto besser der Schutz. Rohes Holz muss auf jeden Fall mit Wetterschutzlasur behandelt werden. Wer es farbig liebt, bekommt auch atmungsaktive Naturölfarben in verschiedenen Tönen.

Im einbetonierten H-Anker hat der Pfosten optimalen Halt

Schrauben und Beschläge

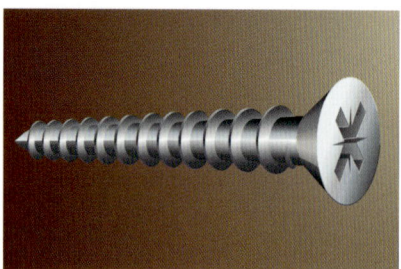

Benutzen Sie nur selbstschneidende Schrauben aus rostfreiem Edelstahl

Verzinkte Schlossschrauben verbinden Pfosten mit Pfostenankern

Pfostenanker

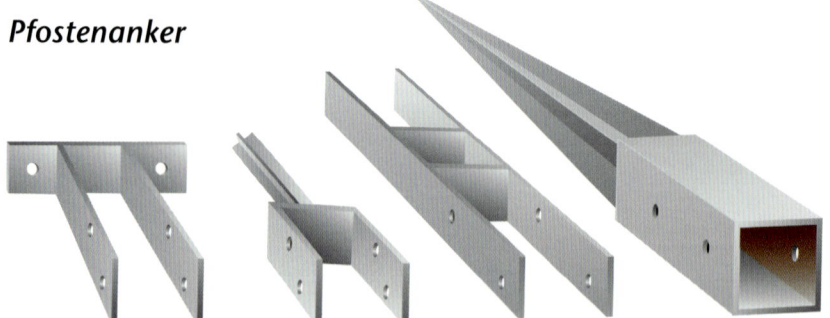

Verzinkte Pfostenanker für verschiedene Befestigungssituationen. Auf den Seiten 83 und 92 wird die fachgerechte Montage detailliert beschrieben

Holz ist ein wunderbares Material für Gartendecks, Pergolen und Zäune – es braucht aber guten Witterungsschutz

Dass im Freien verbautes Holz durch die Witterung immer wieder nass wird, ist unvermeidlich. Darum ist der so genannte konstruktive Holzschutz sehr wichtig. Man versucht, die Gartenhölzer so anzuordnen und zuzuschneiden, dass sich keine Feuchtigkeitsnester bilden, die nur langsam oder gar nicht abtrocknen. Die Oberseiten von Pfosten beispielsweise werden schräg zugeschnitten, um das Regen-

wasser ablaufen zu lassen. Alternativ kann man Pfostenkappen aus Holz oder Metall aufsetzen (siehe Tipp S. 77).

Die Oberflächen horizontal verbauter Hölzer sollten Sie ebenfalls leicht abschrägen. Auch Details sind für den konstruktiven Holzschutz wichtig. Die Köpfe von Schrauben, mit denen Sie waagerechte Bretter etwa von Holzterrassen befestigen, sollten nicht unter

Brettniveau versenkt werden. Sie müssen genau bündig mit der Holzoberfläche abschließen, damit sich keine Vertiefungen bilden, in denen das Regenwasser stehen bleibt. Auch sind alle direkten Kontakte zum Erdreich zu vermeiden, indem man Pfostenschuhe aus Metall verwendet (siehe Seite 83).

Wichtige Arbeitstechniken

Holz für die Gartengestaltung muss fachgerecht verarbeitet werden, damit Zäune, Pergolen und Co. stabil und wetterfest sind

An erster Stelle steht bei der Bearbeitung von Gartenhölzern das Sägen. Oft reicht ein guter Fuchsschwanz aus, um beispielsweise Pergolapfosten auf die gewünschte Länge zu bringen. Zuvor gilt es, die Teile richtig abzumessen und die Sägeschnitte mit einem Winkel sauber anzureißen. Sägen Sie einen Pfosten immer von allen vier Seiten wechselweise ein, damit ein exakt rechtwinkliger Schnitt entsteht. Wer nur von einer Seite sägt, wird beobachten, dass die Säge ganz unweigerlich verläuft. Raue Sägekanten werden anschließend mit einer Raspel geglättet.

Um Abstände über längere Distanzen genau zu messen, brauchen Sie ein Rollmaßband. Eine Rolle Maurerschnur und zwei dünne Eisenstangen benötigen Sie, um längere Fluchten zu markieren. Zum genauen Ausrichten von Pfosten und Unterkonstruktionen ist eine möglichst lange Wasserwaage unerlässlich. Am besten besorgen Sie sich noch eine 2 m lange Aluschiene, an die Sie die Wasserwaage beim Ausrichten anlegen können.

Zu den meisten Sichtschutzelementen gibt es passende Gartentore. Die Schlösser von Gartentoren lassen sich mit handelsüblichen Profilzylindern ausstatten. So können Sie diesen Eingang in die Schließanlage Ihres Hauses mit einbeziehen

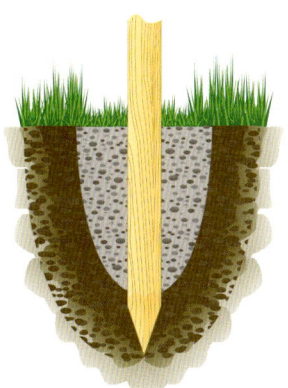

Recht hohe Belastungen verträgt ein in Beton gegossener Pfosten

Nützliche Elektrowerkzeuge

Eine Stichsäge als besonders vielseitig einsetzbares Elektrowerkzeug sollte bei umfangreicheren Holzarbeiten im Garten auf keinen Fall fehlen. Sie können damit Latten und Bretter ablängen und auch der Länge nach auftrennen. Bei größeren Querschnitten muss die Stichsäge jedoch passen. Hier können Sie einen so genannten Elektrofuchsschwanz oder besser noch die Tandemsäge einsetzen.

Während beim Elektrofuchsschwanz das Sägeblatt ohne Führung vor und zurückschwingt und daher kaum exakt anzusetzen ist, besitzt die Tandemsäge zwei gegenläufige Sägeblätter, die an einem starren Führungsblatt befestigt sind. Mit diesem Werkzeug durchtrennen Sie selbst eine massive Schwelle genau an der vorgezeichneten Sägelinie. Sind mehrere Bretter auf gleiche Länge zu bringen, klemmt man sie mit einer Schraubzwinge zusammen und durchtrennt sie mit der Tandemsäge dann in einem einzigen Arbeitsgang. Auch Ausklinkungen und Überblattungen an massiven Balken sind mit diesem Werkzeug kein Problem.

Fundamente für Pfosten

1 Zuerst müssen Sie die Boden-platte gießen. Anschließend wird ein Moniereisen hineingesteckt

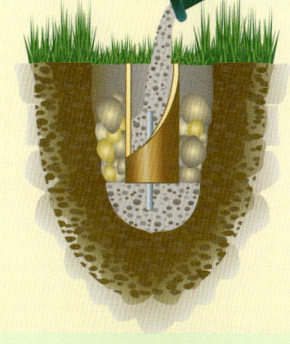

2 Am nächsten Tag ein Stück Kanalrohr (150 mm Durchmesser) auf die Platte stellen und mit Beton füllen

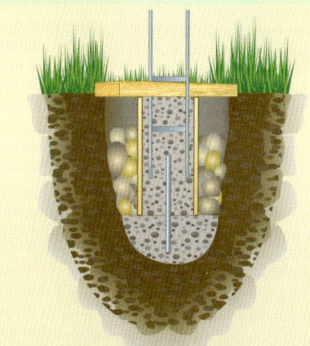

3 Der in den frischen Beton gesteckte H-förmige Anker wird mithilfe einer Latte genau ausgerichtet

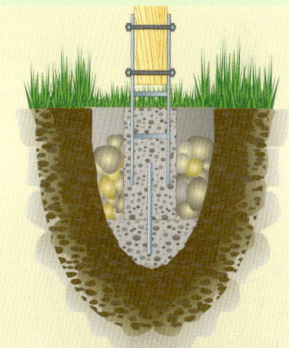

4 Zwischen den Laschen des Ankers fixieren Sie nun den Pfosten mit zwei langen Schlossschrauben

Aufgedübelte Pfostenschuhe

1 Hier sehen Sie einen Pfostenschuh, der auf ein bereits vorhandenes Betonfundament gedübelt wird

2 Bei dieser Befestigungsvariante ist die Stabilität durch die Verwendeung von zwei Schrauben noch höher

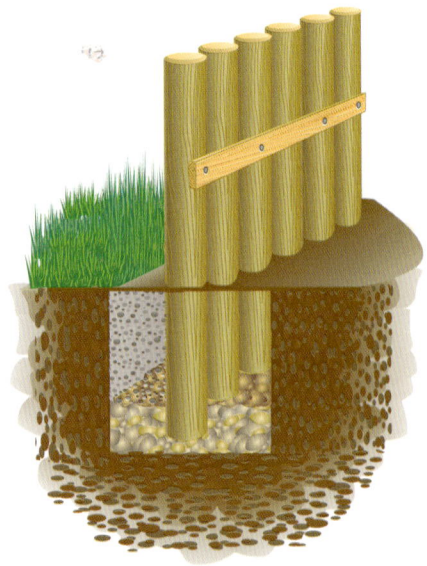

Beim Setzen von Holzpalisaden wird der Graben mit Dränagekies gefüllt. Dann die Palisaden einsetzen und den Graben wieder füllen (oben)

Bei einer Abstützung schützt man die Palisaden auf der Hangseite mit Bitumenpappe vor Sickerwasser (unten)

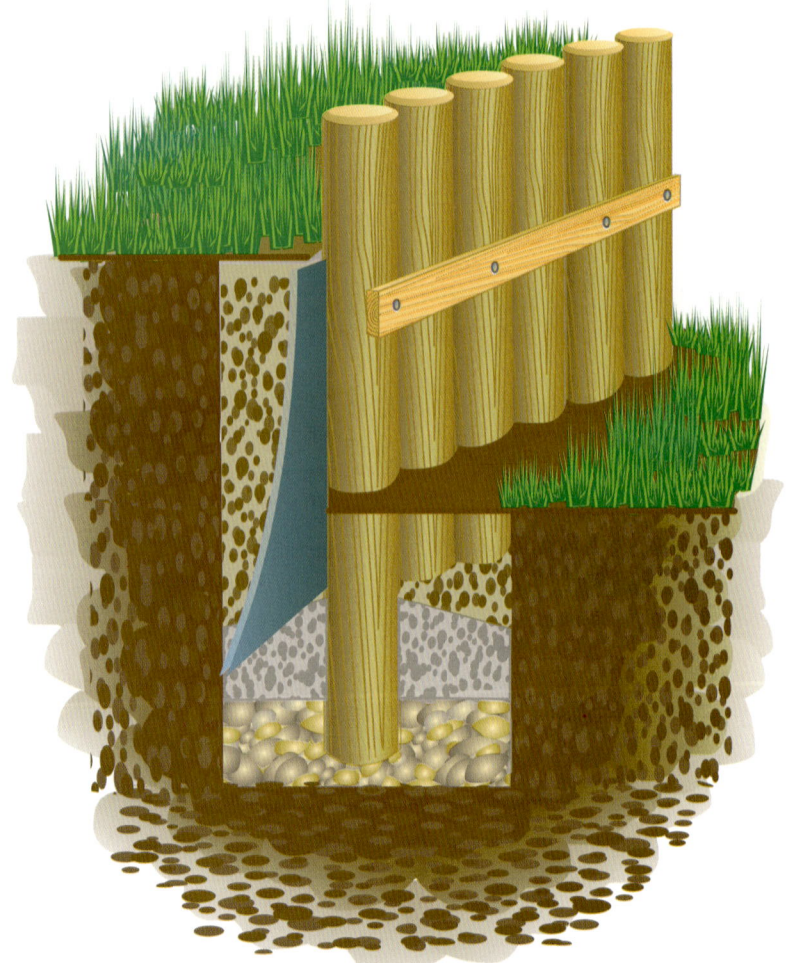

Die Handkreissäge hat immer dann ihre Vorzüge, wenn es um lange Schnitte geht. Muss ein Sichtschutzelement beispielsweise gekürzt werden, klemmt man eine Führungslatte auf und schneidet mit der Handkreissäge in einem Zug durch Rahmenhölzer und Lamellen.

Eine Bohrmaschine gehört unbedingt zur Ausrüstung. Wer allerdings über einen leistungsstarken Akkuschrauber verfügt, kann unter Umständen auf die Bohrmaschine verzichten und stattdessen bequem kabellos arbeiten. Bei den meisten Schraubarbeiten ist das akkubetriebene Gerät ohnehin vorzuziehen. Aber auch übliche Bohrarbeiten in Holz schafft ein guter Akkuschrauber ohne Probleme.

Wichtig ist bei Schraubarbeiten die Wahl des exakt passenden Bits. Nur wenn Sie die richtige Schrauberklinge wählen, überträgt sich die Drehkraft optimal und ein Durchdrehen des Bits wird vermieden. Denken Sie im Übrigen daran, dass die Bezeichnung „selbstschneidende Schraube" nicht immer wörtlich genommen werden darf. Bei langen Schrauben, die in festes und gut abgetrocknetes Holz gedreht werden sollen, empfiehlt es sich, das Schraubloch vorzubohren.

Pfostenfundamente richtig anlegen

Die erste Regel beim Anlegen eines Fundamentes für Holzkonstruktionen heißt: Das Erdreich, auf das sich der Aufbau gründet, muss gut verdichtet sein. Dies gilt vor allem für die Außenanlagen von Neubauten. Häufig wird nämlich der zum Verfüllen der Baugrube eingebrachte Kies nicht sorgfältig genug verdichtet, sodass er mit der Zeit nachsackt. Holzaufbauten machen diese Bodensenkung dann zwangsläufig mit. Im Zweifelsfall sollten Sie das Erdreich vor Beginn der Fundamentarbeiten noch einmal gründlich abrütteln. Die Pfosten für einfache Zaunkonstruktionen können dann, sofern sie aus kesseldruckimprägniertem Holz bestehen, direkt in den Boden gerammt werden. Deutlich mehr Halt bekommen die Pfosten jedoch, wenn man sie in vorbereitete Löcher setzt, die nach dem Ausrichten mit Grobkies oder Magerbeton verfüllt werden.

Nach Möglichkeit sollte jeder Fußpunkt der geplanten Holzkonstruktion jedoch ein eigenes, etwa 60 cm tiefes Betonfundament bekommen. Weil das Holz dann ohne direkten Bodenkontakt verbaut werden kann, bleibt es trocken und hält wesentlich länger. Direkt in den frischen Beton eingelassene Pfostenanker aus verzinktem

Stahl stellen die Verbindung zwischen Holz und Beton her. Die Grafiken auf Seite 83 zeigen Ihnen einige typische Fundamentkonstruktionen. Auf bereits vorhandene Punkt- oder Streifenfundamente bzw. Mauern dübelt man spezielle Pfostenanker. Allerdings können randnah gesetzte Dübel beim Anziehen der Schrauben den Beton sprengen. In diesem Fall sollten Sie besser kurze Gewindestangen mit Montagemörtel in die Bohrlöcher setzen. Wichtig ist auch das höhengleiche Anlegen von Punktfundamenten für Zäune, Pergolen usw. Beim Ausmessen hilft eine Schlauchwaage. Sie zeigt höhengleiche Punkte an.

Palisaden einbauen

Wie man Palisaden für massive Abtrennungen sowie für Gelände-Abstützungen einbaut, zeigen die beiden Grafiken auf der linken Seite. Dränagekies an den Fußpunkten soll ein vorzeitiges Verfaulen der Hölzer verhindern.

Kleine Betonkunde für Gartenfreunde

Es wird immer wieder darauf hingewiesen, dass Holzkonstruktionen nach Möglichkeit nicht direkt mit dem Erdreich in Kontakt kommen sollen.

Ideal sind Betonfundamente. Kleinere Mengen Beton können Sie leicht von Hand mischen. Messen Sie mit Eimern oder Schaufeln ein Teil Zement und fünf bis sechs Teile Kies ab. Geben Sie Wasser dazu und vermengen Sie das Ganze, bis die Masse die gewünschte Konsistenz erreicht hat.

Für kleinere Arbeiten lohnt es kaum, Kies und Zement zu beschaffen. Kaufen Sie dafür besser fertige Trockenmischungen, die nur noch mit Wasser angerührt werden. Für besonders feingliedrige Bauteile kann normaler Betonkies etwas zu grob sein. Dann nehmen Sie besser so genannten Estrichsand, der nur sehr kleine Kiesel enthält. Dabei empfiehlt es sich, vier Teile Sand mit einem Teil Zement zu mischen. Diese Mischung ist „fetter" und ergibt einen Beton mit höherer Endfestigkeit.

Wenn Sie ein paar Schalplatten oder stabile Folie unterlegen, können Sie den Beton direkt auf dem Boden mischen. Besser sind aber ein großer Mörtelkübel oder eine Schubkarre. Nur wenn größere Mengen Beton erforderlich sind, sollten Sie sich eine Mischmaschine besorgen.

Mit Palisaden aus Holz können Sie auch eine optisch abgetrennte Nische für Ihre Mülltonnen bauen

Zäune als Gartengrenze

Einfriedungen des Grundstücks müssen meist aus Sicherheitsgründen vorgenommen werden. Holzzäune passen sich dem natürlichen Bild gut an

Bevor Sie sich an den Bau eines Gartenzaunes machen, sollten Sie klären, ob es im örtlichen Bebauungsplan Vorgaben gibt, nach denen sich jeder Grundstückseigentümer zu richten hat. Vielfach sind maximale Höhen wie auch Materialien genau vorgeschrieben. Nicht zuletzt muss auch das Nachbarschaftsrecht beachtet werden. Ein frühzeitiges klärendes Gespräch verhindert späteren Ärger.

Während der Bau eines Holzzaunes früher ein arbeitsintensives Vorhaben war, können Sie heute auf vorgefertigte Elemente zurückgreifen, die nur noch an die vorbereiteten Pfosten geschraubt werden müssen. Neben dem altbekannten Jägerzaun werden die verschiedensten Zaunarten angeboten. Meist ist das Holz kesseldruckimprägniert. Man muss es nicht streichen oder lasieren.

Natürliche Holzzäune

Wer es rustikal möchte, baut einen Zaun aus ganzen oder gespalten Rundhölzern, die an gespaltene Querhölzer genagelt sind. Die Querhölzer hängen an dicken Pfosten, die etwa einen halben Meter tief im Boden stecken. Die Pfosten und die Zaun-

Holzzäune können Abgrenzung und Sichtschutz zugleich sein

hölzer sind oben angeschrägt oder angespitzt, sodass das Regenwasser ablaufen kann. Ein solcher Zaun hält auch ohne Imprägnierung bis zu zwanzig Jahre. Besonders gut eignet sich unbehandeltes Lärchenholz, das von Natur aus wetterfest ist und durch die Sonne und den Regen einen silbrigen Glanz annimmt. Auch sehr schön sind Bretterzäune aus unbehandeltem Fichten- oder Kiefernholz. Sie strahlen, wenn sie frisch gebaut sind, und glänzen später silbrig. Naturholzzäune sollten nur mit leichten Kletterpflanzen wie der Waldrebe (Clematis) oder dem Jasmin (Jasminum nudiflorum) begrünt werden, weil sie zum Verstecken zu schade sind.

Haltbarkeit des Materials

Früher wurden die Zaunpfosten im Feuer unten angekohlt, da sie vor allem an den Übergangsstellen vom Boden zur Luft verrotten, dort wo die Mikroorganismen am aktivsten sind. Hier lohnt sich ein Bitumenanstrich (Kalt-Asphalt-Anstrich), der unschädlich ist, weil er fest am Holz haftet und sich nicht auswäscht.

Stattdessen kann man die Pfosten auch auf Punktfundamente stellen. Hierfür ist Beton durchaus zu empfehlen, weil er unsichtbar im Boden steckt und sehr beständig ist. Für die Fundamente genügen wenige Schaufeln Beton (aus 4 Teilen Kies und 1 Teil Zement). Als Schalung können Sie sehr gut Beton-Kanalrohre mit 25 cm Innendurchmesser verwenden, die im Baustoffhandel angeboten werden. Die Rohre werden in den Boden eingesenkt und dann mit dem Beton ausgefüllt. In den noch weichen Beton kommen Pfostenanker aus Metall, worauf die Zaunpfosten montiert werden. Die Imprägnierung erübrigt sich dann, weil das Holz rasch abtrocknet.

Zaun aus Lärchen-Staketen

1 Die Pfosten ruhen auf Ankern aus verzinktem Stahl. Dazu musste das Holz von unten geschlitzt werden

2 Neben den Pfosten braucht man Querriegel und die nötige Zahl oben angespitzter Rundhölzer

3 Die Querriegel werden mit verzinkten Winkeln an den Pfosten befestigt. Die Winkel immer nach unten setzen

4 Die senkrechten Staketen nun direkt an die Querriegel schrauben. Die Schraubenlöcher unbedingt vorbohren

Zaunmontage

1 Messen Sie vor Ort die Länge der gewünschten Zaunfelder ab, und kaufen Sie die Elemente entsprechend ein

2 Betonieren Sie dann die Pfosten ein – am besten mit stabilen H-Ankern –, und befestigen Sie die Querriegel

3 Sind alle Querriegel mit den Pfosten verschraubt, können Sie mit der Montage der einzelnen Zaunprofile beginnen

4 Fügen Sie bei der Montage stets Distanzstücke zwischen die Bretter. So sorgt man für gleichmäßige Abstände

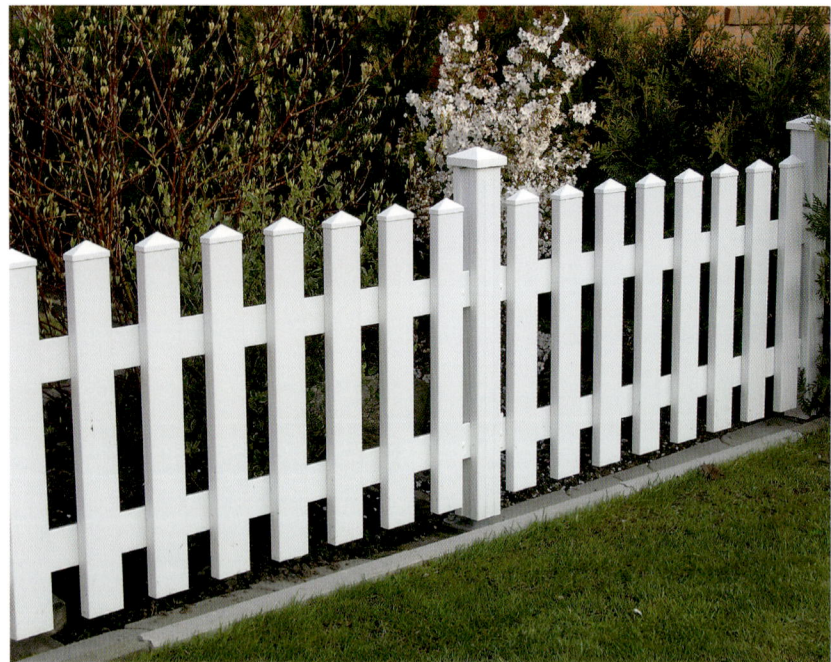

Wer einen dauerhaft pflegeleichten Zaun wünscht, kauft Elemente aus weißem oder farbigem Kunststoff. Sie brauchen keinen Anstrich und werden nur regelmäßig abgewaschen

Diverse Zaunlösungen

Links sehen Sie, wie in mehreren Arbeitsschritten ein Zaun aus fertig gekauften Elementen montiert wird. Wenn Sie solche Zaunelemente aus einem Baukastensystem verwenden, ist die Montage im Nu erledigt. Anhand der örtlichen Gegebenheiten werden die Längen der Zaunfelder berechnet und die erforderlichen Pfosten, Querriegel und Zaunprofile bestellt. Zuerst setzen Sie die Pfosten. Einbetonieren mit H-Ankern bringt die höchste Stabilität (siehe S. 83). Dann schrauben Sie die Querriegel an. Anhand einer Richtschnur befestigen Sie im nächsten Schritt die einzelnen Zaunprofile. Ein zwischengelegtes Distanzstück sorgt für gleich bleibende Fugenbreite. Arbeiten Sie nur mit rostfreien Edelstahlschrauben. Die Schraublöcher am besten vorbohren.

Riesenauswahl an Zaunelementen im Baumarkt

Baumärkte und Garten-Center bieten heute eine kaum überschaubare Auswahl an Fertigzäunen an, die Sie nur noch montieren müssen. Achten Sie beim Kauf darauf, dass die Elemente sauber verarbeitet sind. Sägekanten müssen gerundet sein, damit keine Splitter abreißen. Die Verschraubungen der Zaunbretter auf den Querhölzern sollte mit rostfreien Schrauben erfolgt sein. Neben den bereits angesprochenen Ankern für die Befestigung der Pfosten an den Betonfundamenten brauchen Sie Winkel, mit denen die Zaunfelder wiederum an die Pfosten geschraubt werden (siehe Bild 2 ganz rechts). Diese Teile wie die dazugehörigen Schrauben müssen verzinkt sein oder noch besser aus rostfreiem Edelstahl bestehen.

Zaunelemente

1 Pfosten für den Zaunbau: das Holz sollte gerade gewachsen und sauber gefräst sein sowie glatte Oberflächen aufweisen

2 Achten Sie auch auf eine gute Befestigung der Zaunbretter an den Querriegeln. Schrauben sind hier besser als Nägel

Befestigungsmaterial

1 Die Befestigungselemente für die Zaunpfosten müssen sauber verzinkt sein und dürfen keine scharfen Grate haben

2 Mit solchen Montagewinkeln verbindet man die fertigen Zaunfelder mit den zuvor aufgestellten senkrechten Pfosten

Weiß gestrichene Zäune brauchen alle zwei bis drei Jahre einen Renovierungsanstrich mit wetterfestem Lack (links).
Anstriche mit getönter Holzlasur lassen die Maserung sichtbar (oben)

Sichtschutz mit Holzelementen

Langweilige weil gleichförmige Gestaltungen müssen heute nicht mehr sein. Der Handel bietet unterschiedlichste Elemente zum Kombinieren an

Die Zeit der tristen Flechtzäune ist vorbei

Die ersten vorgefertigten Produkte im Bereich Sichtschutz aus Holz waren so genannte Flechtzäune, bei denen dünn gesägte flexible Brettchen zwischen Leisten geflochten wurden, die wiederum in einem Rahmen aus Kanthölzern saßen.

Es gibt kaum etwas Langweiligeres als lange Sichtschutzwände aus solchen Elementen. Doch gottlob bieten Gartencenter und Baumärkte heute eine bunte Palette verschiedenster Gestaltungslösungen im Bereich Sichtschutz aus Holz. Das Bild unten zeigt eine Kombination mit Wechsel in der Höhe und teilweise durchbrochenen Elementen.

Wer es gern natürlich hat, kann Sichtschutzwände mit Rankpflanzen begrünen. Aber auch der Mut zur Farbe kann sich lohnen. Wie Sie rechts unten sehen, wirkt das Wechselspiel von Grün und Weiß sehr attraktiv.

Dass Sichtschutzwände nicht eintönig aussehen müssen, beweist diese Lösung der Kombination verschiedener Elemente

*Begrünung macht den Sichtschutz freund-
licher (li.). Sogar teilverglaste Elemente
werden heute schon angeboten (oben)*

Sichtschutz für den unmittelbaren Terrassenbereich. Farbe und Dekoration lockern dabei die nüchterne Gestaltung auf

Montage einer Sicht-schutzwand

Sichtschutzwände bieten dem Wind eine große Angriffsfläche. Daher sollten die Pfosten möglichst solide verankert sein. Den besten Halt bieten einbetonierte H-Anker. An exponierten Stellen kann es erforderlich sein, zusätzlich Windankerlaschen zu montieren (siehe Abb. B rechts).

Wird die Konstruktion jedoch durch rechtwinklig abknickende Wandverläufe stabilisiert, reichen auch Einschlaganker, wie sie darunter gezeigt werden. Sie lassen sich am besten nach ausgiebigem Regen ins Erdreich treiben. Man legt das Einschlagwerkzeug aus Kunststoff in die Hülse aus verzinktem Stahl und schlägt mit einem schweren Hammer darauf.

Sichtschutzelemente schützen nicht nur vor unerwünschten Blicken, sondern bieten auch Windschutz beim Sonnenbaden

Beispiele für stabile Pfostenverankerungen

Schnitt durchs Erdreich:
So wird ein Pfosten mit H-Anker justiert und einbetoniert (A).
Die seitlich angeschraubte Sturmankerlasche gibt zusätzliche Stabilität (B).
Bei wenig belasteten Konstruktionen reichen Einschlaganker völlig aus. Die bewegliche Hülse erlaubt ein nachträgliches Justieren des montierten Pfostens (C).

Da die Hülse beweglich ist, lässt sich der Pfosten nachträglich ausrichten.

Damit die Sichtschutzwand nicht eintönig wirkt, sollte man möglichst verschiedene Elemente miteinander kombinieren. Wenn man will, ist auch der Übergang zu einem Zaun machbar. Überhaupt lässt die breite Auswahl an vorgefertigten Holzelementen aus dem Baumarkt Konstruktionen zu, die auf den individuellen Geschmack abgestimmt sind.

Wetterfeste Kunststoffelemente

Eine interessante Alternative zu Holzprodukten ist das rechts gezeigte Zaun- und Sichtschutz-System, dessen Elemente aus weißem Fensterkunststoff bestehen. Die absolut passgenauen Teile lassen sich leicht montieren. Sie sind pflegeleicht, und der Hersteller gibt zehn Jahre Garantie auf die Farbechtheit des Materials. Anstriche sind nicht nötig. Als Pflege reicht es aus, die Elemente einmal pro Jahr gründlich abzuspritzen – am besten mit einem Hochdruckreiniger.

Unter dem Gesichtspunkt, dass keine Anstrichmittel für Erstbehandlung und Renovierung erforderlich und die Teile extrem langlebig sind, ist Kunststoff auch für umweltbewusste Gartenbesitzer interessant. Unsere Bilder zeigen die wichtigsten Montageschritte einer Sichtschutzwand. Einzelne Teile wie Pfostenkappen oder Aufsatzleisten können Sie auch farbig absetzen. Der Hersteller empfiehlt dann eine Behandlung mit Haftgrund. Anschließend wird Autolack aufgetragen.

Die weiße Sichtschutzwand aus Kunststoffelementen sieht gut aus und braucht niemals nachgestrichen werden

Montage von Kunststoffelementen

1 Im Gegensatz zu Holz können Sie Kunststoffpfosten direkt ins Erdreich stellen und durch Beton fixieren

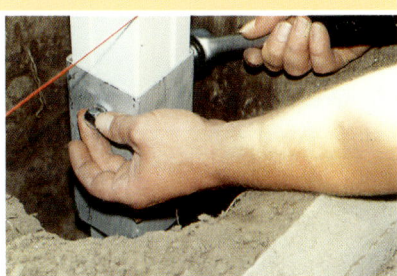

2 Alternativ zu der obigen Montageart lassen sich auch handelsübliche Einschlaganker verwenden

3 Mit Spezialadaptern werden die einzelnen Sichtschutz-Elemente an die bereits befestigten Pfosten gehängt

4 Anschließend wird oben eine Aufsatzleiste aufgeklemmt. Sie bildet die Abdeckung der Sichtschutz-Elemente

5 Um die Stabilität zu erhöhen, werden die senkrechten Streben oben und unten mit dem Rahmen verschraubt

6 Alle Teile sind dauerhaft formstabil. Gesäubert wird der Zaun einmal im Jahr mit dem Hochdruckreiniger

So werden Pergolen gebaut

Pergolen gliedern den Garten und sorgen, wenn man sie mit Kletter-pflanzen berankt, für angenehmen Schatten bei Sitzplätzen im Freien

Wenn Sie an einem tristen Winterabend darüber nachsinnen, wie Sie Ihren Garten etwas attraktiver gestalten könnten, dann schauen Sie doch mal in die Kataloge der einschlägigen Hersteller von Holzelementen für den Garten. Da gibt es vorgefertigte Teile, aus denen sich Zäune und Sichtschutzwände sowie lauschige Pergolen bauen lassen. Was in vielen Gärten nämlich fehlt, ist ein Sitzplatz, der vor neugierigen Blicken der Nachbarn ebenso geschützt ist wie vor Zugluft und zu starker Sonneneinstrahlung.

Ein Refugium also, in das man sich zurückzieht und ganz einfach mal bei einer schönen Tasse Kaffee die Seele baumeln lässt.

Unter der lauschigen Pergola ist ein wunderschöner Sitzplatz entstanden

Bodenaufbau

1 Gehwegplatten aus Beton bilden das Lager für die Balken des Gartendecks. Sie müssen genau auf gleicher Höhe liegen

2 In Längsrichtung werden die Balken überlappend miteinander verschraubt. Dabei die Hölzer mit Zwingen fixieren

3 Eingefügte und verschraubte Querbalken dienen zur Stabilisierung und als Auflage der längs verschraubten Bretter

Pergola für den Sitzplatz vor dem Gartenhaus

Beim hier gezeigten Beispiel wird vor ein vorhandenes Gartenhaus auf dem hinteren Teil des Grundstücks zunächst eine Holzterrasse gebaut. Als Dekorationselement und Rankhilfe für Kletterpflanzen kommt dann eine Pergola mit Scherengittern zwischen die tragenden Pfosten auf den Unterbau.

Beim Aufbau der Unterkonstruktion der Holzterrasse muss man sich nach dem höchsten Punkt richten, der in diesem Fall durch ein Betonfundament des Gartenhauses vorgegeben ist. Vom Haus zum Garten fällt das Gelände in unserem Fall ein gutes Stück ab. Hier werden Gehwegplatten aus Beton als Auflager der Balken benutzt.

Sobald die Bodendielen auf die Lagerhölzer geschraubt sind, geht es an den Bau der Pergola. Das große Bild rechts zeigt den Aufbau der Konstruktion, deren Gerüst zwei ineinandergefügte quadratische Rahmen bilden. An den vier Ecken werden diagonale Streben

4 Vor dem Verschrauben erhalten die Bretter von beiden Seiten einen Anstrich mit Fäulnis hemmender Grundierung

5 Beim Anschrauben der Bretter sorgen Abstandhalter (hier Bitumenpappstreifen) für ein gleichmäßiges Fugenbild

6 Die Bretter mit der Handkreissäge und einem Anschlag sauber ablängen. Außenkante mit der Oberfräse runden

7 Auf der Bodenfläche kann nun das Pergoladach vormontiert werden. Es besteht aus äußerem und innerem Rahmen

Pergolamontage

1 Die Metallschuhe werden auf den Holzboden geschraubt. Dann die Balken einsetzen, ausrichten und verschrauben

2 Die Verlängerungen des äußeren Rahmens werden durch verschraubte Überblattungen hergestellt

3 Hier sieht man, wie der Rahmen der Pergola von oben mit den bereits montierten Pfosten verschraubt wird

eingefügt, dann folgen aufgesetzte Pergolareiter. Sind alle Teile des Pergoladachs vorbereitet, werden die insgesamt acht Pfosten, auf denen die gesamte Konstruktion ruhen soll, mittels Pfostenschuhen auf dem Holzdeck aufgestellt. Zuerst werden nun die äußeren Rahmenteile auf die Pfosten gelegt. Von oben dreht man lange Schrauben an den vorher markierten und vorgebohrten Stellen durch den äußeren Rahmen in die Pfostenköpfe. Zusätzlichen Halt bekommt die Konstruktion durch die Verbindung mit dem Dach des Gartenhauses. An der Rückseite des Gartendecks werden die senkrechten Pfosten mit dem dort errichteten Pflanzzaun verbunden. Zuletzt setzt man die Rankgitter zwischen die Pfosten.

Das hier verarbeitete Holz ist unbehandelte Fichte bzw. Tanne. Dieses Material ist ausgesprochen preiswert, muss aber gegen Witterungseinflüsse geschützt werden. Dafür sorgt eine Fäulnis hemmende Grundierung und ein abschließendes Streichen mit Wetterschutzlasur. Diese Behandlung alle zwei bis drei Jahre wiederholen.

4 Nun werden die Diagonalstreben verschraubt und der innere Rahmen eingesetzt. Zuletzt richtet man die Reiter aus und verschraubt auch diese

Abschlussarbeiten

1 Um die fertig gekauften Rankgitter einsetzen zu können, nagelt man zunächst schmale Halteleisten an

2 Nun erfolgt die abschließende Oberflächenbehandlung des Kiefernholzes mit einer Wetterschutzlasur

3 Schon bald bildet sich ein grüner Sichtschutz, wenn der eingesetzte Efeu an den Rankgittern hochklettert

4 So präsentieren sich Terrasse, Pergola und Rankgitter im fertiggestellten Zustand: Ein geschützter Platz, der zum erholsamen Aufenthalt einlädt

Gartentor mit Pergola

1 Im ersten Schritt wird das alte, bereits morsch und unansehnlich gewordene Tor Element für Element abgebaut

2 Die vier 9 x 7,5 cm starken Holzpfosten finden in den bereits zuvor einbetonierten Metallschuhen sicheren Halt

3 Stumpf eingefügte Querbalken verleihen der Konstruktion im unteren Bereich die nötige Stabilität

4 Oben wurde ein rechteckiger Holzrahmen aufgesetzt, der nun die sternförmigen Pergolareiter tragen soll

5 Halteleisten annageln und dann die Rankgitter anschrauben. Halteleisten auf der Gegenseite fixieren die Gitter

6 Zuletzt wird nach dem gleichen Prinzip das eigentliche Tor zusammengebaut und in die Halterung gesetzt

Schmuckes Gartentor mit Rankgittern

Zu der attraktiven Gartenanlage, die wir auf den vorhergehenden Seiten gezeigt haben, gehört auch ein selbst gebautes Tor mit seitlichen Rankgittern und Pergolareitern. Es ersetzt ein altes, bereits völlig morsch gewordenes Tor, das demontiert werden musste.

Einbetonierte Metall-Pfostenschuhe bilden die Basis der Konstruktion. Auf die vier Pfosten des Tores kommt ein rechteckiger Rahmen, der die sternförmig angeordneten Pergolareiter trägt. Nachdem man unten zwei Querstücke eingesetzt hat, werden scherenförmige Rankgitter zwischen die Pfosten gesetzt. Das eigentliche Tor besteht aus einem Rahmen, der ebenfalls mit einem passenden Rankgitter gefüllt wird.

Das Tor ist ein ideales Rankgerüst für Kletterrosen. Schon nach wenigen Jahren begrünen sie die Konstruktion und sorgen im Frühsommer für eine überwältigende Blütenpracht.

Für jeden Garten die richtige Pergola

Pergolen sind Lauben aus Säulen oder Pfeilern. Sie dienen als Gerüste für Kletterpflanzen, die ein dichtes Schattendach entfalten. Bis in den Herbst hinein laden die luftigen Lauben zum Rasten und Ruhen ein.

Die Pergola kommt wie viele andere Gartengestaltungs-Elemente ursprünglich aus Italien. Im sonnigen Süden hat so eine schattige Laube natürlich einen besonderen Wert. Sie schützt den Sitzplatz im Freien und lässt Rosen und Weinreben luftig klettern.

Eine Pergola kann frei stehen, abseits einen Sitzplatz bedachen, den Garteneingang zur Haustüre überbrücken oder den Autostellplatz schattieren. Eine langgestreckte schmale Pergola passt sogar als Sichtschutz an die Grundstücksgrenze. Und noch in Form eines kleinen Torbogens ist sie etwa als Rankgerüst für Kletterpflanzen, insbesondere als Rosenbogen willkommen.

Für eine Pergola ist in der Regel keine Baugenehmigung nötig, weil sie kein festes Dach hat und keine Brandgefahr darstellt. Selbstverständlich ist der nötige Abstand zur Grenze einzuhalten. Die Pflanzen dürfen weder Nachbars Garten schattieren, noch seine Gebäude beeinträchtigen, zumal starkwüchsige Kletterpflanzen leicht von der Pergola auf angrenzende Häuser übergreifen. Sie dürfen auch keine Sichtbehinderung zur Straßenausfahrt darstellen. Bei uneindeutigen Situationen ist beim zuständigen Bauamt Auskunft zu bekommen, so etwa wenn die Pergola überdacht und als Carport genutzt werden soll.

Dauerhafter Wetterschutz für Holzbauten

Unbehandeltes, weiches Holz verrottet bald, da das Regenwasser unter dem Blätterdach schlecht abtrocknet. Wer eine wetterfeste und dennoch natürliche Holzkonstruktion möchte, ist mit Lärchen- oder Eichenholz gut bedient. Diese Hölzer sind aufgrund der enthaltenen Harze bzw. Gerbstoffe auch ohne Imprägnierung recht haltbar und ausdauernd.

Der beste Holzschutz für Pergolen aus Fichte oder Kiefer ist die Kesseldruckimprägnierung. Dabei wird das Holzschutzmittel mit Druck in die Balken gepresst, sodass es tief eindringt und besonders lange hält.

Von einer Pergola mit Reitern überkrönt sieht der hier gezeigte Zaun zum Garten gleich viel freundlicher aus

Pergola für die Terrasse

1 Hier wird eine massive Pergola über einer Holzterrasse errichtet. Sie steht auf gegossenen Betonfundamenten

2 Die vier 9 x 7,5 cm starken Holzpfosten finden in den bereits zuvor einbetonierten Metallschuhen sicheren Halt

3 Sobald die Seitenteile mit ihren Auflagern ausgerichtet sind, legt man die eigentlichen Pergolabalken auf

4 Insgesamt fünf Balken bilden das Dach. Sie werden ausgerichtet und von oben mit den Lagerbalken verschraubt

5 Der vordere Balken wird zusätzlich durch Zapfen mit dem Auflager verbunden und bekommt Abstrebungen

6 Weitere Stabilität erhält die Konstruktion durch von oben aufgesetzte Metallwinkel, die man verschraubt

Pflanzen für die Pergolabegrünung

Im Sortiment der Kletterpflanzen gibt es eine ganze Reihe von Arten, die sich für die Begrünung einer Pergola besonders gut eignen

Das Wesentliche an einer Pergola ist natürlich ihre Begrünung. Erst die Pflanzen geben dem strengen Baukörper seine typische Leichtigkeit. Die Pflanzen müssen dem Typ angepasst sein. Eine leichte Pergola aus Metall verträgt nur schwache Kletterer, insbesondere Kletterrosen oder Jasmin. Eine Säulenhalle aus Granit braucht dagegen schon einen fülligen Weinstock oder einen wuchernden Knöterich. Grundsätzlich sind vier verschiedene Typen von Kletterpflanzen zu unterscheiden, und zwar Selbstklimmer, Ranker, Schlinger und Spreizklimmer.

Selbstklimmer wie etwa die Jungfernrebe (Parthenocissus tricuspidata), der Efeu oder die Kletterhortensie heften sich mit Haftwurzeln am Gerüst fest. Sie sind mehr für Wände und Mauern geeignet, bezwingen aber auch Pergolen, um sich oben flächig auszubreiten. Ranker wie die Weinrebe (Vitis vinifera), die Waldrebe (Clematis) oder der Wilde Wein (Parthenocissus quinquefolia) brauchen ein Geflecht etwa aus Maschendraht oder Zweigen, um sich daran hochzuhangeln. Die Schlinger winden sich um die Pfosten und kriechen so nach oben. Typisch dafür sind die Glyzinie (Wisteria sinensis) oder der Baumwürger (Celastrus). Sie schaffen sogar dicke Säulen aus Stein oder Holzpfosten. Von allen sind verschiedene Arten und Sorten erhältlich.

Für massive Pergolen mit dicken Pfosten eignen sich Glyzinien, die sich um die senkrechten Hölzer nach oben winden

Besonders groß ist die Auswahl etwa bei Kletterrosen oder bei Waldreben. Bei diesen Pflanzen kommt es besonders auf die Blüten an. Je nach Geschmack wählt man rote, weiße, gelbe oder andere Farben oder auch gefüllte, großblütige und duftende Sorten. Sehr gut lassen sich die verschiedenen Arten und Sorten auch kombinieren. „Fürs Auge" pflanzt man Rosen und dazu „für die Nase" ein Geißblatt (z. B. Lonicera caprifolium), das seinen Duft besonders am Abend verbreitet. Gut kombinierbar sind auch Schlinger und Ranker. Die Schlinger winden sich selbst ohne zusätzliche Kletterhilfe an den Säulen oder Pfosten hoch und geben den Rankern Halt, die sonst ein Gerüst aus Maschendraht oder Schnüren bräuchten. So eine Gemeinschaft kann z. B. aus Glyzinien und Waldreben bestehen, zumal sie sich gegenseitig nicht stören, oder auch aus einem immergrünen, selbstklimmenden Efeu und einer Kletterrose, die sich gut bei ihm einhängen kann.

Pflege

Kletterpflanzen brauchen keine besondere Pflege. Zur Ertragssteigerung sollten allenfalls Weinreben, Kiwis und Brombeeren geschnitten werden. Die anderen Arten wie beispielsweise der Knöterich, der Wilde Wein, die Pfeifenwinde (Aristolochia), die Glyzinie u. a. werden erst richtig schön, wenn sie ungehindert, also ohne Schnitt, wachsen dürfen. Die Größe der Kletterhilfe setzt ihnen ohnehin Grenzen.

Selbst Kletterrosen brauchen nur gelegentlich einen Auslichtungsschnitt, wobei dürres und erfrorenes Holz zu beseitigen ist. Allerdings nehmen alle Kletterpflanzen auch einen Rückschnitt hin. Der kann beispielsweise nötig sein, wenn sehr vitale Arten unters Dach kriechen. Besonders beim Knöterich ist hier Vorsicht geboten.

Tipps vom Experten

Kletterpflanzen pflegen

Der Gärtner Leonard Rasnaj empfiehlt zur Pflege von Kletterpflanzen an der Pergola: „Die Pflege richtet sich natürlich auch nach der Art der Kletterpflanzen sowie nach dem Standort und den persönlichen Vorstellungen. Wer beispielsweise eine schattige Weinlaube haben möchte, muss dafür sorgen, dass die Weinreben möglichst rasch nach oben wachsen. Dazu werden sie nach der Pflanzung jeweils an den Eckpfosten der Pergola als so genannte Schnurstöcke nach oben geleitet.

Bei der Erziehung ist darauf zu achten, dass sich die Reben nicht verzweigen, sondern einen geraden Trieb entwickeln. Dieser wird an den Pfosten geheftet und bis zum Dach der Pergola geleitet. Erst dann wird dieser Schnurstock durch den Rückschnitt zur Verzweigung angeregt. Ähnlich erfolgt die Erziehung anderer Kletterpflanzenarten, wobei die Schlinger von selbst nach oben wachsen, indem sie sich um die Pfosten herum nach oben winden.

Besonders bei Weinreben ist darauf zu achten, dass es pilzresistente Sorten sind. Andernfalls haben sie immer mit Mehltau zu kämpfen. Natürlich eignen sich Weinreben oder auch Kiwis nur für sonnige Pergolen. Das gilt auch für Kletterrosen. Im Schatten, etwa bei nordseitiger Lage oder unter einer großen Baumkrone, kommen besser Waldreben oder Geißblätter (Lonicera) zum Einsatz. Bei allen Arten ist eine gründliche Bodenvorbereitung die beste Gewähr für gutes Gedeihen. Insbesondere muss das Pflanzloch ausreichend tief gelockert werden. Bodenverdichtungen sind zu durchbrechen.

Bei einer Pflanzung neben einem Betonfundament wird die Kletterpflanze schräg eingesetzt, sodass die Wurzeln in den Gartenboden eindringen können. Bei Kletterrosen ist darauf zu achten, dass die Veredelungsstelle etwa 5 cm tief unter der Erdoberfläche sitzt. Dagegen dürfen Weinreben oder auch der Blauregen nicht zu tief eingepflanzt werden. Bei diesen Arten muss die Veredelungsstelle über dem Boden sitzen."

Kletterrosen sollten Sie nur für Pergolen wählen, die viel Sonne abbekommen

Ein Weinstock an der Pergola liefert im Herbst schmackhafte Trauben

Weinrebe
(Vitis vinifera)

Merkmale

Eine der besten Kletterpflanzen für die Begrünung einer Pergola ist die Weinrebe. Dieser starkwüchsige Ranker entwickelt meterlange Triebe, die sich mit Sprossranken nach oben hangeln. Dazu brauchen sie eine Kletterhilfe in Form von Gittern, Schnüren oder Stäben, an der sie sich festhalten können. Die Triebe bringen im Frühjahr ihre typischen Weinblätter hervor. Im Juni entwickeln sich dann die duftenden Blütenstände („Gescheine"), aus denen im Sommer die Trauben reifen. Sie tragen in der Pergola zur Dekoration bei. Weintrauben aus dem eigenen Garten sind natürlich auch ein wertvolles Obst. Zu empfehlen sind besonders solche Sorten, die in der Region reifen und keine Probleme mit Mehltau haben. Weinreben lassen sich mit anderen Kletterpflanzen kombinieren. Sie passen beispielsweise gut zu Kletterrosen, die den Sommer hindurch Blüten bilden.

Standort

Damit die Früchte gut ausreifen, sollten die Reben vorzugsweise an sonnigen Pergolen zum Einsatz kommen. Sie brauchen einen tiefgründigen, nährstoffreichen Boden.

Aus Rieslingtrauben von der Pergola können Sie sogar eigenen Wein keltern

Kletterrosen
(Rosa-Sorten)

Merkmale

Wer sich den Sommer hindurch an Blüten erfreuen möchte, ist mit Kletterrosen an der Pergola gut bedient. Das Sortiment bietet eine Reihe verschiedener Blütenfarben. Zu bevorzugen sind Sorten mit duftenden Blüten. Kletterrosen sind keine echten Kletterpflanzen, sondern starkwüchsige Sträucher mit bewehrten Trieben, die

Kletterrosen müssen am Rankgitter oder an der Pergola festgebunden werden

sich am Klettergerüst einspreizen. Als typische Spreizklimmer brauchen sie entweder eine Kletterhilfe etwa in Form eines Metallgitters, oder sie werden an den Pergolapfosten festgebunden. Mit der Zeit verholzen die Triebe und bilden selbst stabile Stämmchen. Es lohnt sich, mehrere Sorten zu pflanzen. Das verlängert die Blütezeit und erweitert das Farbenspektrum.

Standort

Kletterrosen sollten nur an sonnigen und luftigen Plätzen gepflanzt werden, damit sie gesund und blühfähig bleiben. Sie brauchen einen tiefgründigen Boden mit gutem Wasserabzug.

Blauregen
(Wisteria sinensis)

Merkmale

Als starkwüchsiger Schlinger hat sich der Blauregen bewährt. Dieser Frühjahrsblüher bringt große Trauben aus duftenden blauen Blüten hervor. Nach dem Flor entfalten sie gefiederte Blätter, die ein dichtes Schattendach bilden. Der Blauregen braucht keine Kletterhilfe. Er entwickelt lange Triebe, die sich an den Pergolapfosten nach oben schlingen. Mit den Jahren können sie armdicke Stämme bilden. Keinesfalls darf dieser Schlinger deshalb zur Begrünung von engmaschigen Gittern genutzt werden. Sie schnüren die Stämme ein. Als zusätzliche Kletterhilfe eignen sich Spannseile, die z. B. auf dem Pergoladach montiert werden. Beim Kauf von Jungpflanzen ist darauf zu achten, dass es mit Sicherheit veredelte Pflanzen sind (erkennbar an einer Verdickung am Wurzelhals). Sämlinge blühen nicht oder erst nach vielen Jahren.

Blauregen braucht eine kräftige Unterkonstruktion, um die er sich schlingen kann

Standort

Das sommergrüne Laubgehölz eignet sich sowohl für sonnige, als auch für schattige Plätze. Es treibt eine starke Pfahlwurzel tief in den Boden und sollte deshalb vorzugsweise auf tiefgründigen Boden gepflanzt werden.

Wilder Wein
(Parthenocissus quinquefolia)

Merkmale

Dieser sommergrüne Kletterer stammt ursprünglich aus Nordamerika (Virginian Creeper). Er hat sich aber wegen seiner Vitalität auch in Europa etabliert und kommt hier vor allem bei der Begrünung von Zäunen oder Pergolen zum Einsatz. Anders als der verwandte Selbstklimmerwein (P. tricuspidata) bildet der Wilde Wein keine

Wilder Wein verziert die Pergola im Herbst mit leuchtend roten Blättern

Haftwurzeln. Er kann sich somit nicht am Mauerwerk festhalten. Damit er das Dach der Pergola erreicht, sollte er eine Kletterhilfe z. B. aus Gitterstreifen erhalten. Der starkwüchsige Kletterer kann eine Pergola in wenigen Jahren dicht zuwachsen. Er bringt im Frühjahr sein typisches fünflappiges Blattwerk hervor, das sich im Herbst leuchtend rot färbt. Die unauffälligen Blüten sind eine wertvolle Bienenweide. Die blauen ungenießbaren Früchte werden gerne von Singvögeln verspeist.

Standort

Das genügsame Gehölz lässt sich auf jedem Boden sowohl an sonnigen, als auch an schattigen Plätzen ansiedeln. Vorsicht ist bei hellen Böden geboten, zumal die Früchte farbige Flecken verursachen.

Die Bergwaldrebe (Clematis montana) bringt im Mai eine Fülle an duftenden Blüten hervor

Waldrebe
(Clematis)

Mermale

Von der Waldrebe gibt es verschiedene Typen und zwar solche, die im Frühjahr blühen, und solche, die im Sommer blühen, sowie staudenartige. Die Frühblüher wie z. B. Clematis montana Rubens bilden ihre Blütenknospen schon im Jahr vor der Blütezeit. Sie dürfen deshalb im Winter nicht geschnitten werden. Die Sommerblüher wie die großblütigen Jackmanii-Hybriden blühen an den jungen Trieben. Auch sie brauchen in der Regel keinen Schnitt, lassen sich aber, falls nötig, im Spätwinter schneiden. Die Clematis-Typen unterscheiden sich auch in der Wuchsform. Während die Clematis

Clematis-Sorten sind gut kombinierbar. Sie brauchen eine Kletterhilfe

montana Rubens oder auch die heimische Waldrebe (C. vitalba) eine Höhe von 20 m erreicht, bleiben die großblütigen Hybriden erheblich kleiner. Alle Typen halten sich mit Blattstielranken an der Kletterhilfe fest. Eine Ausnahme sind die staudenartigen. Sie bilden keine holzigen Triebe, sondern ziehen im Herbst ein, um im nächsten Frühjahr wieder auszutreiben.

Standort

Clematis-Arten sind gegen Nässe empfindlich. Zudem gehen viele Jungpflanzen durch Pilzerkrankungen ein. Sie brauchen einen halbschattigen bis schattigen Platz.

Die Blüten der Jackmanni-Hybriden erreichen Durchmesser von mehr als 10 cm.

Geißblatt
(Lonicera)

Merkmale

Von dieser vielfältigen Kletterpflanze gibt es sommergrüne und wintergrüne Arten. Die wintergrüne Lonicera henryi breitet das ganze Jahr ein dichtes Blattwerk auf der Pergola aus. Selbst strenger Frost kann den Blättern nichts anhaben. Allerdings blüht diese Art weniger üppig als etwa das Waldgeißblatt (L. periclymenum) oder das Jelängerjelieber (L. caprifolium). Alle

Arten zählen zu den Schlingern. Sie bilden rechtswindende Triebe. Obwohl sie an den Pergolapfosten selbst nach oben schlingen, erleichtert ihnen das Heften eine rasche Entwicklung. Bemerkenswert sind die röhrenförmigen Blüten, die besonders am Abend duften (bei der immergrünen Art weniger intensiv). Aus den Blüten entwickeln sich rote, giftige (!) Beeren, die für Vögel aber nützlich sind.

Standort

Alle Arten sollten einen geschützten Platz in sonniger bis halbschattiger Lage auf tiefgründigem nährstoffreichem Boden erhalten.

Das Geißblatt bringt nach der üppigen Blüte rote Beeren hervor, die giftig sind

Knöterich
(Fallopia aubertii)

Merkmale

Der wohl vitalste Schlinger im Reich der Kletterpflanzen ist der Knöterich (früher Polygonum aubertii). Er bildet auf einer Pergola ein prächtiges Büschel aus Trieben, die im Spätsommer ihre rahmweißen Blütenrispen entfalten. Allerdings sollte er auf die Pergola beschränkt bleiben. Eine Ausbreitung auf das Hausdach ist zu verhindern, da die Triebe auch unter die Dachziegel

Knöterich breitet sich enorm aus und muss regelmäßig reduziert werden

kriechen. Auf der Pergola wird sein dichtes Blattwerk gerne von Vögeln zum Nestbau aufgesucht. Das gilt auch für andere dichte Kletterpflanzen. Das Gehölz, das ursprünglich in Ostasien heimisch war, hat sich in Europa gut eingelebt und als völlig winterhart bewährt. Die Vermehrung ist einfach durch Absenker oder Steckhölzer möglich (wie auch bei vielen anderen Kletterpflanzen).

Standort

Vor der Pflanzung eines Schlingknöterichs ist dessen Vitalität zu beachten. Er kann 20 m Höhe erreichen und andere Pflanzen leicht überwuchern. Das genügsame Gewächs kommt auf jedem Gartenboden und in jeder Lage zurecht.

Kletterhortensie
(Hydrangea petiolaris)

Merkmale

Als eine der wenigen Selbstklimmer unter den Kletterpflanzen, die sich mit Haftwurzeln auch am Mauerwerk festhalten, kommt die Kletterhortensie bei der Hausbegrünung zum Einsatz. Sie lässt sich aber auch zur Bepflanzung von Pergolen nutzen. Es dauert zwar einige Jahre, bis sie das Dach erreicht

und eine Laube bildet, durch ihre großen grünen Blätter wirkt sie aber recht attraktiv. Das Besondere sind die großen rahmweißen Blütendolden, die sich im Frühsommer entfalten. Sie duften intensiv nach Bananen und Pfirsich und laden dann besonders zum Verweilen ein. Das Gehölz entwickelt – anders als beispielsweise der vieltriebige Knöterich – einen Hauptstamm. Dieser sollte an einem Pergolapfosten festgeheftet werden. Das erleichtert ihm die Entwicklung der Haftwurzeln.

Standort

Wie andere Hortensien vertragen Kletterhortensien keinen kalkreichen Boden. Sie sollten deshalb in saures Substrat gesetzt werden. Der Standort sollte halbschattig oder schattig sein.

Im Frühsommer entfalten sich die rahmweißen Blütendolden der Kletterhortensie

Holzterrassen fachgerecht bauen

Sitzplätze im Freien, Abstufungen des Geländes, attraktive Teichanlagen und vieles mehr können Sie mit dem richtigen Holz individuell gestalten

Nach wie vor entscheiden sich die meisten Hausbesitzer für Steinplatten, wenn es um die Auswahl eines geeigneten Bodenbelags für den Terrassenbereich geht. Doch auch Holzdeck-Konstruktionen gewinnen immer mehr Liebhaber.

Neben Gartenhölzern, die durch Imprägnierung wetterfest gemacht wurden, gibt es natürliche Hölzer, die auch ohne Chemiebehandlung problemlos im Freien verbaut werden können. Dazu gehört Western Red Cedar, das vor allem aus Kanada importiert wird.

Die rötlichen Bretter und Balken besitzen einen von Natur aus eingebauten Wetterschutz, der sie ebenso haltbar macht wie die wertvollen, in ihrem Bestand gefährdeten Tropenhölzer.

Dabei ist Western Red Cedar wesentlich leichter und preiswerter. Umweltbewusste Importeure garantieren dem Käufer, dass das Holz aus nachwachsenden Beständen stammt. Achten Sie darum unbedingt auf entsprechende Öko-Siegel.

Nachdem die Bodenbretter bündig abgesägt wurden, schraubt man die Blenden an. Dann ist die Holzterrasse fertig

Aufbauschritte

1 An das Mauerwerk werden Konstruktionshölzer geschraubt. Oberkante plus eine Brettstärke ist spätere Endhöhe

2 Mit Metallwinkeln werden im nächsten Schritt die eigentlichen Lagerhölzer mit Hammer und Nägeln befestigt

3 Unter die Lagerhölzer kommen Gehwegplatten. Die Hölzer werden nun unterfüttert, bis sie eben aufliegen

4 Seitlich angeschraubte Brettlaschen fixieren die Hölzer und geben ihnen auf diese Weise mehr Stabilität

5 Mit 4 bis 5 mm Abstand verschrauben Sie die Bretter auf den Lagerhölzern. Setzen Sie kleine Abstandshalter ein

6 Rundum bildet eine gegen die Lagerhölzer geschraubte Blende einen optisch ansprechenden Abschluss

Auf die Unterkonstruktion kommt es an

Um eine Terrasse aus den mit geriffelter Oberfläche angebotenen Hölzern zu bauen, brauchen Sie zunächst einen stabilen Untergrund, der sich nicht mehr setzt. Ideal ist eine 15 bis 20 cm dicke, gut verdichtete Splittschicht. Die Lagerhölzer werden dann ohne direkten Bodenkontakt verlegt. Wo die Terrasse direkt ans Haus anschließt, dübeln Sie Konstruktionshölzer von 38 x 89 mm ans Mauerwerk. Mit verzinkten Stahlwinkeln befestigen Sie daran dann als Träger für die Bodenbretter Kanthölzer von 89 x 89 mm. Der Abstand der Kanthölzer sollte 50 bis 60 cm nicht überschreiten.

In Abständen von 80 bis 100 cm legen Sie unter die Kanthölzer Gehwegplat-

ten aus Beton. Mit Keilen werden die Kanthölzer dann unterfüttert, bis sie genau in der Waage liegen. Kontrollieren Sie die Positionen der Lagerhölzer durch Auflegen eines Richtscheits aus Alu. Sind die Lagerhölzer endgültig ausgerichtet, schrauben Sie seitlich im Bereich jeder Betonplatte zwei Laschen aus Brettabschnitten auf. Damit liegen die Kanthölzer fest auf dem Unterbau auf und können belastet werden.

Nun geht es ans Verschrauben der geriffelten Bodenhölzer von 26 x 140 mm Stärke. Legen Sie das erste Brett an der Vorderkante der Terrasse mit etwa 50 mm Überstand an. Dann drehen Sie an jedem Lagerpunkt zwei

rostfreie Edelstahl-Kreuzschlitzschrauben von 5 x 60 mm ein. Wo die Bretter in der Länge gestoßen werden, müssen die Stöße jeweils genau auf der Balkenmitte liegen. Die weiteren Bretter werden mit jeweils 4 bis 5 mm Abstand zueinander verschraubt.

Benutzen Sie stets eine dünne Leiste als Abstandslehre. Die so entstehenden Ritzen zwischen den Brettern erlauben es dem Holz, bei Feuchtigkeitsaufnahme zu quellen und wieder zu schwinden. Die seitlichen Überstände werden zum Schluss mit der Handkreissäge gleichmäßig gekappt. Dann schrauben Sie rundum Bretter als Blende gegen die Lagerhölzer.

Punktfundamente aus Rohren

Wenn gewachsener Mutterboden vorliegt, können Sie die rechts gezeigte Aufbauvariante wählen. Für die Punktfundamente werden Abschnitte von 100 mm dickem Kanalrohr in zuvor ausgehobene und mit Beton gefüllte Löcher gesetzt. Entsprechend der gewünschten Aufbauhöhe der Terrasse richtet man die Rohrstücke im frischen Beton aus.

Hat der Beton abgebunden, füllen Sie das Rohr mit Beton und legen die mit Metalllaschen versehenen Balken auf. Besonders komfortabel ist die Verarbeitung von Bodenbrettern mit Systembefestigung (links): Auf die Lagerhölzer geschraubte Kunststoffclipse fixieren hierbei die Bretter.

Durchdachtes Montagesystem

1 Das Brett wird gegen das zuvor befestigte geschoben. Mit einem Kunststoffclip fixiert, der in eine eingefräste Nut greift

2 Es gibt Clipse für die Befestigung auf der Unterkonstruktion sowie Abschlussprofile für die Außenkanten

Vorgefertigte Holzroste für den Terrassenbau

Ältere Terrassen aus unansehnlich gewordenen Steinen oder Waschbetonplatten können Sie mit fertig gekauften Holzrosten im Nu sanieren. Jedes einzelne der ganz rechts gezeigten Elemente beinhaltet alle zur Montage erforderlichen Komponenten. Eine aufwändige Unterkonstruktion aus Lagerhölzern – wie bei den zuvor gezeigten Verlegebeispielen – ist bei diesem System nicht erforderlich.

Jedes Rost im Format 90 x 90 cm besteht aus sechs Brettern, die auf der Unterseite durch drei Querriegel verbunden sind. Insgesamt fünf höhenverstellbare Nivellierfüße erlauben das genaue Ausrichten jedes Elements. Senkt sich der Untergrund nach dem Verlegen ab, können Sie erneut nachjustieren. Sonderteile muss man sich selbst zuschneiden. Die Roste gibt es in Douglasie oder Bangkirai.

TIPP:
Punktfundamente gießen

Mit dem Doppelspaten lassen sich die Löcher für die Punktfundamente sehr exakt ausheben (A).
Die Rohrstücke werden in Beton gesetzt und auf die richtige Höhe gebracht (B). Anschließend füllen Sie die Rohre mit Beton und kontrollieren die Ebenmäßigkeit. Dann die Pfostenanker einsetzen (C).

Problemlos nivellieren

1 In Rückenlage werden die Nivellierfüße einfach in die vorgesehenen Bohrungen der Querriegel eingeschlagen

2 Man legt die Elemente im Schachbrettmuster aus und verschraubt anschließend die Querriegel miteinander

3 Die unten liegenden Nivellierfüße lassen sich von oben ganz leicht mit einem normalen Inbusschlüssel einstellen

4 Für einen sauberen Abschluss der Außenkante sorgen seitlich stumpf angeschraubte Bodenbretter

Für ebene Untergründe

1 Als äußerer Rahmen der Verlegefläche dienen Traversen, die übereinanderlappend miteinander verschraubt werden

2 Nun werden die Holzroste eingelegt und mit den Traversen verbunden. Sondermaße muss man zuschneiden

Roste aus Thermoholz

Wie das auf Seite 111 gezeigte System sind auch die oben präsentierten Holzroste ideal zum Renovieren. Bei ebenen Untergründen braucht man keine Lagerhölzer. Die 102 x 102 cm oder 102 x 203 cm großen Teile bestehen aus so genanntem Thermoholz, das durch eine Spezialbehandlung ohne Chemikalien witterungsunempfindlich gemacht wurde.

Den Randabschluss der Verlegefläche bilden Traversen von 28 cm Breite, die mit Gehrungsschnitten für die Außenecken oder als gerade Verlängerungsstücke geliefert werden. Die Roste lassen sich individuell kürzen, um sie an die Gegebenheiten anzupassen. Zur Montage werden sie mit den Traversen wie auch untereinander verschraubt.

Preiswerte Lösung

1 Wie man hier sieht, ist der Boden des Pavillons aus vier rechteckigen Terrassenelementen zusammengesetzt

2 Alternativ kann man kleinere Elemente verwenden, die in der Schachbrettverlegung besonders gut wirken

Variable Holzroste

Als preiswerte Lösung für variable Ein-
sätze bieten sich Holzroste aus kesseldruckimprägnierter Kiefer an (wie auf
der linken Seite unten zu sehen). Die
Elemente sind 50 x 50 cm bzw. 75 x
150 cm groß. Die Bretter der Deck-
fläche sind von unten mit Querbrettern verschraubt und vernagelt.

Aus acht großen Elementen lässt sich
eine Fläche von 300 x 300 cm herstellen, beispielsweise als Boden eines
Pavillons, der nur für die Sommermonate aufgestellt wird. Im Herbst baut
man den Pavillon ab, schraubt die
Roste wieder auseinander und verstaut
alles witterungsgeschützt.

So ist eine lange Lebensdauer der Hölzer gesichert. Im nächsten Jahr kann
man die Teile bei Bedarf auch woan-
ders neu verlegen.

Konstruktionshölzer

Immer dann, wenn individuelle Lösun-
gen gefragt sind, stellt man sich das
Material für sein Gartendeck selbst zusammen. Für besonders lange Lebensdauer sorgen Konstruktionshölzer aus
witterungsbeständigem Tropenholz
wie Bangkirai oder aus werkseitig kesseldruckimprägniertem oder ölbehan-
deltem Holz.

Der runde Sitzplatz rechts oben beispielsweise besteht aus Bangkirai. Das
völlig astreine Hartholz aus Indonesien
ist absolut unverwüstlich. Selbst direkten Bodenkontakt kann Bangkirai jahr-
zehntelang überstehen ohne zu faulen.

Die in Bild 1 und ganz rechts gezeigten Bodenbretter aus Douglasie sind
ölbehandelt und leicht pigmentiert.
Stirnseiten mit Nut und Feder erlauben die Endlosverlegung.

Individuell gestalten

*1 Mit Nut und Feder an den Stirnseiten
lassen sich diese Bretter aus Douglasie im
„wilden" Verband verarbeiten*

*2 Fichtenhölzer in Thermoholz-Qualität.
Eine Wärmebehandlung sorgt dafür, dass
sich die Hölzer kaum verziehen*

Eine Treppe verbindet die zwei Ebenen der Terrassenanlage. Rechts sieht man die Treppenkonstruktion im Schnitt

Die Unterkonstruktion

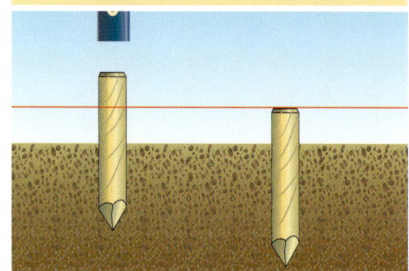

1 Mini-Palisaden werden als Traghölzer für den Unterbau in das Erdreich getrieben. An einer Schnur ausrichten

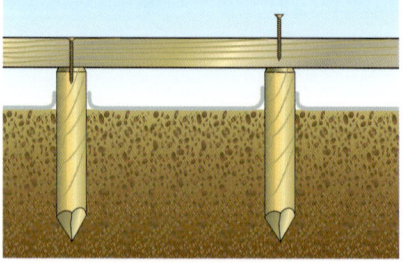

2 Auf die Palisadenköpfe werden nun 70 x 70-mm-Kanthölzer geschraubt, die als Lagerbalken dienen

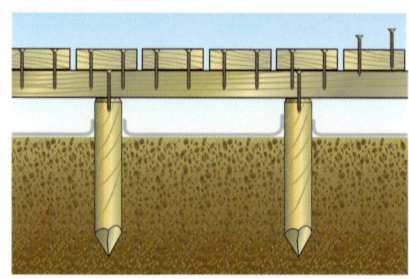

3 Immer dann, wenn die Bretter in der Länge gestoßen werden müssen, bildet man einen versetzten Verband

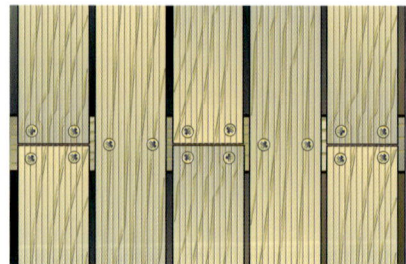

4 Die Konstruktion in der Draufsicht. Zwischen den Brettern muss ein Abstand bleiben. Abstandshalter verwenden

Bau einer Holzterrasse mit Pergola

Die hier gezeigte Holzterrasse liegt auf zwei Ebenen. Als senkrechte Abstützung an der Geländekante zwischen Hauptterrasse und dahinterliegendem Holzdeck wurde zunächst eine Reihe kesseldruckimprägnierter Palisaden in die Erde hineingetrieben. Bei 30 cm Abstand der Hölzer genügte eine doppelte Lage Teerpappe zur Böschungsseite, um das angeschüttete Erdreich zu halten. Den vorderen Abschluss bilden aufgeschraubte Bretter. Dann ging es an den Bau der Terrassenflächen. Die Grafiken rechts zeigen das Konstruktionsprinzip. Palisadenhölzer von 70 mm Durchmesser und 500 mm Länge wurden auf gleiche Höhe in den verdichteten Füllkies getrieben, aus dem man die Terrasse angeschüttet hatte. Quer zur Hausachse wurden dann 70 x 70 mm starke Kanthölzer als Lagerbalken auf die Köpfe der Palisaden geschraubt. Nun mussten nur noch die Bodenbretter (25 x 145 mm) mit versetzten Stößen aufgeschraubt werden. Etwa 5 mm Abstand zwischen den Brettern gibt ihnen genug Spiel, um sich bei Durchfeuchtung ausdehnen zu können.

Wenn Sie den direkten Erdkontakt der hölzernen Unterkonstruktion vermeiden wollen, legen Sie die Lagerbalken auf Gehwegplatten, die Sie zuvor im Sandbett ausgerichtet haben, oder verwenden Sie als Alternative dazu einbetonierte Pfostenanker.

Die Stufenhöhe misst genau 19,5 cm. Eine Bretthöhe plus zwei Brettstärken. Schnitt durch die aus Bodenbrettern gebaute Treppe zur oberen Terrasse

Bau der Treppe

Wo die Terrasse unterschiedliche Höhen aufweist, müssen auch entsprechende Treppen mit eingeplant werden. Aus den Holzbohlen, die als Bodenbelag verwendet werden, lassen sich auch die Stufen problemlos bauen. Bei einem gemessenen Niveau-Unterschied von knapp 60 cm zur hinteren Terrassenfläche mussten beispielsweise die Stufen etwas weniger als 20 cm hoch sein. Also wurden Tragrahmen aus senkrecht gestellten Brettern (14,5 cm hoch) zusammengeschraubt und zunächst mit einer Lage aus quer liegenden Deckbrettern versehen. Als eigentliche Auftrittsfläche folgte dann eine weitere Brettlage, die rundum mit 30 mm Überstand befestigt wurde. Die Grafik oben zeigt, wie sich zwei solche Elemente zu einer Treppe mit 19,5 cm Stufenhöhe zusammenfügen. Wichtig ist, dass die Bretter mit mindestens 5 mm Abstand verschraubt werden, damit das Holz arbeiten kann.

Holz bestimmt bei dieser Gartenanlage das Bild. Hier ein Blick auf die oberhalb des Teiches gelegene Terrasse

Gartenhäuser und Carports

Gartenhäuser selbst aufbauen

Carports – preiswert und praktisch

Gartenhäuser selbst aufbauen

Bauen Sie sich doch auf einem freien Platz des Grundstücks ein hübsches Gartenhaus. Darin finden alle Geräte und Gartenmöbel Platz

Ein kleines, preiswertes Domizil im Garten ist vielfach nützlich. So ein Gartenhäuschen kann zum Spielen für die Kinder dienen, für fröhliche Feste bereitstehen oder als Magazin für Gartengeräte eingerichtet werden.

In den Garten- und Baumärkten gibt es jede Menge Gartenhäuschen in den verschiedensten Ausführungen und

Preisklassen. Die Fertigteile machen einen einfachen Aufbau möglich. Eine Eigenkonstruktion hat jedoch den Vorteil, dass sie sich genau nach den persönlichen Vorstellungen und Ansprüchen gestalten und je nach verfügbarer Fläche maßgerecht bauen lässt.

In der Regel ist solch ein kleines Holzhaus genehmigungsfrei. Grenzab-

stand, Rauminhalt und Bauweise müssen jedoch den ortsüblichen Vorschriften entsprechen. Diese teilt das Bauamt auf Anfrage mit.

Eine Holzkonstruktion steht sicher auf Punktfundamenten aus Beton. Deren

Selbst auf dem kleinsten Gartengrundstück ist meist noch Platz für ein praktisches Holzhäuschen

Im Winter finden im Gartenhaus Spaten und Co. sowie die Gartenmöbel ihren Platz. Auch Kaminholz lässt sich lagern

Abstände richten sich nach den Balken des Fundamentrahmens, die je nach Querschnitt maximal einen Meter überspannen dürfen. Bereits beim Betonieren sollten Sie Pfostenanker einsetzen, an denen dann die Balken verschraubt werden. Bei kleineren Gartenhäusern reichen aber auch auch Ziegel oder Betonsteine als Auflager.

Das Holz für ein selbst konstruiertes Gartenhaus gibt es im Baumarkt oder beim Sägewerk. Für den Aufbau sind sägeraue Balken von 8 x 8 cm gut genug. Ein quadratischer Querschnitt ist praktisch, da sich die Teile universell einsetzen lassen. Reststücke können z. B. für die Fensterlaibung, den Türrahmen oder die Verstrebung des Häuschens verwendet werden.

Der Wetterschutz muss erneuert werden

Sonneneinstrahlung und Regen beanspruchen den Anstrich eines Gartenhäuschens ganz enorm. Das Holz bekommt an der Oberfläche feine Risse, und die vorhandene Lasur wird mehr und mehr porös. Etwa alle zwei Jahre sollten Sie daher einen Renovierungsanstrich vornehmen. Raues und eingerissenes Holz muss dabei zunächst mit Schleifpapier geglättet werden (A). Anschließend erfolgt der Auftrag der Wetterschutzlasur (B). Grundsätzlich sollten Sie nur mit offenporigen Lasuren arbeiten. Deckende Lackanstriche haben den Nachteil, dass sie auf Holz im Freien nicht gut haften und leicht abblättern.

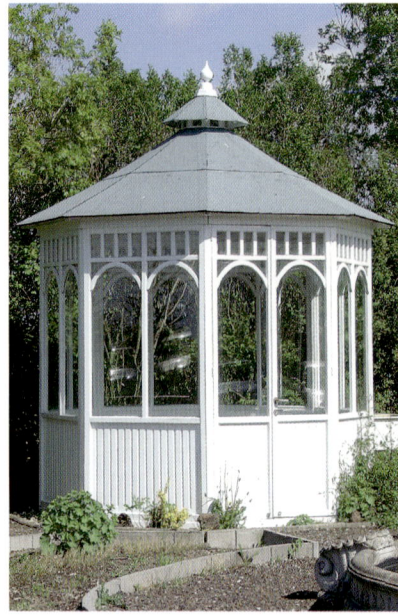

Schmuckstücke für jeden Garten:
Die Pavillons oben und unten sind die
idealen Sitzplätze für eine gemütliche
Kaffeetafel im Freien.
Hübsch dekoriert wird das Gartenhaus,
zum sommerlichen Wohnzimmer (re.)

Aufbau eines Bausatzgartenhauses

Die meisten Bausatzgartenhäuser wie auch das oben abgebildete bestehen aus Brettern oder dünnen Balken, die in Blockhausbauweise aufeinandergesetzt werden. Sie sind jeweils so lang wie die gesamte Wand und werden an den Außenecken durch Ausklinkungen miteinander verzahnt. Lage für Lage wächst bei der Montage das Haus in die Höhe, bis man die letzten Firstbretter anbringt.

Wesentlich schneller ist ein Gartenhaus aufgebaut, bei dem die Wände aus montagefertig gelieferten Elementen zusammengesetzt werden. Auf der rechten und der darauf folgenden Seite wird eine solche Montage gezeigt. Sobald man die Bodenplatte vorberei-

Elementbauweise erleichtert den Aufbau

1 Das hier gezeigte Gartenhaus wird als Paket bereits vormontierter Wandelmente geliefert. Der Aufbau ist nicht schwer

2 Auf einem Unterbau aus Betonplatten werden im ersten Schritt Lagerhölzer (40 x 60 mm) ausgelegt und angedübelt

3 Die bereits passend abgelängten Fußbodendielen müssen nun nur noch auf die Lagerhölzer geschraubt werden

4 Die Wandelemente des Bausatzes sind bereits fertig. An einer Ecke setzt man zwei Teile gegeneinander und verschraubt sie

5 Gemäß Bauplan setzen Sie nun Element an Element. Die Position des Fensters können Sie bei diesem System beliebig wählen

6 Wenn alle Wandelemente stehen, können die beiden Giebeldreiecke aufgesetzt und ebenfalls verschraubt werden

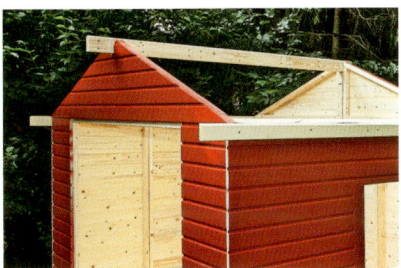

7 Als Unterkonstruktion des Daches dienen eine Firstpfette auf den Giebelspitzen sowie zwei Auflager an den Traufen

8 Als Dachverschalung dienen Bretter mit Nut und Feder, die man ineinandersteckt und an den Lagerpunkten verschraubt

9 Regendicht wird das Dach durch Dachpappe, die man erst an den Traufen und dann überlappend auf dem First verlegt

Komplettierung des Rohbaus

10 *Das Gartenhaus ist nun regendicht. Jetzt werden die Fugen zwischen den Wandelementen durch Leisten abgedeckt*

11 *Im nächsten Schritt folgt das Aufbringen der zweiten Lage der Dacheindeckung durch einzeln vernagelte Schindeln*

12 *Montage der Stirnbretter an den Giebelseiten. Die passend vorbereiteten Teile werden mit der Dachschalung verschraubt*

13 *Auch die Türflügel liegen montagebereit im Paket. Sie werden durch rostfreie Scharniere mit den Wänden verbunden*

tet hat, können die Wandelemente auf der Außenkante des Fundaments aufgestellt und miteinander verschraubt werden. Man beginnt immer mit zwei Teilen, die zusammen eine Außenecke bilden.

Stehen alle Wandelemente, werden die Giebelteile aufgesetzt, die beiden Traufbretter sowie das Firstbrett verschraubt und die Dachschalung aufgebracht. Als Witterungsschutz dient eine Lage Dachpappe, auf die noch Bitumenschindeln genagelt werden. Die Wände brauchen keinen Schutz mehr. Sie wurden schon im Werk auf der Außenseite lasiert.

So entsteht ein komplett selbst gebautes Gartenhaus

Beim rechts gezeigten Gartenhaus ruhen die Balken des Fundamentrahmens auf Ziegelsteinen, die höhengleich ausgerichtet wurden. Ist der Fundamentrahmen fertiggestellt, folgen die senkrechten Eckpfosten und die Querstreben. Diese lassen sich am einfachsten mit Winkelverbindern befestigen. Richtig versteift wird der Holzrahmen erst mittels Eckstreben.

Der Dachstuhl für das Satteldach wird am Boden nach Maß hergestellt und dann erst aufgesetzt. Zwei Bretter halten die Dachsparren zusammen. Für dieses Häuschen genügen vier Fertigteile; jeweils ein Teil für die Giebelseiten und zwei weitere dazwischen als Auflager für die Dachlatten. Der Dachstuhl wird nun Stück für Stück aufgebaut und danach eingedeckt. Es folgt der weitere Ausbau. Eine passende Türe gibt es beim Baumarkt. Für den Boden werden dicke Planken verwendet. Die Wandverkleidungen bestehen aus aufgenagelten Profilbrettern. Zuletzt streicht man das Haus mit Wetterschutzlasur.

Selbst konstruiert und aufgebaut

1 Der Fundamentrahmen des Hauses ruht auf Ziegelsteinen. Besser noch ist ein gegossenes Betonfundament

2 An den vier Außenecken werden senkrechte Pfosten errichtet, durch Bretter fixiert und mit Querstreben versehen

3 Eckstreben geben der Grundkonstruktion die nötige Aussteifung. Dabei immer wieder die Wasserwaage anlegen

4 Die Dachkonstruktion aus vier Sparrendreiecken mit Ständern und Querlaschen wird am Boden vorbereitet

5 Zuerst nagelt man die Sparrendreiecke an den beiden Giebeln an. Lange Nägel werden in die Traufbalken geschlagen

6 Bevor es ans Aufnageln der Dachlatten gehen kann, müssen die Sparrendreiecke senkrecht ausgerichtet werden

7 Die Abstände der Dachlatten richten sich nach den vorgesehenen Dachziegeln. Hier sind es Biberschwanzziegel

8 Nach erfolgter Eindeckung werden Boden und Wände verschalt sowie Tür und Fenster des Gartenhauses eingebaut

Carports – preiswert und praktisch

Ein „Autohafen" ist ein überdachter Stellplatz, dessen Aufbau aus Pfosten, Sparren, Brettern und Dachpappe selbst bewerkstelligt werden kann

Es muss nicht immer eine massive Garage sein. Für einen Carport sprechen die deutlich niedrigeren Kosten und die leichte unauffällige Bauart. Dennoch bietet er den nötigen Schutz vor Sonne, Schnee oder Regen, insbesondere, wenn die Wetterseite geschlossen ist. Es gibt auch Produkte mit abgetrenntem Abteil. Hier sind dann die Fahrräder und Gartengeräte

ebenso sicher untergebracht wie in einer geschlossenen Garage.

In jedem Fall ist eine Baugenehmigung einzuholen. Keinesfalls darf eine Überdachung nachträglich erfolgen oder eine Pergola Stück für Stück zum Carport ausgebaut werden. Vor der Planung von Sonderanfertigungen – etwa einen Carport für ein großes

Wohnmobil – lohnt es sich, zunächst eine Bauvoranfrage beim zuständigen Bauamt einzureichen. Dafür genügt eine einfache Handzeichnung mit Lageplan und Maßangaben. Die Voranfrage erspart die Planungskosten bei einer Ablehnung des Vorhabens.

Carports mit abgetrenntem geschlossenem Teil bieten die Möglichkeit, z. B. auch Fahrräder sicher unterzustellen

Carportbegrünung: In das Granulat werden die trockenheitsresistenten Pflanzen gesetzt

Stabil gebaute Carports mit Flachdach bieten sich für eine Dachbegrünung an

Ein Stück Natur auf dem Carportdach: Selbst an eine Vogeltränke wurde gedacht

Einbindung in den Garten

Carports lassen sich recht einfach und kostengünstig in den Garten integrieren. Das ist durch eine Bepflanzung mit Kletterpflanzen möglich oder durch eine Dachbegrünung. Dabei ist die Tragfähigkeit ein entscheidender Faktor, da durch das Substrat und dessen Wasserspeicherfähigkeit ein erhebliches Gewicht zustande kommt. Selbst entworfene Carports sollte ein Architekt oder Statiker überprüfen und in einen genehmigungsfähigen Plan umsetzen. Besser fährt man meist mit vorgefertigten Bausätzen.

Feste Wände an ein oder zwei Seiten sorgen für verbesserten Wetterschutz

Attraktive Wassergärten

Wassergärten liegen im Trend

Die Zeit eintöniger Rasenflächen ist eindeutig vorbei. Viele Hausbesitzer entscheiden sich heute stattdessen für einen Wassergarten

Immer mehr Gartenbesitzer haben genug von der Eintönigkeit einer überdimensionierten Rasenfläche und gestalten ihren Garten abwechslungsreicher. Häufig wird auch ein Gartenteich eingeplant. Die heute im Handel erhältlichen Materialien für den Teichbau bieten viele verschiedene Möglichkeiten der Gestaltung. Darüber hinaus ist die Anlage eines Wassergartens nicht sehr schwierig und für jeden Laien problemlos in Eigenleistung zu bewältigen.

Dennoch ist die Anlage eines Gartenteiches ein meist sehr umfangreiches und auch zeitaufwändiges Projekt. Es eignet sich also gut für die kältere Jahreszeit, wenn der Garten ansonsten nicht so viel Arbeit macht.

Wassergärten haben den angenehmen Effekt, dass sie lebendig wirken und gleichzeitig beruhigend. Hier fühlen sich auch viele Pflanzen und Tiere wohl

*Große Teiche brauchen eine üppige
Bepflanzung der Uferzonen*

Wer sich einen Wassergarten anlegt, schafft sich damit übrigens nicht nur eine kleine Oase der Entspannung hinterm Haus. Jedes angelegte Gewässer ist auch ein kleiner Beitrag für den Umweltschutz. Denn Wasser bietet vielen Pflanzen und Tieren Lebensraum. Vögel z. B. sind dankbar für Wasserstellen, die sie zum Trinken oder für ein kurzes Bad anfliegen können.

Die Größe des Gewässers richtet sich in erster Linie nach den Dimensionen des Grundstücks. Dabei gilt: Je größer ein Gartenteich, desto stabiler ist das biologische Gleichgewicht, desto weniger problematisch sind beispielsweise starke Temperaturwechsel.

*Mini-Wassergarten mit sprudelndem
Quellstein für kleine Grundstücke*

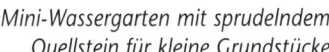

Ein Wassergarten wird geplant

Der Anlage eines Wassergartens muss eine detaillierte Planung vorausgehen. Nur so ist ein optimales Ergebnis zu erzielen

Wer sich für einen Wassergarten entscheidet, trifft damit meist auch die Entscheidung für einen naturnahen Garten. In letzter Zeit hat sich bei der Gartengestaltung ein Trend abgezeichnet, der sich wegbewegt von Sterilität und Eintönigkeit hin zu Lebendigkeit und Abwechslungsreichtum.

Im Vordergrund steht heute nicht mehr, den Garten frei von Unkraut und Schädlingen zu halten, sondern ihn so anzulegen, dass sich hier nicht nur der Mensch, sondern auch viele heimische Pflanzen und Tiere wohlfühlen. Letztlich hat die Einsicht gesiegt, dass ein Garten, der für Tiere attraktiv ist, auch dem Menschen ein Optimum an

Erholung bietet. Und da bei der Attraktivität eines Gartens für Tiere Wasser eine entscheidende Rolle spielt, ist die Anlage eines Gartenteiches ein wirklich lohnenswertes Projekt.

Bei der Planung eines Wassergartens ist darauf zu achten, dass Form und Größe der Wasserflächen gut mit der Umgebung harmonieren. Wer nur ein kleines Gartengrundstück sein Eigen nennt, muss natürlich auch bei der Planung von Wasserflächen zurückhaltender planen, damit der Garten später nicht überfrachtet wirkt. Andererseits ist es aus ökologischer Sicht ratsam, einen möglichst großen Teich anzulegen, denn je größer ein Teich

ist, desto pflegeleichter ist er. Das so genannte ökologische Gleichgewicht eines Gewässers ist nämlich stabiler, je größer es ist. Ein Teich von mindestens 12 m² Größe und einer maximalen Tiefe von einem Meter ist in der Regel fähig, sich selbst zu reinigen, sodass der Kauf von Pumpen und Filtern entfallen kann.

Planen Sie einen deutlich größeren Teich von mehr als 30 m² Oberfläche, sollten Sie sich vorsichtshalber bei den örtlichen Behörden erkundigen, ob Sie mit Ihrem Projekt gegen gesetzliche Vorschriften verstoßen. Beachten Sie auch die durch das Nachbarschaftsrecht festgelegten Abstände zu den

Ein fachgerecht angelegter Gartenteich im Schnitt

Unterschiedlich tiefe Wasserzonen bieten verschiedenen Pflanzen und Tieren Lebensraum

angrenzenden Grundstücken. Ein ganz besonders wichtiger Punkt, der mit der Planung des Teiches zu tun hat, ist die Sicherheit. Ihr Teich sollte unzugänglich für Kleinkinder sein. Und für den Fall, dass doch einmal ein Kind hineinfällt, sollte das Gewässer so angelegt sein, dass es keine steil abfallenden Ufer besitzt.

Kleine Teiche brauchen Schattenspender

Ein Aspekt, auf den bei der Wassergartenplanung oft leider nicht geachtet wird, ist die Sonneneinstrahlung. Ein Gartenteich darf weder zu viel, noch zu wenig Sonnenlicht abbekommen. Ein großer Teich kann im Frühling und

Sommer gut 6 bis 8 Stunden Sonne vertragen, während ein kleiner Teich um die Mittagszeit 2 bis 3 Stunden Schatten braucht, damit er sich nicht zu stark erwärmt. Benachbarte Bäume und Sträucher eignen sich gut als Schattenspender, dürfen aber bei einem Folienteich auch nicht zu nah am Gewässer stehen, da die Wurzeln die Teichfolie beschädigen könnten.

Ein Gartenteich unterteilt sich idealerweise in Tief- und Flachwasserzonen. Die Zeichnung oben zeigt einen vorbildlich angelegten Teich im Quer-

schnitt. Die verschiedenen Zonen bieten verschiedenen Pflanzen und Tieren Lebensraum, und es entsteht eine größere Vielfalt.

Die Anlage eines kleinen oder mittelgroßen Gartenteichs mithilfe eines Kunststoffbeckens oder Folie ist für den Laien mit der entsprechenden Anleitung ohne weiteres zu bewältigen. Bei größer dimensionierten Projekten sollten Sie jedoch eine Fachfirma um Unterstützung bitten. Die Profis können vor allen Dingen beim Aushub behilflich sein.

Große Teiche (links) anzulegen, ist relativ aufwändig. Im Gegensatz zu kleinen Gewässern (rechts) halten sie aber viel leichter ihr ökologisches Gleichgewicht

Materialien für den Teichbau

Für die Anlage kleinerer Teiche eignet sich meist ein Fertigbecken am besten. Bei größeren Projekten muss man dagegen auf Folie zurückgreifen

In der Vergangenheit wurde oft Beton, glasfaserverstärkter Kunststoff oder sogar Lehm und Ton empfohlen, um eine Teichmulde vor dem Befüllen abzudichten. Heute ist man davon – zumindest was den Teichbau im privaten Bereich betrifft – weitgehend abgekommen. Die Frage lautet in der Regel nur noch: Fertigbecken oder Folie? Beide Materialvarianten zeichnen sich durch einfache Verarbeitung und gute Haltbarkeit aus.

Mini-Wassergarten

Jedes noch so kleine Grundstück bietet die Möglichkeit, Wasser in die Gestaltung zu integrieren. Einen Mini-Wassergarten können Sie zum Beispiel mithilfe eines Mörtelkübels von 60 oder 90 Litern anlegen. In den Boden eingelassen und mit Pflanzen bestückt, kann eine solche Lösung ein dekoratives Highlight in Ihrem Garten bilden.

Fertigbecken

Die Verwendung eines Fertigbeckens aus Kunststoff ist meist der schnellste Weg zum eigenen Gartenteich. Man muss lediglich eine Mulde ausheben, das Becken einsetzen und die Hohlräume mit Sand füllen. Gerade für die Realisierung kleinerer Teichprojekte sind Fertigbecken ideal. Die Schalen der Becken bestehen meist aus Polyäthylen, manchmal auch aus glasfaserverstäktem Polyester. Einige Becken sind mit Anschlussmöglichkeiten für Bachläufe versehen. Wenn Sie Ihren Teich also noch durch Wasserspiele oder Bachläufe ergänzen wollen, sollten Sie das von Anfang an mit einplanen und das Material dementsprechend einkaufen. Kaufen Sie auch Material, mit dem Sie später die Beckenumrandung abdecken können.

Teichfolie

Folie ist das Teichbaumaterial, das am häufigsten verwendet wird. Der Vorteil gegenüber dem Fertigbecken besteht darin, dass sich mithilfe der Folie die Form des Teiches ganz individuell bestimmen lässt. Die Folie passt sich aufgrund ihrer Flexibilität allen Gegebenheiten problemlos an. Die heute im Handel erhältliche Teichfolie ist sehr stabil und langlebig. Meist geben die Hersteller eine Garantie von 10 bis 15 Jahren auf ihre Produkte.

Die Folien bestehen aus Polyäthylen (PE), Polyvinylchlorid (PVC) oder Kautschuk. Den Produkten aus PE und PVC werden Weichmacher zugefügt, um die Folie flexibel und UV-beständig zu machen. Kautschuk ist von Natur aus elastisch und braucht daher keine Weichmacher. Kautschuk ist so flexibel, dass man es sogar bei Frosttemperaturen verarbeiten kann. Kautschuk ist insgesamt hochwertiger und umweltverträglicher als die PE- und PVC-Folien, aber auch dementsprechend teurer.

Sie erhalten Teichfolie ab einer Stärke von 0,5 mm. Sie sollten aber lieber ein Produkt von 1 mm Stärke wählen. Meist können Sie zwischen den Farben Braun und Schwarz wählen, wobei Braun aufgrund seiner Natürlichkeit in der Regel empfehlenswerter ist. Strukturierte Folie eignet sich besonders gut, weil sie Schwebstoffen Halt gibt, die dann ein gleichmäßiges Teichbett bilden.

Stellen Sie die Belastbarkeit der Folie jedoch nicht allzu sehr auf die Probe. Spitze Steine und Wurzeln sollten Sie vor dem Auslegen der Folie unbedingt aus der Mulde entfernen. Ideal ist ein Untergrund aus feinem Sand oder eine Auskleidung der Mulde mit Spezialvlies aus Synthetik. Für den Uferbereich und Böschungen sollten Sie so genannte Böschungsmatten aus Nylon kaufen. Auch bei einer Neigung von 45° finden Pflanzen an solchen Matten noch genügend Halt. Eine Alternative zu den Nylonprodukten sind Kokosmatten. Sie verrotten nach einigen Jahren, wenn die Pflanzen einen stabilen Wurzelteppich ausgebildet haben.

Fertigbecken (Bild links) sind in der Regel so gestaltet, dass sie sowohl Tief- als auch Flachwasserzonen enthalten.
Für den Bau von Bachläufen und Wasserfällen gibt es ebenfalls Fertigteile (rechts)

Teichfolie kaufen und verarbeiten

1 Sie erhalten Teichfolie in verschiedenen Farben. Schwarz ist Standard, besser wirkt jedoch ein naturnaher Braunton

2 Die Materialien im Überblick. Neben der Folie erhalten Sie polsterndes Vlies und Steinfolie für die Ufergestaltung

3 PE- und PVC-Folie sollten Sie nicht bei zu kaltem Wetter verlegen, da sie dann zu starr und unflexibel ist

4 Die Überstände am Rand sollten Sie erst ganz zum Schluss abschneiden. Dann die Uferbereiche gut abdecken

Ein Fertigteich wird eingebaut

Wie einfach der Aufbau eines Gartenteiches mithilfe eines Fertigbeckens aus Kunststoff vonstatten geht, zeigen wir Ihnen Schritt für Schritt

Kunststoffbecken bieten dem Gartenbesitzer eine besonders einfache und komfortable Möglichkeit, zu seinem eigenen Teich zu kommen. Polyäthylen ist das Material, aus dem die kleinen und mittelgroßen Becken in der Regel gefertigt werden, bei der Herstellung größerer Modelle kommt dagegen glasfaserverstärkter Kunststoff zum Einsatz. Beide Materialien sind überaus langlebig. Sie verrotten nicht und halten jeder Form von Witterung – ob Sonne, Niederschlag oder Frost – problemlos stand. Auch der Druck von benachbartem Wurzelwerk macht den Fertigbecken nicht zu schaffen. Risse oder Brüche sind nicht zu befürchten. Meist geben die Hersteller eine Vollgarantie von 15 Jahren auf ihre Produkte.

Ist der Fertigteich bepflanzt, wirkt er wie ein völlig natürliches Gewässer. Wasserspiele können Akzente setzen

Die Becken sind meist so gestaltet, dass sie dem idealen Teichprofil mit Tief- und Flachwasserzonen entsprechen. Außen befindet sich meist ein so genannter Sumpfrand, der sich gut bepflanzen lässt und ins Wasser gestürzten Kleintieren die Möglichkeit gibt, sich ohne Hilfe wieder zu befreien. Wählen Sie nach Möglichkeit ein Becken mit einer profilierten Oberfläche aus. Jede Unebenheit gibt nicht nur den Pflanzen, sondern auch „in Seenot" geratenen Tieren mehr Halt. Vor allem Igel sind gefährdet. Ohne eine gut ausgebildete Flachwasserzone wird der Teich für den stacheligen Gartenbesucher zur tödlichen Falle.

Der Erdaushub

Legen Sie im ersten Schritt die Position des Teichbeckens genau fest. Das geht am leichtesten, wenn Sie das Becken einfach an der gewünschten Stelle aufsetzen. Mit Holzpflöcken markieren Sie nun die Umrisse. Hierzu können Sie beispielsweise abgelängte Dachlatten verwenden, die Sie an einer Seite anspitzen. Das Becken kann dann wieder entfernt werden.

Beim Aushub der Teichmulde muss darauf geachtet werden, dass man die Abstufungen des Teichbeckens im Boden bestmöglich nachbildet. Da das Becken später in einem Sandbett ruhen soll, müssen Sie rundherum etwa 10 cm Spiel einplanen. Findet der Aushub in einem Neubaugebiet statt, in dem der Boden sich noch nicht ausreichend gesetzt hat, kann es vorkommen, dass die Böschungen leicht wegbrechen. Ist dies der Fall, müssen Sie die Mulde noch ein wenig großzügiger ausheben.

Um spätere Absenkungen des Beckens zu vermeiden, sollten Sie den Boden vor dem Anlegen des Sandbetts mit

Einbauschritte

1 Wählen Sie die Position des Teiches sorgfältig aus. Kleinere Teiche dürfen nicht zu stark der Sonne ausgesetzt sein

2 Um die Umrisse des Fertigbeckens auf dem Boden zu markieren, verwenden Sie angespitzte Holzlatten als Pflöcke

3 Beim Ausheben der Mulde ist darauf zu achten, dass man die Abstufungen nachbildet. Rundum 10 cm zugeben

4 Das Becken muss in dem Sandbett ausgerichtet werden. Beim Einschlämmen dürfen keine Hohlräume verbleiben

5 Das Befüllen des Beckens erfolgt stufenweise. Parallel wird von außen immer wieder mit Sand eingeschlämmt

6 Um die unschöne Kunststoffumrandung des Teiches zu verdecken, kommen Steine und Kies zum Einsatz

einem Stampfer oder einer Rüttelplatte verdichten. Dann können Sie die Sandschicht für den Teichboden aufbringen. Am besten eignet sich grober Estrich- bzw. Pflastersand. Die Sandschicht muss sorgfältig verdichtet und so exakt abgezogen werden, dass das Becken nach dem Aufsetzen bündig mit der Geländekante abschließt. Je nach Größe des Teichbeckens ist es übrigens

empfehlenswert, einen oder zwei Helfer zu organisieren, damit die Ausrichtung besser gelingt. Auf eine Wasserwaage sollten Sie keinesfalls verzichten.

Befüllen und Einschlämmen des Beckens

Haben Sie den Fertigteich in die richtige Position gebracht, können Sie ihn zu einem Viertel mit Wasser befüllen. die seitlichen Hohlräume füllen Sie dann rund um das Becken bis zur Höhe des Wasserspiegels mit Kies oder Sand aus. Es ist wichtig, dass der Kies bzw. Sand gut verdichtet wird. Jeder verbleibende Hohlraum würde später die Stabilität des Teichbeckens beeinträchtigen. Legen Sie aus diesem Grund auch immer wieder zwischendurch die Wasserwaage an. Zu diesem frühen Zeitpunkt lassen sich leichte Unebenheiten noch durch ein Verschieben des Beckens korrigieren.

Arbeiten Sie sich nun schrittweise nach oben, indem Sie immer wieder etwas Wasser nachfüllen und anschließend den Bereich um das Becken herum mit Sand einschlämmen. Das durch das Wasser zunehmende Gewicht des

TIPP: Die Einbauposition des Beckens festlegen

Nachdem man die Umrisse des Teichbeckens markiert hat, kann man es umgedreht auf Pflöcken lagern und bewegen (A). Vor dem Aushub muss der Rasen ausgestochen werden. Rundherum werden 10 cm Zugabe mit eingeplant (B).

A

B

Ufergestaltung

1 Die Bruchsteine wirken nicht nur dekorativ, sondern bilden später eine begehbare Umrandung des Teiches

2 Damit die Sumpfzone des Beckens später nicht zu sehen ist, wird auch sie mit etwas kleineren Steinen ausgekleidet

3 Hinter dem Teich schließt sich ein Hochbeet an, bei dessen Gestaltung auch Bruchsteine zum Einsatz kamen

4 Zwischen den Steinen in der Flachwasserzone verbleiben viele Lücken, die man jedoch mit Kies ausfüllen kann

5 Der fertige Gartenteich im Spiel der Jahreszeiten: Hier zeigt sich die Anlage in attraktiven Herbstfarben

6 Auch im Winter, bei zugefrorener Wasserfläche und Schnee, ist der Teich ein echter Blickfang im Garten

Fertigteichs sorgt für zunehmende Stabilität. Sie können übrigens schon jetzt erste Pflanzen ins Wasser setzen. Haben Sie die Oberkante des Beckens erreicht, verbleibt noch der schwarze Randwulst, der meist etwas unschön wirkt. Eine Bedeckung mit Bruchsteinen oder Kies ist aus diesem Grund empfehlenswert. Auf diese Weise lässt sich eine naturnahe Optik erzielen.

Fertigteich mit Einfassung aus Bruchsteinen

Wie bereits erwähnt, sollte man sich, wenn es die Größe des Grundstücks erlaubt, ruhig für die Anlage eines größeren Teichs entscheiden. Ein großer Teich bietet nicht nur mehr Gestaltungsmöglichkeiten, sondern bildet auch ein stabileres Ökosystem aus.

Die Arbeitsschritte bei der Anlage eines großen Teichs gleichen denen eines kleinen. Es ist unter Umständen jedoch zu überlegen, ob man für den Aushub einen Mini-Bagger ausleihen will. Mit dem Bagger können Sie sehr viel mehr Erde auf einmal bewegen und auf diese Weise schneller arbeiten, allerdings gelingt der Aushub mit dem Bagger nicht so exakt wie von Hand.

Ist die Mulde ausgehoben, gehen Sie genauso vor, wie beim Anlegen eines kleinen Teichs. Das waagerechte Ausrichten ist bei dem hier gezeigten Modell von 430 cm Länge jedoch relativ aufwändig. Das Sandbett muss über die gesamte Länge hundertprozentig eben abgezogen werden.

Für das Einsetzen des Beckens brauchen Sie drei bis vier Helfer. Mit Richtscheiten und Wasserwaage kontrollieren Sie dann die Ebenmäßigkeit. Gegebenenfalls muss korrigiert werden. Man kann das Becken nun zu einem Drittel mit Wasser befüllen. Parallel wird das Becken von außen mit Sand oder Kies eingeschlämmt. Legen Sie immer wieder die Wasserwaage an, um zu überprüfen, ob das Becken noch gerade steht. Stufenweise wird das Becken weiter mit Wasser befüllt und eingeschlämmt.

Ist der obere Beckenrand erreicht, kann die Uferzone gestaltet werden. Am besten schüttet man Kies und Steine an, die den Kunststoff ver-

decken. Im gezeigten Fall verwendete man Bruchsteine. Bei der Ausgestaltung des Sumpfrandes kamen kleinere Steine zum Einsatz. Verbleibende Zwischenräume wurden mit Kies ausgefüllt. Ist der Uferbereich dann erst einmal bepflanzt, wirkt er ansprechend und natürlich.

Eine hinter dem Teich angelegte Aufschüttung aus übrig gebliebenen Bruchsteinen bildet im gezeigten Beispiel eine attraktive Ergänzung, die das Bild in sich stimmig macht.

Schon nach einem Jahr hat sich die Vegetation im und am Teichbecken prächtig entwickelt

Folienteiche anlegen

Ein Vorteil des Folienteiches ist, dass es keine Einschränkungen bei Form und Größe gibt. Er passt sich individuellen Wünschen und Gegebenheiten

damit nachher nicht unnötiger Verschnitt anfällt. Reicht die übliche Maximalbreite von 8 m für Ihr Teichprojekt nicht aus, fragen Sie Ihren Händler, ob er auch speziell angefertigte Sondermaße liefert.

Wie bei der Anlage eines Fertigteichs wird auch beim Folienteich zuerst der Umriss abgesteckt. Dann können Sie mit dem Ausheben beginnen. Erfolgt der Aushub auf einem Rasenstück, so legen Sie die Grassoden vorsichtig zur Seite. Einen Teil davon können Sie später noch verwenden, um den Teichrand abzudecken. Der anfallende Aushub lässt sich eventuell noch für die Anlage eines Hügels oder Hochbeetes verwenden.

Jeder Teich sollte an seiner tiefsten Stelle mindestens 60, besser aber 80 cm Wassertiefe haben. Heben Sie die Mulde also auch bei einem Folienteich entsprechend tief aus. Da sich beim Folienteich ebenfalls ein Sandbett empfiehlt, geben Sie bei der Aushebung noch etwa 10 cm zu. Weitere zusätzliche 5 bis 10 cm sollten Sie für den Bodengrund einplanen, der keinesfalls unbedeckt bleiben sollte. Hierfür eignet sich am besten gewaschener Kies. Verwenden Sie aber auf keinen Fall nährstoffreichen Mutterboden, da dieser sich negativ auf das ökologische Gleichgewicht des Teichs auswirken würde.

Auch bei Folienteichen muss unbedingt eine Sumpf- und Flachwasserzone angelegt werden, die ins Wasser gefallenen Kleintieren die Möglichkeit gibt, sich wieder zu befreien. Aber auch für Vögel sind Flachwasserbereiche immer ein willkommener Platz zum Baden und Trinken. Die Sumpf- und Flachwasserzone sollte ca. 20 bis 50 cm breit sein und mindestens ein Viertel der gesamten Teichfläche ausmachen (siehe Zeichnung Seite 155).

Wer seinen Gartenteich durch einen attraktiven Bachlauf ergänzen möchte, kann auch hier mit Folie arbeiten und ein absolut naturgetreues Bachbett formen

Berechnung und Kauf der Teichfolie

Bei der Anlage eines Folienteiches empfiehlt es sich, die Folie erst dann einzukaufen, wenn die Grube bereits ausgehoben ist. Mithilfe von Schnüren, die Sie längs und quer in die Mulde hineinlegen, lässt sich feststellen, wie lang und breit die Folienabdeckung sein muss. Rechnen Sie sowohl in der Länge als auch in der Breite noch zweimal 50 cm Überstand für die Ränder hinzu.

Wenn Sie die Folie bereits vor dem Grubenaushub kaufen wollen oder müssen, richten Sie sich nach der folgenden Berechnungsformel: Teichlänge/Teichbreite + zweimal geplante Teichtiefe + zweimal 50 cm für den Rand = Folienlänge/Folienbreite.

Ein kleines Beispiel: Planen Sie einen Teich von 4 m Länge, 3 m Breite und 80 cm Tiefe, so brauchen Sie eine Folie von etwa 6,6 m x 5,6 m.

Teichfolien werden von den führenden Herstellern in den Breiten 2, 4, 6 und 8 m als Rollenware angeboten. Wenn Sie Ihren Teich planen, sollten Sie diese Maße im Hinterkopf haben,

Teichfolie verarbeiten

1 Neben der Gartenlaube soll ein kleiner Teich entstehen. Mit einer Harke wird die bereits ausgehobene Mulde geebnet

2 Damit die Folie nachher gut abgepolstert ist, erhält die Grube ein Sandbett. Ebenso gut eignet sich spezielles Teichvlies

3 Dann breitet man die Teichfolie aus. Je wärmer die Außentemperaturen, desto weicher und geschmeidiger ist die Folie

4 Ist das Wasser eingelassen, geht es an die Randgestaltung. Die Ränder der Folie werden abgedeckt oder eingegraben

So vermeiden Sie Wasserverluste am Folienrand

Um Wasserverluste durch Kapillarwirkung zu vermeiden, wird die Folie zwischen den Ufersteinen senkrecht hochgeführt: kein Kontakt zwischen Erdreich und Wasser

Überprüfen Sie die Ebenmäßigkeit der Ränder

Überprüfen Sie nach dem Abschluss der groben Erdarbeiten unbedingt, ob der Teichrand an allen Stellen auf der gleichen Höhe liegt. Meist können Sie hier wie bei den Fertigteichen mit Richtscheiten und Wasserwaage arbeiten. Ist der Teich dafür jedoch zu groß, müssen Sie eine Schlauchwaage zu Hilfe nehmen.

Beim Anlegen eines Folienteiches ist es besonders wichtig, dass das vorbereitete Profil sorgfältig von Steinen, Wurzeln und anderen spitzen Gegenständen befreit wird. Zwar sind die modernen Folien extrem reißfest, aber man sollte die Leistungsfähigkeit des Materials nicht unnötig herausfordern. Als Alternative zum bereits erwähnten Sandbett können Sie auch ein für Folienteiche geeignetes Polstervlies als Unterlage auflegen.

Beachten Sie, dass die Folie umso weicher und geschmeidiger wird, je wärmer es ist. Man sollte eine Teichfolie aus diesem Grund unbedingt an einem sonnigen Tag bei mindestens 15 °C verlegen. Die Folie passt sich bei Sonnenwetter optimal der vorbereiteten Teichmulde an. Breiten Sie die Folie gleichmäßig über der Mulde aus. Sobald Sie den Grund mit Kies bedeckt und ein wenig Wasser eingelassen haben, drückt sie sich von selbst fest an den Untergrund.

Während das Wasser langsam steigt, können Sie die Böschungen mit Kokos- oder Kunststoffmatten belegen, auf denen verschiedene Pflanzen Halt finden. Legen Sie jeweils passend zur Wassertiefe entsprechende Pflanzzonen an. Ist die Teichmulde komplett mit Wasser gefüllt, sollten Sie die überstehende Folie in den Randbereichen noch nicht sofort abschneiden. Eventuell setzt sich der Untergrund noch ein wenig, und die Folie rutscht leicht nach. Sind ein paar Tage vergangen, können Sie die Überstände jedoch unbesorgt entfernen. Die Randgestaltung bildet den Abschluss.

Teichfolie macht individuelle Lösungen möglich

1 Da der Teich hier über der Geländehöhe liegt, wurde nur wenig gegraben. Mit dem Aushub modelliert man die Böschung

2 Polster für die Folie: Falls vorhanden, können Sie statt Vlies beispielsweise auch Teppichbodenreste verwenden

3 Bei größeren Teich-Projekten braucht man stets mehrere Helfer. Vor allem beim Ausbreiten der sehr schweren Folie

4 Anschließend wird der Bodengrund aufgebracht. Verwenden Sie hierzu Sand oder Betonkies, den Sie dünn verteilen

5 Bei der Abdeckung der Folie mit Bodengrund und Matten arbeitet man sich vom Tiefwasserbereich zur Uferzone vor

6 Nun kann die Tiefwasserzone schon befüllt werden. Für die Seerosen stehen mehrere große Pflanzkübel bereit

Bachläufe lassen Wasser fließen

**Fließendes und plätscherndes Wasser hat seinen besonderen Reiz.
Aus Folienresten und Steinen ist ein Bachlauf schnell gebaut**

Bachlauf aus überlappend verlegter Teichfolie

Die Arbeitsfotos auf der rechten Seite zeigen, wie ein künstlicher Bachlauf aus Teichfolie gebaut wird. Bei dem in Hanglage gebauten Haus schließt sich ein kleiner Quellteich direkt an die Terrasse an. Etwas tiefer ist der Hauptteich gelegen. Eine Pumpe fördert später das Wasser kontinuierlich von unten nach oben.

Zwischen den beiden Teichbecken wird aus überlappenden Folienstücken, die zusätzlich miteinander verschweißt werden, der Bachlauf geformt. Das erste Folienstück wird unter die Folie des Quellteiches geschoben. Man muss das Ufer des Teichbeckens an dieser Stelle etwas absenken, sodass der Anfang des Bachlaufs gleichzeitig den Überlauf des Quellteiches darstellt.

Die Rinne des Bachlaufs wird so geformt, dass das nach unten strömende Wasser nicht seitlich versickern kann. Ist die Bachstrecke lang genug, bietet es sich an, kleine Mulden oder Tümpel anzulegen, in denen sich das Wasser sammelt. Solche Abstufungen sehen nicht nur gut aus, sondern bieten Vögeln auch hervorragende Möglichkeiten zu baden und zu trinken.

Teichfolie ist der ideale Baustoff für naturnah angelegte Bachläufe. Man kann abgestufte Ebenen schaffen und das Wasser über Felssteine plätschern lassen

Während des Bachbaus lässt man das Wasser am besten immer wieder einmal laufen, um zu kontrollieren, wie es fließt, und um zu verhindern, dass es seitlich über den Folienrand läuft und versickert.

Ist das Bachbett komplett mit Folie ausgekleidet, beginnt der Ausbau mit größeren und kleineren Steinen. Dabei soll das Wasser bereits kontinuierlich fließen. Man baut Kaskaden ein, über die das Wasser sich plätschernd ergießt. Zuletzt wird die Folie komplett mit kleinen Kieseln abgedeckt.

Wer nicht so viel Platz hat und sich den Bachbau erleichtern will, greift auf vorgefertigte Kunststoffelemente zurück, die der Fachhandel anbietet. Ihre Oberfläche ist steinfarben, oft auch besandet. Man schichtet die Elemente so auf, dass das Wasser vom obersten Quell-Modul über beliebig viele Etagen schließlich bis in den als Quelle dienenden Teich fließt.

Besonders leicht lassen sich Bachläufe aus fertig gekauften Formteilen anlegen. Das oberste Element dient dabei als Quellstein

Einen Bachlauf anlegen

1 *Das erste Folienstück wird unter die Folie des oberen Quellteiches geschoben, dessen Ufer dort etwas abgesenkt werden muss*

2 *Schritt für Schritt wird das Bachbett gegraben und modelliert, dann legt man die Folie ein und fixiert sie mit Steinen*

3 *Das letzte Folienstück wird zugeschnitten und im Bereich des Einlaufs über die Folie des Hauptteiches gelegt*

4 *Aus großen Findlingen lassen sich Kaskaden formen, über die das Wasser des Bachlaufs später lebhaft plätschert*

Ein aus Folie gebauter Bachlauf im Schnitt

Schematische Darstellung eines künstlichen Bachlaufs: Die Pumpe im unten gelegenen Hauptteich fördert das Wasser in den höher liegenden Quellteich

Brücken für den Wassergarten

Brücken im Wassergarten sind nicht nur eine Zierde, sie erlauben es dem Betrachter auch, ganz nahe an die Wasserflächen heranzukommen

Oben: Die Granitbrücke aus einem Stück überquert einen kleinen Bach

Links: An der schmalsten Stelle geht hier eine Holzbrücke über den Gartenteich

Oft bietet es sich an, einen Teich oder Bachlauf so anzulegen, dass der Weg durch den Garten die Wasserfläche kreuzt. In diesem Fall muss eine passende Brücke her. Im Fachhandel bekommen Sie die verschiedensten Brücken fertig zu kaufen. Besonders solide sind Steinbrücken beispielsweise aus Granit. Dieses Material ist aber relativ teuer. Zudem muss eine Steinbrücke in der Regel wegen ihres enormen Gewichtes mit dem Lkw angeliefert und vor Ort von mehreren Helfern verlegt werden.

Linke Seite: Steinbrücken sind dauerhaft, hoch belastbar und trittsicher

Rechts: Holzstege aus Lagerbalken und Querbrettern sind schnell gebaut

Selbst gebaute Holzbrücke für Teiche oder Bachläufe

Liegt das Wasser des Gartenteiches oder eines zufließenden künstlichen Bachlaufs ein gutes Stück unter dem Bodenniveau, ist ein passender Steg leicht gebaut. Man legt dazu zwei tragende Balken auf geeignete Fundamente (z. B. Gehwegplatten oder Punktfundamente mit Pfostenschuhen), schraubt Querbretter darauf, und schon ist die Brücke begehbar. Falls gewünscht, konstruiert man noch ein einseitiges oder zweiseitiges Geländer. Dazu werden senkrechte Pfosten an die Lagerbalken geschraubt und ein Handlauf befestigt.

Besonders elegant wirken allerdings leicht nach oben gewölbte Brücken. Hierzu braucht man entsprechend geschweifte Lagerbalken. Diese werden aus schichtverleimtem Holz hergestellt. Man findet solche Balken im Sortiment großer Anbieter von Gartenhölzern. Die passenden Auflagebretter und den Handlauf kann man sich selbst zuschneiden. Wer ganz auf Nummer Sicher gehen will, kauft sich einen kompletten Bausatz für eine Brücke und schraubt die Teile dann nur noch zusammen.

Im hier gezeigten Montagebeispiel wurden Brückenbögen und Handlauf fertig gekauft und die Bodenbretter passend dazu zugeschnitten. Das Material ist witterungsbeständiges Western-Red-Cedar-Holz. Es braucht keine Schutzlasur. Nur zur optischen Auffrischung kann man das Holz lasieren, wenn es mit der Zeit ein wenig grau geworden ist.

Wichtig ist, dass die Brücke feste Auflagepunkte hat und das Geländer gut verankert wird. Kleinkinder dürfen aber niemals allein über die Gartenbrücke gehen. Lebensgefahr!

Montage der Brücke

1 Das Material: links Handlauf mit senkrechten Pfosten, Mitte geschweifte Brückenbalken, rechts die Bohlen für Bodenbretter

2 Bodenbretter zum Ablängen anreißen. Bei 25 mm Dicke sollte eine Breite von 100 cm nicht überschritten werden

3 Eine Kapp- und Gehrungssäge ist das ideale Werkzeug zum Ablängen der Bretter. Ein guter Fuchsschwanz ist auch geeignet

4 Auf der Oberseite der Brückenträger zeichnet man den Scheitelpunkt an und markiert die Positionen der Bodenbretter

5 Mit etwa 2 cm seitlichem Überstand werden die Bretter befestigt. Am besten unsichtbar von unten mit Metallwinkeln

6 Fixieren kann man die fertige Brücke durch Holzschrauben, die man an den Auflagerpunkten einbetoniert oder andübelt

TIPP:
Auflagepunkte vorbereiten

Vor dem jeweiligen Ende des Pflasterweges werden Auflagepunkte für die Enden der Brückenträger betoniert. Man gräbt etwa 30 cm tiefe Löcher (A), füllt etwas Beton ein und stellt einen Pflasterstein senkrecht in den Beton. Dann das Loch mit weiterem Beton füllen (B) und oben schließlich einen zweiten Pflasterstein in der gewünschten Höhe ausrichten (C).

Bau des Geländers

1 Die Pfosten für den Handlauf der Holzbrücke bestehen aus drei Teilen. Sie werden zu einem Doppel-T zusammengefügt

2 Stockschrauben mit rechts und links gleichgehendem Gewinde dienen zur unsichtbaren Verbindung der Elemente

3 Sicheren Halt am Boden bekommt der Handlauf durch einbetonierte Pfostenschuhe. Dafür Punktfundamente gießen

4 Man schiebt die Pfosten ein, richtet sie aus und verschraubt sie dann. Zuletzt den Handlauf auflegen und verschrauben

Praktische Schwimmteiche

Wo ein großer Gartenteich geplant ist, stellt sich die Frage, ob man nicht gleich einen Schwimmteich als Alternative zum üblichen Pool bauen soll

Der Bau eines Schwimmteiches mit großem Pflanzenbiotop ist bereits bei der Haus- und Gartenplanung oder vor der Grundstücksgestaltung zu überlegen. Dann bestehen noch Zufahrtsmöglichkeiten für große Baumaschinen wie Bagger und Lkw. Damit lassen sich aufwändige und mühsame Grabarbeiten von Hand oder mit einem Minibagger ersparen.

Schwimmteichbau mit Folie

Grundsätzlich ähnelt der Bau eines Schwimmteiches dem eines normalen Gartenteiches. Man sieht einen Einstieg beispielsweise von einer Holzterrasse aus vor, der direkt in den Tiefwasserbereich führt. Im Schwimmbereich sollte man möglichst nicht auf dem Teichboden stehen. Das wirbelt

unnötig Schwebstoffe auf und kann bei starken Punktbelastungen auch zu Beschädigungen der Folie führen. Am besten deckt man den Teichboden mit großen Kieseln ab, welche die Folie schützen. Rund um den Schwimmbe-

Der große naturnah angelegte Folien-Schwimmteich schließt sich an die Holzterrasse des Gartenhäuschens an

reich sollte der Teichboden dann sanft ansteigen und in Abstufungen bepflanzt werden. Nur ein ausreichend breiter Pflanzbereich sorgt dafür, dass das Wasser im Schwimmteich dauerhaft klar bleibt.

Die Teichfolie wird als ganzes Stück bei einem Hersteller bestellt. Dafür sind genaue Maßangaben und Skizzen vom Teichgrundriss sowie vom Querschnitt nötig. Zur tatsächlichen Länge und Breite des Teichbetts sind an beiden Seiten jeweils mindestens 50 cm hinzuzugeben. Der Hersteller fertigt anhand der Maßangaben und der Skizzen aus Teilstücken die entsprechende Folie in der benötigten Größe an. Sie wird nach einem bestimmten Schema systematisch aufgerollt und dann per Express versandt. Auf der Baustelle lässt sich die schwere Rolle mit mehreren Helfern oder, falls vorhanden, per Bagger an das vorbereitete Teichbett befördern. Dabei ist die Kennzeichnung auf der Folienverpackung zu beachten. Sie zeigt, wie die Folie entfaltet und ausgerollt werden muss.

Erfahrene Fachfirmen geben Garantie

Mancher Selbstbau eines Schwimmteiches hat schon zu unbefriedigenden Ergebnissen geführt. Daher fährt man besser, wenn man eine Fachfirma mit dem Bau beauftragt. Dann kann man sicher gehen, dass die bestellte Folie genau passt und auch die Wasserqualität stimmt. Häufig muss nämlich eine Filteranlage installiert werden, weil die Pflanzen allein das Wasser nicht ausreichend algenfrei halten können.

Am besten schauen Sie sich Referenzobjekte des betreffenden Anbieters an. Sprechen Sie die Nutzer auf ihre konkreten Erfahrungen hinsichtlich Form und Größe des Schwimmteichs an.

Komfortabel sind Badeleitern, die von der Terrasse aus benutzt werden können

Denken Sie auch an die Sicherheit von Kindern, die den Schwimmteich im Sommer nutzen wollen. An heißen Tagen bietet ein Badeteich im eigenen Garten jederzeit die Möglichkeit zur Abkühlung. Die Kinder müssen nicht weit zum nächsten Badesee oder Freibad fahren, sondern erreichen den Schwimmteich mit wenigen Schritten über die Terrasse. Allerdings kommt der Teichbau aus Sicherheitsgründen erst dann an die Reihe, wenn alle Kinder schwimmen können und keine Kleinkinder mehr gefährdet sind.

Selbstverständlich bleiben die Grünzonen vom Badebetrieb ausgeschlossen. Zu den Baderegeln gehört außerdem: wasserlösliche Sonnencremes vor dem Eintauchen ins Wasser in einem separaten Becken abduschen.

Hier führen Steinstufen zum Schwimmbereich – diese sind allerdings oft rutschig

Bepflanzung des Gartenteichs

Soll das Wasser des Gartenteichs sauber und kristallklar bleiben, benutzt man nährstoffarmes Substrat und setzt nährstoffzehrende Pflanzen ein

Wenn Sie einen Gartenteich mit klarem Wasser und einem gesunden biologischen Gleichgewicht haben wollen, müssen Sie in erster Linie darauf achten, dass kein Überschuss an Nährstoffen entsteht. Aus diesem Grund muss bei der Bepflanzung des Teiches die Grundregel befolgt werden werden, keine nährstoffreichen Substrate zu verwenden. Gelangen mit den Substraten zu viele organische Stoffe in das Gewässer, kann das verheerende Folgen haben, die schnell sichtbar werden.

Das anfangs klare Teichwasser verwandelt sich nach und nach in eine graugrüne, lichtundurchlässige Brühe. Verantwortlich hierfür sind die Algen, die aufgrund des üppigen Nährstoffangebots unaufhaltsam wachsen. Algengetrübtes Teichwasser sieht nicht nur unschön aus, sondern bewirkt auch,

In Gartencentern wird eine breite Auswahl an Wasserpflanzen für den Gartenteich in kleinen Containern angeboten

dass die Unterwasserpflanzen weniger Licht bekommen. Sie sterben ab und verwandeln sich in Faulschlamm, der sich auf dem Boden absetzt. Der Sauerstoffgehalt des Wassers sinkt, wodurch Kleinlebewesen absterben, die zuvor für den Abbau organischer Substanzen zuständig waren. Ist dieses Stadium erreicht, ist der Teich nicht mehr zu retten. Er „kippt um" und kann nur noch ausgeräumt und komplett neu angelegt werden.

Wasserpflanzen kommen mit sehr mageren Substraten aus, da sie ihre Nährstoffe vor allem aus dem Wasser ziehen. In der Tiefwasserzone brauchen Sie übrigens kein Substrat einzubringen. Seerosen und Unterwasserpflanzen setzen Sie in Pflanzkörbe, die Sie einfach auf den Becken- oder Foliengrund stellen.

Grobkies ist ideal für den Teichboden

Wollen Sie Zierfische halten, ist es jedoch sinnvoll, den Boden mit einer Schicht aus gewaschenem grobem Kies zu bedecken, was verhindert, dass die Fische ständig den abgelagerten Bodenmulm aufwirbeln. In den Hohlräumen zwischen den Kieselsteinen finden außerdem Kleinlebewesen Unterschlupf. Ein weiterer Pluspunkt einer Kiesschicht ist die Vergrößerung der Bodenoberfläche. Ablagerungen mit organischen Substanzen verteilen sich besser und können so von den Mikroorganismen leichter abgebaut werden. Statt Faulschlamm bildet sich mineralisches Material, das die Wasserpflanzen wiederum als Nährstoffe aufnehmen.

Schwertlilien fühlen sich in der Sumpf- und Uferzone des Gartenteichs wohl und präsentieren im Frühjahr prächtige Blüten

Das Pflanzsubstrat vorbereiten

1 Als Bodengrund im Folienteich eignet sich frischer Sand oder Kies ohne organische Bestandteile am besten

2 Für Pflanzmulden und -gefäße mischt man ein nährstoffarmes Substrat unter Zugabe von Sand oder Kies

3 Wenn Sie gekauftes Wasserpflanzensubstrat verwenden, können Sie es noch ein wenig mit Sand oder Kies abmagern

4 Hier wurde ein Sumpfbeet zur Bepflanzung mit Schwertlilien vorbereitet. Das Substrat hat einen hohen Torfanteil

Teichbepflanzung

1 Pflanzen, die nicht in speziellen Körben stehen, müssen durch Kiesel fixiert werden, damit sie nicht aufschwimmen

2 Pflanzkörbe vorbereiten: Damit das Substrat nicht ausgeschwemmt wird, zunächst das Gefäß mit Pflanztuch ausschlagen

4 Der Pflanzkorb wird an der vorgesehenen Stelle abgesenkt. Die Teichpflanze kann sich nicht ungehindert ausbreiten

Das Pflanzsubstrat richtig vorbereiten

Wer sicher gehen will, dass er mit dem Einsetzen der Pflanzen nicht zu viele Nährstoffe ins Teichwasser mit einbringt, sollte im Fachhandel ein fertig angemischtes Erdsubstrat für Wasserpflanzen kaufen. Wenn Sie das Substrat strecken wollen, so mischen Sie es im Verhältnis 1:1 mit Sand.

Auch Lehm ist geeignet, lehmhaltige Erde dagegen nicht. Der immer wieder zu hörenden Empfehlung, man könne lehmhaltige Erde aus den untersten

3 Überstehendes Pflanztuch abschneiden und die Teichpflanze in den Korb setzen. Mit sehr nährstoffarmem Substrat auffüllen

5 Hier wird ein Blutweiderich eingesetzt, der als Container-Pflanze bereits vorgezogen war. Er wächst problemlos an

Wenn im Gartenteich ein gesundes und ausgewogenes Nährstoffangebot herrscht, sieht man üppig grüne Uferpflanzen bei klarem Wasser (rechts)

Bereichen des Bodenaushubs als Wasserpflanzensubstrat verwenden, sollten Sie nicht trauen. Auch in tieferen Bodenschichten sind meist noch viele Nährstoffe enthalten.

Bringen Sie das Substrat in den zu bepflanzenden Zonen in einer 5 bis 10 cm hohen Schicht auf. Auch die Pflanzkörbe füllen Sie bis zu dieser Höhe mit Substrat. Die Pflanzkörbe bieten neben dem sparsamen Substrateinsatz noch den Vorteil, dass sich die Pflanzen in der Tiefwasserzone nicht ungehindert ausbreiten. Die mit gelochten Wänden versehenen Gefäße werden zunächst mit wasserdurchlässigem Tuch oder Vlies ausgelegt, das Sie im Fachhandel erhalten. Sind die Körbe auf diese Weise ausgekleidet, kann das Substrat nicht ausschwemmen. Befüllen Sie die Körbe dann mit Substrat und setzen Sie die Pflanzen ein. Eine oben aufgelegte Schicht aus Kieselsteinen dient gleichzeitig der Fixierung wie der Beschwerung. Schneiden Sie nun noch das überstehende Pflanzentuch ab. Dann kann man die Körbe ins Wasser setzen.

Böschungen bepflanzen

An den Böschungskanten sollten Sie Steinreihen verlegen, damit das Substrat an Ort und Stelle bleibt und nicht in tiefere Zonen abrutscht. An besonders steilen Böschungen empfiehlt sich der Einsatz von Kokos-Böschungsmatten mit integrierten Pflanztaschen. Die Pflanzen werden mitsamt dem Substrat in die vorbereiteten Taschen gesetzt und haben so auch an steilen Ufern optimalen Halt.

Die schönsten Wasserpflanzen

Das Angebot an Teichpflanzen ist riesig. Für jede Wasserzone muss man die richtigen Arten auswählen, die sich dort dauerhaft wohlfühlen

Der Fachhandel bietet heute alle heimischen Wasserpflanzen für die private Teichgestaltung an. Wer nur einen kleinen Teich bestücken muss, kommt beim Pflanzenkauf noch mit einem überschaubaren Budget aus.

Geht es um ein größeres Teichprojekt, kann die Anschaffung der Pflanzen dagegen leicht sehr kostspielig werden. Als Alternative bietet sich an, mit anderen Teichbesitzern Kontakt aufzunehmen, deren Teich so stark bewachsen ist, dass sie ihn auslichten müssen. Auf diese Weise erhält man oft schön gewachsene Pflanzen zum Nulltarif. Dass Sie keine Pflanzen aus der Natur entnehmen, sollte selbstverständlich sein. Solche Raubzüge sind verboten und können, wenn es sich bei der „Beute" um geschützte Arten handelt, auch zu empfindlichen Strafen führen. Material zur Teichbepflanzung können Sie auch schon besorgen, wenn der Teich noch nicht angelegt ist. Über-

Seerosen mit ihren prachtvollen Blüten sind eine Zierde für jeden Gartenteich

gangsweise lassen sich die Pflanzen in wassergefüllten Kübeln aufbewahren. Versuchen Sie, größere Büschel von Pflanzen in möglichst viele einzelne Pflanzen zu zerteilen. Wasserstauden wie Seerosen, Wasserschwertlilien oder Kalmus nehmen es nicht übel, wenn man mithilfe eines Messers aus einer Pflanze mehrere macht. Doch auch Uferpflanzen und Gräser sind nicht sehr empfindlich. Wenn Sie die Einzelpflanzen in regelmäßigen Abständen in die vorbereiteten Pflanzzonen setzen, erhalten Sie meist schon nach kurzer Zeit einen gleichmäßigen und üppigen Bewuchs.

Ist der Teich noch nicht fertiggestellt, lassen sich die Einzelpflanzen gut in mit Folie ausgeschlagenen Obsthorden aufbewahren. Die bepflanzten Töpfe oder Körbe werden einfach hineingestellt, woraufhin man die Kisten mit Wasser auffüllt. Da sich die geringen Wassermengen in solchen Anzuchtkisten schnell erwärmen, wird das Wachstum zusätzlich begünstigt.

Seerosen lassen sich gut in Baueimern ziehen, die man halb mit Substrat befüllt. Den oberen Abschluss des Substrats bildet eine Kiesschicht.

Dann den Eimer bis zum Rand mit Wasser füllen. Beginnen Sie mit der Zucht der Seerosen am besten im Frühjahr. Haben die Blätter die Wasseroberfläche erreicht, kann man Sie mitsamt Eimer in den Teich setzen.

Die richtigen Pflanzen für jede Wasserzone

Bei der Platzierung der Wasserpflanzen im Teich ist unbedingt darauf zu achten, dass man die Pflanzen in der richtigen Zone ansiedelt, wo sie die für ihre Art optimalen Wachstumsbedingungen vorfinden.

Die verschiedenen Teichzonen

„A" kennzeichnet die teils geflutete Sumpfzone, „B" die ständig feuchte bzw. geflutete Flachwasserzone und „C" die Tiefwasserzone mit 60 bis 100 cm Tiefe

Zu unterscheiden sind die folgenden Bereiche:

- die teilweise geflutete Feuchtzone,
- die stets feuchte bzw. geflutete Sumpf- und Flachwasserzone,
- die Tiefwasserzone.

Pflanzen, die sich in 0 bis 10 cm Wassertiefe wohl fühlen, sind am besten in der Feuchtzone untergebracht, während man Pflanzen, die mit 10 bis 30 cm Wassertiefe zurechtkommen, vorzugsweise in die Sumpf- und Flachwasserzone setzt. Der Tiefwasserbereich ist Schwimm- und Schwimmblattpflanzen vorbehalten, die eine Wassertiefe von 30 bis 80 cm brauchen, um richtig gedeihen zu können. Die Zeichnung oben zeigt einen Gartenteich mit den drei verschiedenen Pflanzzonen im Querschnitt. Achten Sie bei der Bepflanzung Ihres Gartenteiches darauf, dass Sie für eine große Pflanzenvielfalt

sorgen. Je reichhaltiger sich die Flora in und um Ihren Teich gestaltet, umso vielfältiger wird die Lebensgemeinschaft an Tieren sein, die das Gewässer bevölkert.

Aus optischen Gründen sollten Sie die verschiedenen Gewächse jedoch nicht bunt durcheinander, sondern in Gruppen anpflanzen. Auf diese Weise entsteht ein harmonischeres Bild, und die Gefahr, dass schnellwüchsige Pflanzen kleinere unterdrücken, ist sehr gering.

Wichtig für die Optik ist auch, dass Sie die Pflanzen vom Beobachtungspunkt so ansiedeln, dass höhere Gewächse im Hintergrund stehen und nicht die Sicht auf kleinere Pflanzen versperren. An der Seite, von der man auf den Teich blickt, sollte die Bepflanzung sich auf niedrige Wasserpflanzen beschränken, die man zudem sehr sparsam einsetzt.

Sumpfdotterblume
Caltha palustris; Ranunculaceae

Merkmale

Neben Wasserschwertlilien macht sich die Sumpfdotterblume als willkommener Frühblüher bemerkbar. An Bächen breitet sich diese mehrjährige winterharte Blütenstaude gelegentlich wild aus. Sie kommt in Europa, Asien und Nordamerika vor. Die dottergelben Blüten öffnen sich im März/April. In Kultur sind auch weiße Sorten zu finden. Obwohl Sumpfdotterblumen vorzugsweise am Wasser wachsen und ein wechselfeuchtes Milieu am besten vertragen, nehmen sie auch gelegentliche Trockenheit hin. Die Ansiedlung ist allein wegen des frühen Flors empfehlenswert. Nach der Blüte, die nur wenige Wochen anhält, passt sich die Sumpfdotterblume der übrigen Ufervegetation an. Die Sumpfdotterblume ist völlig winterhart und ausdauernd. Sie bildet üppige Bestände und ist eine pflegeleichte Uferstaude.

Die Sumpfdotterblume blüht schon ab März. Sie liebt wechselfeuchte Standorte

Tannenwedel
Hippuris vulgaris; Hippuridaceae

Merkmale

Diese Wasserstaude, die einer eigenen Familie und zwar den Tannenwedelgewächsen (Hippuridaceae) zugeordnet wird, ist in vielen Regionen der Erde, insbesondere in Europa, Nordasien und Amerika verbreitet. Sie wurzelt bis in einer Tiefe von etwa 50 cm im Teichgrund und treibt dunkelgrüne quirlige Triebe nach oben. Bei niedrigem Wasserstand ragen diese „Tannenwedel" senkrecht bis 50 cm in die Luft. Die vitale Staude breitet sich durch Wurzelausläufer aus. Die grünen Blüten sind unauffällig und ohne Zierwert. Der Tannenwedel ist völlig frosthart und pflegeleicht. Er trägt zur Sauerstoffproduktion bei.

dem Kalmus (Acorus calamus) hin. Die Blätter der Wasserschwertlilie sind jedoch geruchlos und bleiben oft bis in den Winter grün. Ihre gelben Blüten im Juni machen diese mehrjährige Flachwasserstaude unverkennbar.

Die Wasserschwertlilie ist eine zuverlässig blühende, genügsame Flachwasserpflanze und bildet dichte Bestände bis 1 m Höhe.

Wasserschwertlilie
Iris pseudacorus; Iridaceae

Merkmale

Eine der wohl schönsten Wasserpflanzen, die in Europa, Vorderasien, Nordafrika und Nordamerika wild an Bächen, Flüssen und Seen vorkommt, ist die Wasserschwertlilie. Der botanische Name weist auf ihre Ähnlichkeit mit

Der interessante Tannenwedel wächst über und unter der Wasseroberfläche

Die Wasserschwertlilie ist robust und wächst in der Sumpfzone

Fieberklee
Menyanthes trifoliata;
Menyanthaceae

Merkmale
Der Fieberklee, der früher als Heil-
pflanze unter anderem gegen Ver-
dauungsstörungen, Appetitlosigkeit
und Entzündungen diente, wird heute
im Garten nur noch als Zierpflanze kultiviert. Die medizinische Nutzung ist
Spezialbetrieben vorbehalten. Dank
ihrer starken Ausläuferbildung hat sich
diese mehrjährige Staude in vielen
Regionen der nördlichen Hemisphäre
angesiedelt.

Der Fieberklee breitet sich vor allem in
Sumpfzonen aus, von wo er ins flache
Wasser vordringt. Typisch sind die
dreilappigen Blätter. Ebenso dekorativ
wirken die großen, weißen Blütenstände, die sich im Mai/Juni entfalten.
Fieberklee erreicht eine Gesamthöhe
von etwa 30 cm und ist eine ausdauernde und pflegeleichte Flachwasserpflanze.

*Seerosen fühlen sich in der Tiefwasserzone
des Gartenteiches zu Hause*

Seerose
Nymphaea-Arten und -Sorten;
Nymphaeaceae

Merkmale
Ein Teich ohne Seerosen ist wie ein
Garten ohne Rosen. Die Fülle an Arten
und Sorten bietet für jeden Teich und
Geschmack etwas. Es gibt Wildarten
wie die heimische Weiße Seerose
(Nymphaea alba) und eine Reihe von
weißen, gelben, roten oder rosafarbe-
nen Züchtungen. Selbst in kleine Wasserbecken sind Zwergformen einsetzbar (z. B. N. alba 'Minor'). Wer es exo-
tisch mag, bekommt in Spezialbetrieben auch blaue Sorten (z. B.
'Panama Pacific'). Seerosen zählen zu
den ausdauernden Stauden. Sie bilden
im Schlamm armdicke Wurzeln, die
vom Frühjahr bis zum Herbst Blätter
und Blüten an die Wasseroberfläche
treiben. Im Winter ziehen sie ein und
überdauern in den Wurzeln. Die

*Die Sorte 'Gloriosa' wartet mit prächtig
gefärbten Blütenblättern auf*

Hauptblütezeit dauert etwa von Juni
bis August. Ohne Zweifel gehört diese
prächtige Blütenstaude zu den schönsten Wasserpflanzen; Seerosen sind ausgesprochen ausdauernde und genügsame Tiefwasserpflanzen.

*Fieberklee zeigt im Mai/Juni seine
dekorativen weißen Blütenstände*

Die kugelförmigen gelben Blüten der Teichrose stehen über der Wasseroberfläche

Teichrose
Nuphar lutea; Nymphaeceae

Merkmale
Ein Seerosengewächs (Nymphaeaceae) aus heimischen Gewässern ist die Mummel oder Teichrose. Sie kommt gelegentlich in tiefen Buchten träger Flüsse oder in Teichen wild vor. Hier verankert sie sich mit dicken Wurzeln im Schlamm und treibt neben großen Blättern gelbe Blüten bis 1,50 m an die Wasseroberfläche. Die Blütezeit dauert etwa von Juni bis August.

Die mehrjährige Schwimmblattpflanze steht bei uns unter Naturschutz. Außer in Europa gibt es auch in Vorderasien, Sibirien und Nordafrika nennenswerte Bestände. Teichrosen lassen sich nur in ausreichend tiefen Teichen ansiedeln. Hier brauchen sie einen schlammigen Grund und eine sonnige Lage. Zur Vermehrung kann man die Wurzeln im Frühling teilen.

Die gelben Blüten der Seekanne zeigen sich im späten Sommer von Juli bis September

Das Hechtkraut mit seinen blauen Blüten ist nur in milden Gegenden winterhart

Seekanne
Nymphoides peltata;
Menyanthaceae

Merkmale
Die gelbblühende Seekanne sieht wie eine kleine Verwandte der Teichrose aus. Sie zählt jedoch zu den Fieberkleegewächsen (Menyanthaceae) und ist nur ganz entfernt mit Teichrosen verwandt. Die schildartige Seekanne (N. peltata) kommt in seichten Gewässern mit einem Wasserstand von 30 bis 50 cm oder an Seerändern von Europa bis Ostasien wild vor.

Bei uns ist die Seekanne realiv selten und steht daher unter Naturschutz. Wie die Seerose wurzelt die Seekanne in schlammigem Boden und breitet sich mit Wurzelrhizomen aus. Die kleinen Blüten entwickeln sich von Juli bis September.

Hechtkraut
Pontederia cordata;
Pontederiaceae

Merkmale
Aus Nordamerika stammt eine Sumpfstaude, die vor allem wegen der blauen Blüten auch in europäischen Wassergärten angesiedelt wurde. Sie zählt zur Familie der Hechtkrautgewächse (nach dem Botaniker Pontedera) und ist in zwei Arten verbreitet (P. cordata und P. lanceolata).

Die etwa 50 cm hohe mehrjährige Staude bringt aufrechte, löffelartige Blätter und von Juni bis Oktober blaue Blütenähren hervor. Das Hechtkraut ist nicht ganz frosthart und wird am besten in einem Kübel im Haus überwintert. Während der Sommermonate braucht es einen sonnigen Platz im flachen Wasser, in der Feuchtzone eines Teiches oder in einem Wasserbecken.

Krebsschere (Wasseraloe)

Stratiotes aloides; Hydrocharitaceae

Merkmale

Eine sonderbare Schwimmpflanze, die in keinem Wassergarten fehlen sollte, ist die Krebsschere. Sie gehört zu den Froschbissgewächsen (Hydrocharitaceae) und kommt in Europa und Vorderasien wild vor. Das sternförmige Gebilde lässt im Juni/Juli schöne weiße

Ungewöhnlich: Im Winter sinkt die Krebsschere auf den Teichgrund ab

Blüten in den Blattachseln aufblühen. Das Besondere aber ist ihr Verhalten: Sie sinkt im Herbst ab und überwintert auf dem Teichgrund. Im Frühjahr taucht sie dann wieder auf. Während der Saison vermehrt sie sich durch Brutpflanzen, so genannte Kindel.

Blutweiderich

Lythrum salicaria; Lythraceae

Merkmale

Diese ausdauernde Staude wächst vorzugsweise in zeitweise überfluteten Wiesen. Sie lässt sich am Teichrand ansiedeln und bildet mit den Jahren einen dichten Bestand. Nach dem Winter bringt die Staude ein Büschel aus etwa 1 m hohen Trieben mit schmalen weidenartigen Blättern her-

vor. Im Sommer entfalten sich an den Triebenden leuchtend rote Blütenrispen. Daraus bilden sich Samen, die zur Vermehrung am Teich beitragen. Im Herbst stirbt die Staude nach einer attraktiven Herbstfärbung oberirdisch ab und überwintert im Wurzelstock. Sie ist völlig frosthart und verträgt es auch, wenn der Teich zufriert. Im Frühjahr nach dem Rückschnitt treibt sie wieder aus.

Rohrkolben

Typha-Arten; Typhaceae

Merkmale

Die Rohrkolben, die zu einer eigenen Familie (Typhaceae) gehören, haben ihren Namen von den braunen Blütenkolben, die sie im Juli/August entwickeln. Sie reifen im Herbst aus und zerfallen in unzählige Samen, die der Wind weit verbreitet. Die verschiedenen Arten sind auf der nördlichen Erdkugel und in Australien recht häufig. Sie tragen mit dem Schilf zur Verlandung von Gewässern bei. Je nach Art erreichen diese sehr wüchsigen

Der Blutweiderich ist eine attraktive Pflanze für den Uferbereich des Gartenteichs

und ausdauernden Stauden eine Höhe von 50 cm bis 2 m. Die sehr wüchsige Wasserpflanze ist nur für große Teiche oder als Filterpflanze in Klärbecken geeignet. Sonst sollte sie nur eingedämmt kultiviert werden.

Rohrkolben breiten sich stark aus und gehören daher nur in große Teiche

Springbrunnen und Wasserspiele

Bewegtes Wasser übt eine ganz besondere Faszination aus: Man wird durch das Plätschern an natürliche Quellen oder Bachläufe erinnert

Der Reiz des bewegten Wassers

Um Leben in die sonst still ruhende Wasserfläche eines Gartenteichs zu bringen, werden sehr häufig Wasserspeier, Springbrunnen etc. installiert. Man liebt den Reiz des bewegten Wassers, das fließt und plätschert, als Fontäne in die Höhe steigt oder sanft sprudelnd aus einem Quellstein hervordringt. Ein Quellstein kann im Randbereich eines größeren Teiches platziert werden, lässt sich aber auch in ein kleines mit Steinen kaschiertes Auffangbecken setzen, in dem das Wasser einen ständigen Kreis-

Wasserspeier können wahre Kunstwerke sein, wie dieser Flötenspieler beweist

lauf beschreibt. Hier muss man darauf achten, dass bei hohen Temperaturen sehr häufig verdunstetes Wasser wieder ergänzt werden muss, sonst läuft die Pumpe irgendwann trocken und geht kaputt.

Wasserspeier am Teich sorgen für eine kontinuierliche Umwälzung, die gleichzeitig für eine Anreicherung mit Sauerstoff sorgt. In den Kreislauf können Sie bei Bedarf auch noch Filter integrieren, die das Teichwasser von Schwebstoffen und überschüssigen Nährstoffen befreien. Man sollte aber beachten, dass manche Fische sowie Teich- und Seerosen keine ständige Beregnung durch einen Wasserspeier oder einen Springbrunnen mögen.

Die natürlichste Form des bewegten Wassers erzielen Sie durch Anlegen eines kleinen Wasserfalls oder eines Bachlaufs, der in den Teich mündet. In beiden Fällen muss das Teichwasser zu einem erhöht liegenden Quellteich oder einer Schale gepumpt werden, von wo aus es über eine aus Folie oder speziellen Formteilen hergestellte Rinne zum Teichrand fließt. Dabei darf kein Wasser versickern. Allein die Verdunstung sorgt hier schon für Verluste, die im Sommer kontinuierlich ausgeglichen werden müssen. Ein Bachlauf filtert aber auch das Wasser und verbessert so seine Qualität.

Wasserspiele und Fontänen

Nicht nur das optisch reizvolle Schauspiel, sondern auch das beruhigende Plätschern des fließenden Wassers macht Fontänen für viele Teichbesitzer interessant.

Ein Wasserspiel für den Gartenteich sollte sorgfältig ausgesucht und passend zu den jeweiligen Gegebenheiten geplant werden.

Die zierliche Figur dient als Wasserspeier für den darunter liegenden Teich

Quellsteine lassen sich mit einem Teich kombinieren, jedoch auch als separates Element anlegen

Wasserspiele sorgen für kontinuierliche Sauerstoffanreicherung und verbessern so die Wasserqualität im Gartenteich

Wasserspiele und Fontänen müssen stets auf die Teichgröße abgestimmt werden

Die kleinen Wasserspeier aus Keramik brauchen nur eine Pumpe mit geringer Leistung

Wasserspiele müssen zur Teichgröße passen

Neben dem technisch Machbaren bestimmt in der Planung vor allem die Wasseroberfläche des Gartenteiches die Dimension des Wasserspiels. Mehrere Meter hohe Fontänen oder aufwändige und komplizierte Spritzbilder sind nur für sehr großflächige Teiche geeignet. Bei geringer bemessenen Teichflächen empfiehlt sich eher ein ruhiges Bild: vielleicht nur ein einzelner Wasserspeier oder zum Beispiel eine kleine Wasserglocke.

Auf Wunsch ist bei Wasserspielen auch Abwechslung möglich. Viele Springbrunnen sind schon als Set mit verschiedenen Düsen erhältlich. Durch Auswechseln der Fontänenaufsätze lassen sich so immer wieder neue Varianten schaffen.

Jedoch sorgt auch schon die Kombination eines Wasserspiels mit einer elektronisch geregelten Pumpe für Veränderungsmöglichkeiten. So kann man die Fontänenhöhe beliebig variieren und die Pumpenleistung der jeweiligen Fontänenart anpassen.

Eine Faustregel sagt: Die maximale Fontänenhöhe sollte nicht größer als der Teichradius sein. Ansonsten könnte durch kräftigen Wind das hochgepumpte Wasser auch außerhalb der Teichfläche niedergehen. Unter ungünstigen Umständen würde auf diese Weise der Teich teilweise leergepumpt. Ist der Springbrunnen nicht in der Mitte des Teiches angebracht, muss man natürlich den Abstand zum nächstgelegenen Ufer als Richtgröße für die Fontänenhöhe wählen.

Wasserspiele wie im Bild rechts bestehen aus besonders ausgewählten Steinen, die mit langen Bohrungen versehen wurden, um die Quellöffnungen zu speisen

Die gewünschte Fontäne und die Leistung der zugehörigen Pumpe müssen genau aufeinander abgestimmt sein. Hohe Fontänen mit großem Wasserdurchsatz erfordern wesentlich stärkere Pumpen als kleine Schaumsprudler oder Wasserglocken. Hier bieten die Herstellerkataloge gute Entscheidungshilfen. Fontänenaufsätze und Pumpen sind einander so zugeordnet, dass man die passenden Kombinationen leicht erkennt. Detaillierte Tabellen und Diagramme zeigen, welche Springhöhen eine Fontäne mit einem bestimmten Pumpenaggregat erreicht.

Technik im Garten

Moderne Bewässerungstechnik

Strom im Garten sicher nutzen

Attraktive Gartenbeleuchtung

Technik am Gartenteich

Moderne Bewässerungstechnik

Wenn in längeren Trockenperioden regelmäßig gegossen werden muss, erleichtern Bewässerungssysteme die Versorgung der Pflanzen

Gießen mit System

Die Wildpflanzen unserer Breiten haben sich im Lauf der Zeit an die Wetterverhältnisse angepasst. Sie stehen auch längere Regenpausen ohne Schaden durch. Andere Arten helfen sich, in dem sie nach Grundwasser suchen. Bäume treiben ein mehrere Meter reichendes Wurzelwerk in den Boden. Auch die meisten Gartenpflanzen sind robuster, als man glaubt.

Bäume und Sträucher versorgen sich wie die Wildpflanzen aus den grundwasserführenden Schichten. Sogar die Rasengräser und Polsterstauden treiben sehr tiefe Wurzeln und tolerieren längere Regenpausen. Selbst wenn die oberirdischen Pflanzenteile absterben, erholen sich Gräser wieder und bringen aus dem Wurzelwerk frische Halme hervor. Die meisten Gartenpflanzen – insbesondere die Bäume und Sträucher – sind also nicht auf Gieß-

wasser angewiesen. Allerdings sehen schlaffe Blätter oder auch braune Rasenflächen nicht sehr dekorativ aus. Zudem gedeihen im Garten etliche Gewächse, die weniger tolerant sind und dringend Gießwasser brauchen, wenn der Regen einige Tage ausbleibt. Dazu gehören insbesondere Kulturpflanzen, die Früchte entwickeln oder auch Gemüse, die zügig wachsen und reiche Ernten bringen sollen. Nicht zu vergessen sind Balkon- und Kübelpflanzen, die ihre Wurzeln nicht in wasserführende Schichten treiben können. Es lohnt sich besonders für solche Pflanzen, rechtzeitig vor Regenpausen Gießwasser zu sammeln. Zur Verteilung können neben der guten alten Gießkanne und dem bewährten Gartenschlauch auch spezielle Regner, Tropfer und Sprinkler oder komplette Bewässerungssysteme nützlich sein.

Gießen per Schlauch

Der Schlauch erleichtert zwar das Gießen, die Dosierung ist aber nicht so genau möglich wie per Kanne. Das ist bei Freilandpflanzen kein Problem, weil überschüssiges Wasser wegsickern kann. Dennoch lohnt es sich für die Bewässerung mit dem Schlauch spezielle Zusatzgeräte zu besorgen, die eine Dosierung erleichtern. Bewährt hat sich ein Gießstab, der vorne an den

Ein auf die Größe des Gartens abgestimmter Schlauch erleichtert das Wässern von Pflanzen in Trockenphasen

Schlauch angekuppelt wird. Am Handgriff ist ein Hebel befestigt, der bei Betätigung den Wasserfluss frei gibt. Eine verstellbare Düse macht einen harten Wasserstrahl oder ein weiches Brausen möglich.

Schläuche sind natürlich auch für die Wasserzuleitung an Kreisregner oder andere Verteiler nötig. Gartenschläuche gibt es in verschiedenen Qualitäten und Größen. Der Durchmesser richtet sich nach der vorhandenen Zapfstelle (z. B. Wasserhahn) und nach dem jeweiligen Verteiler. Der An-

Damit man die Pflanzen je nach Bedarf gezielt bewässern kann, besitzt der mit Schnellkupplung aufsteckbare Gießstab eine verstellbare Düse

Moderne Kupplungssysteme erlauben das Verbinden von Schlauchstücken und Aufsätzen mit einem Handgriff

schluss ist mit Schlauchklemmen oder Schnellkupplungen möglich. Hochwertige Gummischläuche sind selbstverständlich teurer als PVC-Schläuche. Ein Schlauchwagen erleichtert den Transport des Gartenschlauchs und macht das saubere Aufrollen möglich.

Spezialschläuche

Neben den gewöhnlichen Gartenschläuchen gibt es einige spezielle

Typen. Dazu zählen „Sprühschlangen", die Sie während der Saison in die Kulturen legen können. Nach dem Anschluss an die Wasserquelle dringen kleinste Tröpfchen aus winzigen Öffnungen und benetzen die umgebenden Pflanzen. Stattdessen kann man auch perforierte Gießschläuche (Perlschläuche) nutzen, die nicht sprühen, sondern nur die Erde nass machen. Das Wasser sickert durch feine Poren und dringt in die Erde ein. Auch für Sprinkler, Tropfer und dergleichen gibt es spezielle Schläuche. Es sind vorwiegend Produkte aus schwarzem PE (Polyethylen), die als Meterware von der Rolle angeboten werden. Der Durchmesser richtet sich nach der Nutzung. Die handelsüblichen 16-mm-Schläuche dienen als Hauptleitungen für Bewässerungsanlagen. Die Zuleitungen zu den Tropfern oder Sprinklern haben 4 mm Durchmesser.

Für die sanfte und kontinuierliche Bewässerung von Gartenpflanzen werden perforierte Gießschläuche (schwarz) eingesetzt

An den Gartenschlauch gekoppelte Regner bewässern exakt definierte Flächen

Gießen per Regner

Mit genormten Kupplungen lässt sich ein Gartenschlauch an jeden Förderer anschließen (z. B. Kolbenpumpe in einer Zisterne oder Wasserhahn) und mit jedem Verteiler verbinden. Als Verteiler für flächige Wassergaben – etwa zur Rasenbewässerung – werden spezielle Regner eingesetzt. Man unterscheidet zwischen Viereckregnern, die eine rechteckige Fläche mit feinen Wassertröpfchen berieseln und Kreisregnern, die eine runde Fläche gleichmäßig mit Wasser versorgen. Die Größe der zu beregnenden Fläche richtet sich nach der maximalen Reich-

Wenn man ein Rohrsystem verlegt hat, stehen verschiedene Zapfstellen zur Verfügung

weite des Regners und natürlich auch nach dem zur Verfügung stehenden Wasserdruck. Von beiden Regnertypen gibt es verschiedene Modelle mit einstellbarem Wirkungsgrad, mit stufenloser Einstellung der Reichweite oder sogar mit vorher einstellbarer Programmierung.

Feste Bewässerungsanlagen installieren

Wenn Sie Ihren Garten neu anlegen, sollten Sie schon bei der Planung an die Verlegung eines unterirdischen Wasserleitungsnetzes denken, das den beweglichen Schlauch ersetzt. Selbstverständlich lässt sich ein festes Leitungsnetz auch nachträglich installieren. An das unterirdische Netz werden in ausreichenden Abständen Zapfstellen und versenkbare Regner angeschlossen. Die Abstände richten sich nach der Leistungsfähigkeit der eingesetzten Regner.

Automatische Bewässerungssysteme

Die aufwändigste, aber zur Bedienung einfachste Methode der Bewässerung ist die automatische Anlage. Es gibt mehrere Hersteller, die Bewässerungsanlagen für den Garten anbieten. Sie können also zwischen verschiedenen Systemen wählen, die teilweise auch kombinierbar sind.

Gut bedient werden die Pflanzen von Bewässerungssystemen, die mittels Feuchtigkeitsfühler jederzeit die richtige Wassermenge liefern. Es dauert allerdings einige Zeit, bis die Fühler, die Ventile und die übrigen Teile der

Spezielle Bewässerungssysteme für Kübelpflanzen halten die Töpfe feucht

Bewässerung aufeinander abgestimmt sind und optimal funktionieren. Sie müssen richtig installiert werden, dann lassen sie sich per Knopfdruck oder per Zeitschaltuhr regulieren.

Zum Anschluss an ein Regenwassersammelgefäß eignen sich solche Systeme, die keinen hohen Wasserdruck benötigen. Das sind zum Beispiel Verteiler mit Quellhölzchen oder Tonkegeln, die das Wasser aus einem Vorratsbehälter ansaugen und bei Trockenheit an die Erde abgeben. Sprüher, Sprinkler und dergleichen brauchen dagegen einen gleichmäßigen Wasserdruck. Sie können auch nicht per Pumpe aus einer Zisterne versorgt werden, da sie stets gleichmäßigen Wasserdruck benötigen. Also muss man sie an die Wasserleitung anschließen oder durch eine Pumpe mit Druckregelung versorgen, beispielsweise durch ein so genanntes Hauswasserwerk. Damit ist auch die Nutzung einer Zisterne oder eines anderen Vorratsbehälters möglich.

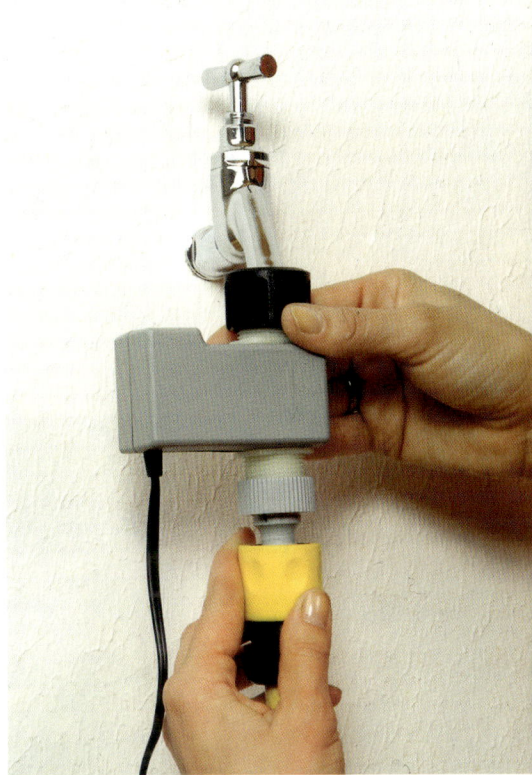

Automatische Bewässerungssysteme lassen sich nach Bedarf programmieren

Strom im Garten sicher nutzen

Die Nutzung von Strom auch im Freien ist heute selbstverständlicher Komfort. Dabei müssen aber bestimmte Sicherheitsregeln beachtet werden

Der Freizeitwert von Terrasse und Garten erhält zunehmend größere Bedeutung. Entsprechend muss auch dort für Beleuchtung sowie elektrische Anschlüsse für Rasenmäher, Heckenschere, Springbrunnen usw. gesorgt werden.

Bei der Planung der Elektroinstallationen für den Außenbereich gilt es, die Anschlüsse so nahe wie möglich zu den vorgesehenen Verbrauchern zu platzieren. So vermeidet man endlos lange Kabelverbindungen beispielsweise beim Rasenmähen.

Die elektrischen Anlagen im Außenbereich unterliegen den gleichen Bestimmungen wie in feuchten oder nassen Räumen: Sie müssen tropf- und spritzwassergeschützt sein. Entsprechende Verteiler, Abzweigdosen, Schalter und Steckdosen bietet der Handel sowohl für die Aufputz- als auch für die Unterputzinstallation an. Um missbräuchliche Benutzung der Außensteckdosen – etwa durch Einbrecher –

Rasenmähen oder Heckenschneiden wird deutlich komfortabler, wenn man ohne lange Kabeltrommeln auskommt

auszuschließen, sollte man die Anschlüsse von innen separat ausschalten können.

Kabel im Erdreich verlegen

Bei einer optimalen Planung der Außeninstallationen legt man beim Neubau noch vor dem Anlegen des Gartens die Positionen von Leuchten und Steckdosen im Freien fest und verbindet sie, wo erforderlich, durch im Erdreich verlegte Kabel (siehe dazu Seite 173) mit der Hausinstallation.

Für die Verwendung im Freien nur feuchtigkeitsgeschützte Schalter und Steckdosen wählen, die dafür zugelassen sind

Dabei verwendet man spezielle, für die Erdverlegung zugelassene Kabel. Zum Schutz vor Frostbewegungen und Beschädigungen durch Gartengeräte sollen Erdkabel mindestens 50 cm tief liegen. Vor mechanischer Beschädigung schützt eine Abdeckung mit Ziegelsteinen oder ein zusätzliches Panzerrohr aus Kunststoff.

Lassen Sie sich im Zweifelsfall vom Elektrofachmann unterstützen. Das Verdrahten der Anschlüsse und das Kontrollieren der fertigen Installation sollte auf jeden Fall ein konzessionierter Elektriker übernehmen.

Tipps vom Experten

FI-Schalter verwenden

Peter Baruschke ist Technik- und Test-Redakteur beim Do-it-yourself-Magazin „Selbst ist der Mann". Er rät dazu, im Freien nur dann Stromverbraucher anzuschließen, wenn die Leitungen durch so genannte FI-Schalter abgesichert sind:

„Wenn im Freien mit defekten Elektrogeräten gearbeitet wird oder wenn Zuleitungen zu Leuchten defekt sind, kann es sehr schnell zu gefährlichen Stromunfällen kommen. Daher sollten Sie den entsprechenden Stromkreis unbedingt schon im Haus mit einem Fehlerstromschutzschalter sichern. Zusätzliche Sicherheit bieten auch Personenschutzadapter, die man einfach vor dem Stecker des Verbrauchers in die Steckdose steckt (siehe Bild rechts). Dauerhaften Schutz bieten Personenschutzstecker (unten),

Personenschutzadapter schützen die darin eingesteckten Geräte

die man statt des üblichen Schukosteckers an die Anschlussleitung eines Verbrauchers montiert. FI-Schutzschalter bieten weit gehenden Schutz vor Unfällen mit elektrischem Strom. Sie schalten den geschützten Stromkreis innerhalb von Sekundenbruchteilen ab, wenn durch einen unterbrochenen Schutzleiter, mangelhafte oder fehlerhafte Isolation, fehlerhafte Anschlüsse oder Berührung spannungsführender Teile ein so genannter Fehlerstrom auftritt."

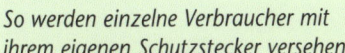

So werden einzelne Verbraucher mit ihrem eigenen Schutzstecker versehen

Der Personenschutzstecker wird direkt ans Kabel montiert

Attraktive Gartenbeleuchtung

Auch bei Dunkelheit ist der Garten schön. Durch gezielte
Beleuchtung setzt man optische Akzente und schafft mehr Sicherheit

Gartenliebhaber möchten sich auch bei Dunkelheit an ihrer liebevoll gepflegten Anlage erfreuen. Dazu muss der Außenbereich entsprechend beleuchtet werden. Gleichzeitig sorgt das Licht im Garten für mehr Komfort, wenn man sich bei Dunkelheit noch draußen bewegen möchte. Nicht zuletzt bieten durch Bewegungsmelder geschaltete Leuchten ein Plus an persönlicher Sicherheit. Denn Einbrecher werden nicht umsonst als „lichtscheues Gesindel" bezeichnet. Sie meiden hell erleuchtete Grundstücke.

Gartenleuchten montieren

Beim hier vorgestellten Beispiel werden mehrere Gartenleuchten am Sitzplatz vor dem Teich und entlang der Rasenfläche montiert. Auf einem maßstabsgerechten Plan des Gartens wurden die Positionen der Leuchten zuvor genau festgelegt. Dann ging es an die erforderlichen Erdarbeiten.

Die Zuleitungen der Gartenleuchten sollten möglichst entlang vorhandener Wege in einer Tiefe von 50 cm verlegt werden, damit sie beim Vertikutieren oder bei Pflanzarbeiten nicht beschädigt werden können. Das für die Erdverlegung geeignete Kabel mit der Bezeichnung NYY kommt zusätzlich in Panzerrohre aus Kunststoff, die vor mechanischen Schäden schützen. Um die Gartenbeleuchtung automatisch anzuschalten, wurde ein Bewegungsmelder installiert, der ebenfalls durch ein Erdkabel mit der Hausinstallation verbunden werden musste. Für eine standsichere Montage der Leuchten im Gelände wurden kleine Betonsockel gegossen und eingegraben.

Gezielt eingesetzte Beleuchtung wie hier für den Sitzplatz am Teich macht den Garten auch bei Dunkelheit attraktiv (li.)

Erdkabel verlegen und Leuchten anschließen

1 Zuerst müssen Sie die Kabelgräben ausheben. Ein Panzerrohr aus PVC schützt das Erdkabel vor Beschädigungen

2 Das Schutzrohr wird dann in den vorbereiteten Graben gelegt. Steine halten es in der gewünschten Position

3 Die Lampenfundamente werden in Baueimern gegossen. Nach dem Erhärten des Betons stürzt man den Eimer um

4 Nachdem das Erdkabel durch den Betonsockel geschoben und angeschlossen wurde, dübelt man die Leuchte an

5 Jetzt kann man die Leuchten aufstellen. Die Wasserwaage hilft beim genauen Ausrichten. Dann das Erdreich feststampfen

6 Die zugeschütteten Kabelgräben deckt man mit Grassoden ab, die vor dem Ausheben der Gräben abgestochen wurden

7 Man setzt das Lampengehäuse auf, dreht die Energiesparlampe ein und schraubt zum Schluss die Haube auf

8 Die Schaltung der Leuchten läuft über einen Bewegungsmelder, den man nach Wunsch justiert und dann sichert

Erdspießstrahler erlauben den Einsatz an wechselnden Positionen

Fest installierte Gartenleuchten werden z. B. an Wegen und Treppen aufgestellt

Mobile und feste Leuchten für den Außenbereich

Neben den zuvor gezeigten fest installierten Gartenleuchten gibt es auch mobile Spots, so genannte Erdspießstrahler (Bild links), die man an gewünschter Stelle ins Erdreich drückt und mit dem fest verbundenen Kabel an das Stromnetz (Außensteckdose) anschließt.

Mit ortsveränderlichen Gartenleuchten kann man immer wieder aufs Neue experimentieren, die Standorte und die Anzahl der Spots verändern und die Ausleuchtung beispielsweise entsprechend der jahreszeitlich wechselnden Vegetation variieren.

Der Handel bietet ein umfangreiches Sortiment an festen und mobilen Gartenlampen. Sie müssen auf jeden Fall das CE-Zeichen tragen. Bei Billigware aus dem Baumarkt ist mitunter Vorsicht geboten. Hersteller aus Fernost nehmen es mit den Sicherheitsbestimmungen nicht immer so genau, fälschen in Einzelfällen sogar die üblichen Sicherheitskennzeichen.

Aus Gründen des Komforts und der Sicherheit werden im Außenbereich sehr häufig Leuchten eingesetzt, die sich durch einen Infrarotsensor selbsttätig einschalten (siehe Seite 173). Der Infrarotsensor der Leuchte reagiert im eingestellten Erfassungsbereich auf Temperaturunterschiede von sich bewegenden Wärmequellen (z. B. Personen oder Autos). Durch einen zusätzlich eingebauten Dämmerungsschalter führt die erfasste Bewegung aber nur bei Dunkelheit zum Einschalten der Leuchte.

TIPP: Solarlampen sind vom Netz unabhängig

Völlig unabhängig vom Stromnetz und deshalb auch ungefährlich funktionieren Solarlampen. Diese Gartenleuchten erzeugen den Strom mittels eingebautem Solarmodul selbst und speichern ihn in einem Akku.
Bei Dunkelheit wird durch eine Fotozelle eine sparsame Leuchtstofflampe eingeschaltet, die bei Dauerbetrieb einige Stunden Licht spendet.

Gartenleuchten aus poliertem Edelstahl wirken besonders elegant und sind dauerhaft korrosionsbeständig (rechts)

Technik am Gartenteich

Um die Attraktivität eines Gartenteichs zu erhöhen, kann man ihn beleuchten, Wasserspiele installieren und Filter zur Reinigung einsetzen

Licht am Gartenteich

Lichteffekte etwa durch Unterwasserleuchten oder Schwimmleuchten auf der Wasseroberfläche sollten immer sparsam eingesetzt werden und dürfen keine Unruhe in den Teich bringen. Die Tiere im Teich brauchen die nächtlichen Ruhezeiten. Die Strahler sollten jedenfalls nicht das ganze Teichbecken ausleuchten, sondern nur bereichsweise wirken, sodass sich Fische, Lurche und andere Tiere in dunkle Zonen zurückziehen können. Damit sie sich an das künstliche Licht gewöhnen, ist es günstig, durch das Einsetzen von Schaltuhren bestimmte Zeiten einzuhalten. Willkürliches Ein- und Ausschalten der Teichbeleuchtung ist zu vermeiden, da es die Tiere erschreckt.

Pumpen, Filter, Wasserspiele

Ein naturnah angelegter Gartenteich ausreichender Größe bildet schon nach relativ kurzer Zeit ein biologisches Gleichgewicht und zeichnet sich durch klares Wasser aus. Sobald aber

Interessante Lichtakzente lassen sich durch schwimmende Wasserkugeln mit integrierter Beleuchtung setzen

stärkerer Fischbesatz mit entsprechender Zufütterung für eine Überdüngung des Wassers sorgt, werden Wassertrübung und Algenwuchs ein Problem. Dann müssen Sie der Natur durch Filtertechnik helfen.

Beim Betrieb einer Teichpumpe, etwa für einen Springbrunnen oder einen Bach, ist der Anschluss eines Filters ohne besonderen Aufwand zu bewerkstelligen. Am einfachsten lässt sich eine Pumpen-Filter-Kombination installieren. Solche Geräte unterscheiden sich nur dadurch von Teichpumpen, dass sie zusätzlich mit einem Filter ausgestattet sind. Mehr Leistung bringen Außenfilter, die neben dem Teich platziert und von einer Pumpe im Teich betrieben werden. Solche Filter kommen beispielsweise bei Badeteichen oder Teichanlagen mit Koi-Besatz zum Einsatz. Noch mehr Leistung liefern Mehrkammerfilter, die als ausbaufähige Modulsysteme angeboten werden. Solche Großfilter enthalten Filtermatten, die grobe Schmutzteile zurückhalten, sowie eine Kammer mit Lavagranulat, in dem sich Mikroorganismen ansiedeln, die wiederum feine Feststoffe wie Algen, Fischkot und dergleichen abbauen. In einer dritten Kammer ist ein speicherfähiges Granulat aus Naturgestein untergebracht, das Giftstoffe bindet. Solche Außenfilter sollten gut zugänglich sein, da sie regelmäßig gereinigt werden müssen. Zu beachten ist, dass die ansaugende Pumpe und der Schlauch, aus dem das gefilterte Wasser in den Teich zurückfließt, möglichst weit voneinander entfernt angeordnet werden. Nur dann ist ein optimaler Kreislauf mit guter Filterwirkung zu erzielen.

Die Wirkung eines Außenfilters lässt sich noch verbessern, in dem ein Vorfilter angeschlossen wird. Mithilfe von UV-Licht flocken sie Algen aus dem Wasser aus, die dann vom Hauptfilter

erfasst werden. Auf diese Weise lassen sich grüne Schwebalgen unterdrücken. Zudem töten die Vorfilter auch schädliche Bakterien und Keime ab.

Als Ergänzung zu Filtersystemen werden so genannte Skimmer oder Oberflächenabsauger angeboten. Sie sitzen flach unter der Wasseroberfläche und saugen Blätter, Schwimmalgen und andere Feststoffteilchen an, die dann in die Filteranlage gelangen.

Springbrunnenpumpe mit T-Schwenkgelenk und Universal-Schlauchanschluss

Pumpen je nach Bedarf

Für den Betrieb einer Filteranlage, eines Bachlaufs, Quellsteins oder Wasserspiels wird eine auf den Leistungsbedarf abgestimmte Pumpe benötigt. Sie schafft je nach Typ 50 bis 250 Liter Wasser pro Minute (bzw. 3000 bis 15 000 l/Std.). Neben der erwünsch-

Diese kombinierte Teich- und Filterpumpe besitzt einen schwenkbaren Anschluss

Für Teiche, die mit Koi-Karpfen besetzt sind, braucht man leistungsfähige Filter, die mit UV-Anlagen zur Bekämpfung von Algenwachstum kombiniert werden

Wasserspiele müssen ausreichend weit von Seerosen platziert werden, da diese das kontinuierliche Spritzen nicht mögen

Für kleine Wasserspiele reichen bereits Mini-Pumpen, die ihren Strom kostenlos von einem Solarpanel erhalten

Wasserspiele kontinuierlich auf Seerosenblätter oder andere Wasserpflanzen treffen. Quellsteine, Springbrunnen, Wasserspeier und dergleichen werden besser in einem separaten Becken oder an einer unbepflanzten Stelle im Teich eingesetzt. Hier können solche Wasserspiele durchaus zur Belebung beitragen, zumal das sprudelnde Wasser ein angenehmes Plätschern bewirkt.

Eine leistungsfähige Pumpe, die einen kräftigen Sprudel erzeugt, dient im Winter sogar als Eisfreihalter. Die ständig bewegte Wasseroberfläche friert nicht so leicht zu wie ein ruhiger Teich.

Sehr angenehm macht sich ein Wasserspiel an der Terrasse bemerkbar. Das kann ein Sprudelstein sein, ein kleiner Quellbrunnen oder ein Frosch, der Wasser speit. Für einen schon recht kräftigen Wasserstrahl ist eine Teichpumpe mit 20 bis 40 Watt Leistung ausreichend. Die Pumpe fördert das Wasser aus dem Teich durch einen Schlauch zum Sprudelbecken oder zu einem Wasserspender. Dort trifft es dann sichtbar und hörbar wieder auf der Wasseroberfläche auf.

Richtig absichern

Leuchten, Pumpen und andere strombetriebene Einrichtungen am und im Gartenteich müssen vorschriftsmäßig abgesichert werden (siehe Seite 170-171). Beachten Sie auch, dass beim Baden in einem Schwimmteich dort kein Bach oder Springbrunnen betrieben wird.

Auswählen und testen

Bei der Auswahl sind die Kataloge der Hersteller hilfreich oder auch die Ausstellungen der Gartenfachmärkte. Hier findet man neben verschiedenen

ten Durchflussmenge ist insbesondere der Höhenunterschied zwischen dem Standort im Teich und dem Ausfluss zu beachten.

Teichpumpen, Filter und dergleichen sollten mit Spiralschläuchen verbunden werden. Diese versteiften Spezialschläuche lassen sich – anders als gewöhnliche Gartenschläuche – nicht abknicken. Sie sind UV-stabil und verrottungsfest. Dazu gibt es passende Verlängerungsrohre, Verbindungsmuffen, Schlauchverteiler, Reduzierstücke und weitere Verbindungselemente.

Wasserspiele auswählen

Wer sich nicht mit einem einfachen naturnahen Wassergarten begnügt, sondern Wasserspiele haben möchte, braucht die entsprechenden Geräte. Beachten Sie, dass Spritzwasser eventuell Pflanzen stört. Keinesfalls sollten

Pumpen und Filtern auch das nötige Zubehör wie Schläuche, Düsen und Verbindungselemente.

Oft gehören auch Schaugärten zu den Ausstellungen. Dort sind meist unterschiedliche Wasserlauf-Systeme zu begutachten, so etwa Teiche mit Bachläufen, Sprudelbecken oder schöne Natursteinbrunnen. Solche Ausstellungen erleichtern die Entscheidung für einen bestimmten Pumpen- oder Filtertyp, da die Einsatzmöglichkeiten vorgeführt werden und die Leistung deutlich erkennbar ist.

Pumpenleistung für einen Bach oder einen Wasserfall

Die Leistung der Pumpe, die für den Betrieb eines Bachlaufs oder eines Wasserfalls gebraucht wird, richtet sich nach der Höhe der Quelle bzw. nach der Fallhöhe, der Breite des Bachbetts und der gewünschten Wassermenge, die pro Minute abfließen soll. Zudem wirken sich die Schlauchlänge und der Schlauchdurchmesser auf die Fördermenge aus. So bringt z. B. eine 175-Watt-Pumpe mit 15 000 Litern Förderleistung pro Stunde in 1 Meter Höhe 150 Liter Wasser pro Minute hervor (bei maximaler Schlauchlänge von 5 m und einem Schlauchdurchmesser von 25 mm). Eine 40-Watt-Pumpe mit einer Förderleistung von 2000 Litern pro Stunde schafft dagegen nur rund 25 Liter Wasser pro Minute in die gleiche Höhe. Die Tabelle rechts oben zeigt weitere Beispiele mit Pumpen anderer Leistungsstufen. Werden die Pumpen zusätzlich mit Filtern kombiniert, kann die Förderleistung um bis zu 30 Prozent absinken.

Bei Bachläufen und Wasserfällen wie hier muss die Leistung der Pumpe auf die Förderhöhe abgestimmt werden

Pumpen für Quellsteine oder Bäche auswählen

Effektive Wassermenge in 1 m Fallhöhe bzw. 1 m Höhe der Quelle bei einem Bach	Bei Pumpentyp (Förderleistung in der Stunde)
25 l/min	2000 l/h
40 l/min	3500 l/h
50 l/min	5500 l/h
100 l/min	10000 l/h
120 l/min	15000 l/h

Leistung verschiedener Pumpen

Förderleistung l/h	2000	3500	5500	10000	15000
Leistungsaufnahme in Watt	32	53	75	110	250
Liter pro min. max.	33	60	92	150	250
Meter Wassersäule max.	2	1,6	2,5	3,4	5

Anschluss Druckseite mm/Zoll	G1" G 1,5"
Anschluss Saugseite mm Ø	25 mm G 1,5"

Die geförderte Wassermenge verringert sich mit zunehmender Höhe der Wassersäule. Wie die erste Tabelle zeigt, bringt eine Pumpe mit einer Förderleistung von 10000 l/h, die in Bodennähe über 150 l/min schafft, in 1 m Höhe noch ca. 100 l Wasser hervor.

Gärtnern
unter Glas

Im Gewächshaus ist immer Saison

Früh- oder Mistbeete selbst bauen

Im Gewächshaus ist immer Saison

Glashäuser sind Sonnenfallen. Sie lassen das Sonnenlicht herein und speichern die Wärme. Zudem schützen sie vor Wind und Regen

Der wohl einfachste Gewächshaustyp ist ein Folienzelt oder Folientunnel. Solch eine Abdeckung aus Drahtbügeln (oder Holzrahmen) und Folie (oder Faservlies) dient gewöhnlich zur Erntezeitverfrühung oder -verlängerung etwa von Salat, Spinat oder Kohlrabi. Ein Folienzelt oder -tunnel ist schnell gebaut, sehr effektiv und jeder-

zeit versetzbar, zum Beispiel, wenn ein Beet abgeerntet ist. Eine gute Konstruktion aus stabilen Metallbügeln oder Holzlatten (das können bei einem Folienzelt, das als Beetabdeckung dient, gewöhnliche Dachlatten sein) und spezieller UV-lichtstabiler Gartenfolie (z. B. Gewächshausfolie aus Polyäthylen mit 0,2 mm Stärke)

hält länger als drei Jahre. Das gilt auch für einen Frühbeetkasten, der aus Holz, Metall- oder Betonformteilen gebaut und mit Glasfenstern eingedeckt ist. Beide – nennen wir sie „Flachgewächshäuser" – sind stets für

Gewächshaus mit Satteldach und Stegdoppelplatten. Ein solches Kleingewächshaus sollte sonnig platziert sein

Gewächshaus mit Satteldach und Klarglas. Dieser klassische Typ braucht ausreichende Belüftungsmöglichkeiten (oben)

Sehr stabile Version mit einer Verglasung aus Stegdoppelplatten. Sie isolieren deutlich besser als einfaches Glas (rechts)

den Gemüseanbau oder für die Jungpflanzenanzucht und -abhärtung nützlich und auch (noch) willkommen, wenn ein größeres Gewächshaus im Garten steht.

Als günstige Größe für ein Frühbeet hat sich eine Breite von 120 cm bewährt (Beetbreite). Die Länge kann beliebig sein. Der Kasten sollte eine geringe Neigung aufweisen. Die Rück-

Aus zwei miteinander verbundenen Bausätzen ist die Konstruktion eines langen Reihen-Gewächshauses machbar (oben)

Ein Anlehnhaus lässt sich beispielsweise an ein Gartenhaus anbauen. Als Verglasung sind Stegdoppelplatten ideal (links)

wand sollte also höher sein als die Vorderwand. Dadurch kann das Sonnenlicht besonders im Frühjahr und im Herbst besser eindringen. Der „Urtyp" des Gewächshauses hat ein Satteldach. Satteldachhäuser sind in vielen Größen und Ausführungen im Handel erhältlich und lassen sich aus Holz- oder Metallrahmen mit Glas oder Folieneindeckung auch selbst bauen.

Wie bei den fertig gekauften Glashäusern muss auch bei Eigenbauten die Statik stimmen. Insbesondere sollte der Rahmen tragfähig und sturmsicher sein. Immerhin hat er – bei einer Glaseindeckung – eine zentnerschwere Last zu tragen und stellt einen großflächigen Windfang dar. So dürfen die Rahmenteile oder Profile keine zu großen Strecken überspannen. Zudem muss der Rahmen ausgesteift sein (bei einer Holzkonstruktion durch Eckstreben). Je nach Baumaterial sind ausreichend stabile Konstruktionsteile nötig (belastbare Metallprofile oder Holzbalken mit ausreichender Stärke). Des Weiteren ist auch eine feste Verankerung, am besten auf einem Betonfundament, zu empfehlen. Streifenfundamente oder Punktfundamente, die mit Betonstürzen (Fensterstürze vom Baustoffhandel) überbrückt werden und etwa 70 cm tief gründen, sind si-

Auf dem Boden des Gewächshauses können schon zeitig im Jahr die ersten Salatköpfe gezogen werden (rechts)

Gleichzeitig nutzt man die Pflanztische darüber zum Vorziehen von Blumen und frostempfindlichen Gemüsen (unten)

Montageschritte beim Gewächshausaufbau

1 Die meisten Gewächshäuser haben einen Metallrahmen. Danach wird das Betonfundament angezeichnet

2 Man hebt einen spatenbreiten Graben aus, gießt Beton hinein und mauert die vier Außenecken höhengleich auf

3 Der Fundamentrahmen aus Metall wird nun aufgelegt und durch Verkeilen mit der Wasserwaage ausgerichtet

4 Giebelwände und Seiten des Gewächshauses werden nach Bauplan auf einem ebenen Untergrund vormontiert

5 Hier wird die Aufhängung der Tür an einer Giebelseite verschraubt. Die Tür besteht aus zwei Schiebeelementen

6 In die Aluminiumprofile eingesteckte und verschraubte Verbindungselemente geben der Konstruktion Halt

7 Schon kann der Aufbau der vormontierten Teile auf dem zuvor fest angedübelten Fundamentrahmen beginnen

8 Man braucht bei der Montage mindestens einen Helfer. Hier werden der hintere Giebel und eine Seite verbunden

9 Nun nimmt das Gewächshaus bereits Gestalt an. Die zuvor nur locker angezogenen Schrauben jetzt nachziehen

10 Montage des Firstprofils: Es trägt anschließend die Sparren der Verglasungsfelder des Gewächshausdaches

11 Vier Sparren teilen das Dach auf jeder Seite. Sie werden mit dem Firstprofil und dem Traufprofil verschraubt

12 Die Detailaufnahme zeigt, wie die Profile an den Knotenpunkten durch Schrauben und Winkel verbunden werden

chere Anker. Darauf hält ein Glashaus jedem Sturm stand, wenn es gut festgedübelt ist (10er Dübel und dazu passende Schrauben benutzen).

Zu beachten sind weiterhin die Dachneigung und die Dachstatik. Das Satteldach muss steil genug sein, damit das Regenwasser gut abläuft, und belastbar, damit es den Schneedruck im Winter aushält! Handelsübliche Glashäuser haben Scheiben mit mindestens 3 mm Dicke und eine Dachneigung von 30°.

Als Sonnenfalle ideal ist ein Anlehngewächshaus mit Pultdach. Es steht am besten an einer Südwand und ist so nach Norden hin optimal abgeschirmt. Das Pultdach kann entweder bis zum Boden reichen, oder es wird wie beim Satteldach auf senkrechte Wände aufgesetzt.

Streicht man die Rückwand weiß, reflektiert sie das Sonnenlicht und macht das Gewächshaus so besonders hell. Eine dunkle Wand dagegen speichert die Wärme der Sonnenstrahlung, sammelt sie und gibt sie langsam wieder an das Innere des Hauses ab.

Ein Folienhaus kann mit Satteldach, Pultdach oder als Pavillon gebaut sein. Es ist nur statt mit Glas mit spezieller UV-lichtstabiler Gartenfolie bespannt. Der Rahmen kann leichter gebaut sein, weil er wesentlich weniger Gewicht zu tragen hat. Die Sturmsicherheit muss natürlich auch bei einer solchen Konstruktion gewährleistet sein. Der Rahmen ist gut im Boden zu verankern (z. B. mit Spreizankern aus Metall). Für Folienhäuser gibt es Bausätze bzw. Steckverbinder aus Kunststoff, die den Aufbau erleichtern. Nahezu kostenlos lässt sich ein großes stabiles Glashaus aus alten Fenstern aufstellen. Allerdings machen Beschaffung und richtige Zusammenstellung der Fenster eini-

Anbringen der Verglasung

13 Die Verglasung beginnt an den Dachflächen. Die UV-stabilisierte Seite der Platten kommt dabei nach außen

14 An den Sparren der Dachflächen sorgen eingeschobene Dichtungen dafür, dass kein Regenwasser eindringt

15 Der Blick von innen auf den Dachfirst und die eingeglasten Flächen. Rechts ist ein hochstellbares Fenster integriert

Montage der Türen und Abschlussarbeiten

16 Beim Zusammenbau der Teile ist ein Akkuschrauber sehr hilfreich. Hier werden die Türelemente verschraubt

17 Die Türen nun in die außen am Giebel befestigte Laufschiene einhängen. Sie öffnen sich nach rechts und links

18 An allen kritischen Punkten der Aluminiumkonstruktion sorgen aufgelegte Verstärkungen für Stabilität

19 Mit Winkeln ist der Fundamentrahmen auf der Untermauerung befestigt. Die Schrauben jetzt nochmals nachziehen

20 Auch an den Eckpunkten werden die Schrauben der Verbindungsteile sowie der schrägen Streben nachgezogen

21 Im Bereich der Endpunkte des Dachfirstes sorgen Laschen zwischen den beiden Seiten für Windsteifigkeit

ge Mühe. Grundsätzlich lohnt sich dieser Aufwand, wenn etwa bei einer Hausrenovierung viele gleiche Fenster mit Rahmen anfallen. Sie lassen sich dann leicht zusammenstellen und verschrauben (Rahmen durchbohren und Schrauben eindrehen).

Neben den „richtigen" Gewächshäusern für draußen gibt es verschiedene Miniaturglashäuser für drinnen, die vor allem für die Anzucht von Jungpflanzen geschaffen sind. Mit Heizplatte und Lampe ermöglichen sie die Aussaat und Vermehrung besonders in den lichtarmen Wintermonaten. Danach kann man sie zur Stecklingsvermehrung nutzen.

Technik für Gewächshäuser

Für jeden Glashaustyp sind gute Lüftungseinrichtungen wichtig. Sonst herrschen an sonnigen Sommertagen tödliche Temperaturen für Pflanzen. Je nach Größe ist außer der Türe wenigstens ein Dachfenster nötig, sodass die heiße Luft nach oben entweichen kann. In einem guten Warmhaus (professionelles Gewächshaus für tropische Pflanzen) wird die Lüftung per Wärmefühler elektronisch geregelt, was natürlich ziemlich aufwändig ist; ebenso die Schattierung, die gleichermaßen vor Überhitzung schützt. Für gewöhnliche Kleinglashäuser, Frühbeete und dergleichen gibt es einfache Lüftungsautomaten bzw. Fensterheber, die jederzeit nachträglich in die Fenster einsetzbar sind.

Als Sonnenschutz genügen Strohmatten oder spezielle Schattiermatten aus Kunstfasergewebe. Was sonst noch nötig und nützlich ist, liegt an der jeweiligen Nutzung. Zur optimalen Raumausnutzung empfehlen sich Hängeborde und Glashaustische. Ein stabiler Tisch ist ohnehin zum Topfen,

Stecklinge schneiden und für andere Arbeiten wichtig. Ansonsten bieten die Gartenkataloge und Gartencenter eine reiche Auswahl an praktischem Zubehör für Gewächshäuser.

Der ideale Standort

Es liegt an der Natur der Pflanzen, dass ein Gewächshaus am besten sonnig steht. Vor allem darf der Schatten von Gebäuden nicht stören, insbesondere im Frühjahr und Herbst nicht, wenn die Sonne tief steht und die Jungpflanzen viel Licht zum Wachsen bzw. die Gemüse zum Ausreifen brauchen. Wegen der Pflege und Wartung, wie etwa der Bewässerung, Lüftung und Schattierung, ist ein Standort nahe am Haus günstig. Die größten Fensterflächen sind vorzugsweise nach Süden auszurichten. An der Nordseite kann eine schützende Mauer stehen. Ein Gewächshaus ist übrigens genehmigungsfrei! Selbstverständlich ist aber der ortsübliche Grenzabstand einzuhalten (in der Regel 3 m). Erkundigen Sie sich gegebenenfalls vor dem Aufstellen beim örtlichen Bauamt.

Materialkunde

Klarglas: hat eine glatte und eine genörpelte Oberfläche; es ist durchscheinend und erzeugt diffuses Licht; Verbrennungen an den Pflanzen, die bei direkter Sonneneinstrahlung vorkommen können, sind bei dieser Eindeckung selten. Die Scheiben sind relativ schwer und brauchen ein sicheres Auflager.

Blankglas: hat zwei glatte Oberflächen und ist durchsichtig; an klaren Tagen ist unbedingt eine Schattierung nötig. Die Gebäude sind einsehbar, was nicht immer erwünscht ist. Allerdings bringen sie eine optimale Lichtausbeute.

Stegdoppelplatten: durchscheinende (undurchsichtige) Kunststoffdoppelplatten, die mit Stegen verbunden sind; die Luft dazwischen wirkt dämmend; sehr leichte, sowie bruchsichere Eindeckung, die aber gut befestigt werden muss.

Gitterfolie: besonders reißfeste, UV-lichtstabile Spezialfolie für den Gewächshausbau; recht preiswert, aber typischer „Plastikcharakter".

Luftpolsterfolie: spezielle Gartenfolie mit eingeschweißten Luftpölsterchen; nicht als Eindeckung für Gewächshäuser geeignet, sondern nur zur zusätzlichen Wärmedämmung in den kalten Monaten; hilft Energie und Kosten zu sparen.

Schlitzfolie, Kunststofffaservlies: Kunststoffplanen bzw. -vliese zur Abdeckung der Beete oder für kleine Tunnel und Zelte beziehungsweise als zusätzlicher Frostschutz unter Glas.

Nach erfolgter Montage ist das Gewächshaus bereit zur Bepflanzung

Tipps vom Experten

Gewächshausnutzung im Herbst und Winter

Gärtner Peter Himmelhuber: „Besonders wertvoll sind Kleingewächshäuser für den vorzeitigen Anbau von Frühgemüse. Die Glas- oder Kunstglashäuser dienen aber auch im Sommer noch als schützende Quartiere für Gurken, Melonen und andere wärmeliebende Exoten.

Die Langzeitkulturen unter den Fruchtgemüsen bleiben bis in den Herbst hinein erhalten. So bringen die Tomaten und Andenbeeren ständig frische Früchte hervor, bis die ersten strengen Fröste die Wachstumszeit beenden. Bereits im Sommer füllen die Wintersalate wie Endivien und Feldsalat und die späten Gemüse wie Zuckerhut, späte Kohlrabi und Spinat die Lücken, die nach dem Abernten der Sommersalate und Sommergemüse entstanden sind. Diese bleiben bis in den Winter erhalten. Bei Bedarf gibt es dann noch im Herbst frische Salate, späte Gemüse und Kräuter aus eigenem Anbau.

Im Herbst können Sie in Ihrem Gewächshaus auch Mieten für Knollen- und Wurzelgemüse anlegen. Wenn aber die kalte Zeit einbricht und die Tage kürzer werden, endet die Wachstumszeit auch unter Glas. Dennoch ist das Gewächshaus weiterhin nützlich.

Im Winter steht es als Quartier für Porree, Grünkohl und Rosenkohl zur Verfügung. Weiterhin bleiben freie Flächen zum Einräumen und Überwintern von Gartengeräten und Utensilien.

Nicht zuletzt bietet sich das Gewächshaus als Quartier für nicht zu empfindliche Kübelpflanzen an, die einen zusätzlichen Schutz aus Luftpolsterfolie oder Vlies erhalten.

Außerdem kann im Spätwinter unter dem schützenden Glas schon wieder mit dem Anbau der ersten frühen Gemüsesorten begonnen werden.

Für den Anbau im Spätwinter unter Glas sind nur bestimmte Gemüse-

Wärmeliebende Pflanzen wie Tomaten können im Gewächshaus noch reifen, wenn es draußen schon Herbst wird

Zu Beginn der Gartensaison dient das Gewächshaus beispielsweise zum Vorziehen von Tomaten für das Freiland

Hier ein Beet im Gewächshaus nach der Frühjahrsbepflanzung. Wichtig: An Sonnentagen immer ausreichend lüften

Wenn es draußen längst zu kalt ist, können Sie im Gewächshaus noch die Aussaat von spätem Spinat wagen

Im Herbst bietet sich die Kultur von Endivien und Rettichen an, die unter Glas bis in den Winter gedeihen

Verschiedene Blattsalate können ebenfalls bis weit in den Winter unter dem schützenden Glas gezogen werden

Feldsalat kann zwar auch im Freiland noch bei Frost geerntet werden. Im Gewächshaus wächst er aber kräftiger

Sorten geeignet und zwar spezielle schossfeste Frühsorten. Ideal ist das Gewächshaus für frühe Kopfsalat-Sorten, Rettiche, Radieschen, Spinat und Kohlrabi, zumal diese recht robust sind und Spätfrost vertragen. Dazu kommen Küchenkräuter wie Petersilie, Schnittlauch und Estragon, für die zwischen den Gemüse- und Salatreihen freie Plätze zu finden sind.

Die Aussaat oder Pflanzung ist bereits im Februar möglich, sobald die Tage wieder spürbar länger werden. Vorher lohnt sich der Anbau kaum, zumal die Pflanzen zu wenig Licht bekommen.

Einen völligen Frostschutz gewährt das Gewächshaus übrigens nicht! Es hält nur geringe Kälte ab. Tomaten, Paprika und andere empfindliche Gemüse dürfen erst im April/Mai ins ungeheizte Gewächshaus gepflanzt werden."

Früh- oder Mistbeete selbst bauen

Wo kein Platz für ein begehbares Gewächshaus vorhanden ist, sollten Sie zumindest ein flaches Früh- oder Mistbeet einplanen

Neben Gewächshäusern sind Frühbeetkästen unverzichtbar für engagierte Hobbygärtner. Die flachen Gewächshäuser fangen schon die ersten warmen Sonnenstrahlen im zeitigen Frühjahr ein und erlauben den vorzeitigen Anbau von Frühgemüsen. Mit einer als natürliche Heizung dienenden Packung Stallmist als Mistbeete hergerichtet, machen sie sogar die Pflanzung von Tomaten und Paprika vor Saisonbeginn möglich.

Frühbeete können Sie das ganze Jahr lang nutzen

Frühbeete dienen aber auch im Sommer noch als schützende Quartiere für Gurken, Melonen und andere wärmeliebende Exoten. Im Herbst lassen sie sich wieder für späte Salate nutzen oder als Mieten für Knollen- und Wurzelgemüse. Noch im Winter bei einigen Minusgraden bieten Frühbeetkästen günstige Bedingungen für die so

genannten Kaltkeimer. Die Saatgefäße mit Gehölz- oder Staudensämereien beispielsweise werden dazu nur in den Boden eingesenkt.

Frühbeete müssen übrigens nicht teuer sein. Einfache Konstruktionen lassen sich kostenlos aus Abfallbrettern und alten Fenstern zusammenstellen. Sie

Das Frühbeet ist ein Kleingewächshaus, das in keinem Garten fehlen sollte

Bau eines Frühbeets

1 Als Baumaterial für den Kasten nimmt man dicke Fichtenbohlen, auf denen man die gewünschte Länge markiert

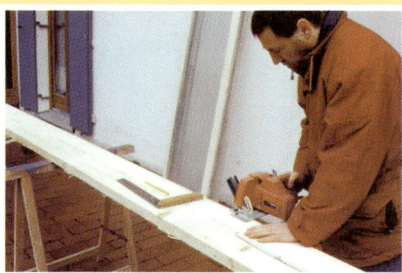

2 Eine Handkreissäge erleichtert das Ablängen der Bretter. Die Maße richten sich nach den vorhandenen Fenstern

3 Von innen aufgeschraubte Kanthölzer sollen die Bretter miteinander verbinden. Sie werden nun angepasst

4 Sind die Kanthölzer auf die richtige Länge gebracht, legt man sie exakt bündig mit den Brettenden auf

5 Zum Verschrauben der Kanthölzer werden entsprechend lange selbstschneidende Holzschrauben verwendet

6 Um sicherzugehen, dass Kasten und Fenster zusammenpassen, wird ein Fensterflügel probeweise angehalten

7 Die beiden Elemente des hier gewählten Doppelfensters werden nun auf die Böcke gelegt, um sie zu verbinden

8 Oben und unten aufgeschraube Kanthölzer machen aus den zwei Fensterflügeln eine starre verglaste Fläche

9 Durch probeweises Auflegen auf die hinteren Kastenbretter prüft man die Neigung der Konstruktion

10 Entsprechend werden die Höhen des Kastenvorderteils und seiner Rückwand festgelegt. Hier eine letzte Kontrolle

11 Jetzt werden Vorderteil und Rückwand durch die noch fehlenden Seitenteile ergänzt. Nun fehlt noch die Schräge

12 Die beiden schrägen Bohlen schneidet man mit der Handkreissäge zu und prüft durch Auflegen, ob sie passen

Endmontage der Frühbeetelemente

13 Es geht an die Endmontage. Die beiden Bretter der Seitenteile werden durch aufgelegte Kanthölzer verbunden

14 Man setzt die schräg nach vorn abfallenden Seiten dann an die Rückwand und schraubt die Teile zusammen

15 Auch das vordere Kastenbrett erhält nun ein aufgeschraubtes Kantholz, um es mit den Seiten verbinden zu können

16 Nun können Sie den Kasten endgültig zusammenbauen. Die Schraublöcher sollte man übrigens immer vorbohren

17 Noch einmal werden alle Schrauben nachgezogen. Nun können Sie den Kasten mit Holzschutzlasur streichen

18 Mit zwei stabilen rostfreien Scharnieren befestigt man die Fenster des Frühbeetes an der hinteren Kastenwand

tun ihren Dienst genauso wie Fertigbausätze, die es in vielen Variationen zu kaufen gibt.

Das Sortiment reicht von Frühbeet-Tunnels, über leichte Konstruktionen aus Hohlkammerplatten, bis zu massiven Kästen aus Betonformteilen. Natürlich sind auch exklusive Eigenkonstruktionen machbar, die genau für einen bestimmten Standort oder eine besondere Nutzungsart geschaffen werden. Das kann beispielsweise auch ein Hochbeet mit Fenster sein oder ein Wanderkasten.

Wanderkasten

Ein Kasten aus Brettern und alten Fenstern lässt sich einfach bauen. Die Konstruktion ist so leicht, dass sie sich problemlos versetzen lässt.

Wenn die ersten Salate erntereif sind, kann man einen solchen Wanderkasten zum Schutz neuer Pflänzchen auf ein anderes Beet umsetzen. Die Wandung ist stark genug und gibt ausreichenden Wind- und Kälteschutz, da sich die Wärme unter den Glasscheiben staut.

Die Größe und Form eines selbstgebauten Frühbeetkastens richten sich nach den vorhandenen Fenstern. Es können aber auch bestimmte Fenster gesucht werden, wenn die Kastenmaße vorgegeben sind. Bezugsquellen sind beispeilsweise Bauschreinereien oder Wertstoffsammelhöfe. Gärtnerfenster (Normfenster in der Gärtnerei) haben eine Größe von 150 x 100 cm.

Zunächst werden die alten Fenster sortiert und für den Frühbeetkasten ausgewählt. Falls nötig, kann spröder oder abblätternder Lack erneuert werden. Wichtig ist, dass die Scheiben noch fest sitzen und sich die Fenster gut öffnen und schließen lassen.

Im geschlossenen Kasten entsteht ein feuchtwarmes Klima

Bei Sonne muss das Fenster hochgestellt und fixiert werden

Schon bald ist im Frühbeet der erste Salat reif

Im Sommer braucht man eine zusätzliche Schattierung

Entsprechend der Fensterfläche wird der Kasten aus Brettern gebaut. Dieser kann aus mehreren stapelbaren Elementen bestehen. Dadurch ist der Transport leichter möglich. Immerhin haben die alten Fenster ein beträchtliches Gewicht. Stapelbare Holzelemente erlauben außerdem eine Nutzung als Hochbeet.

Das oberste Kastenelement wird immer schräg gefertigt. Dadurch lassen sich die Fenster günstig zur Sonne hin ausrichten. So kann besonders im Frühjahr bei niedrigem Sonnenstand genügend Licht in den Kasten eindringen. Zum Befestigen der Bretter dienen innen angebrachte Kanthölzer.

Wird das Frühbeet dauerhaft geöffnet, zieht man ein Netz als Vogelschutz über

Ein Mistbeet wird angelegt

2 Jungpflanzen schossfester Frühsorten kommen aus eigener Anzucht oder sind in einer Gärtnerei zu bekommen

1 Den Rohstoff gibt es bei Bauern mit Pferdehaltung. Für eine Packung genügt ein Pkw-Anhänger voll Mist

3 Zunächst wird die auszuhebende Grundfläche mit Spatenstichen rund um den Frühbeetkasten markiert

4 Nun stellen Sie das Frühbeet an die Seite, damit Sie den Boden für die Mistpackung ausheben können

5 Die Tiefe richtet sich nach der geplanten Mistpackung, der Substratschicht und der Höhe des Frühbeetkastens

Die nötige Stabilität geben Schraubverbindungen.

Nach dem Auflegen und Einpassen schrauben Sie die Fenster am Rahmen fest. Der Kasten kann sofort nach der Fertigstellung in den Garten transportiert und genutzt werden. Zum Schutz vor der Verwitterung ist ein Anstrich mit ungiftigen Imprägniermitteln möglich. Die massiven Bohlen bleiben aber auch ohne Holzschutz etliche Jahre erhalten. Morsche Bretter lassen sich mit wenigen Handgriffen ersetzen. Ein Frühbeet kann im Spätwinter oder Frühjahr als warmer Kasten hergerichtet werden.

Die Wärme wird biologisch erzeugt: durch den Verrottungsprozess von Mist, den man unter dem Frühbeet eingräbt. Dazu eignet sich vorzugsweise Pferdemist, der mehr Wärme entwickelt als beispielsweise Mist von Rindern oder Schweinen. Die so entstehende natürliche Bodenwärme regt ausgewählte Frühgemüse und Salate zum Wachsen an.

Schon unsere Vorfahren wussten den Mist ihrer Tiere richtig zu nutzen, indem sie die Verrottungswärme unter Glas einfingen, um so schon früh im Jahr Gemüse zu ernten.

Mistbeete sind auch heute noch modern, weil sie mit kostenloser umweltfreundlicher Energie „betrieben" werden. Wenn Sie Pferdemist von einem Gestüt oder von einem Bauern für ein Mistbeet bekommen, sollten Sie zunächst Ihren Frühbeetkasten räumen oder ein entsprechendes Frühbeet vorbereiten. Das kann ein Holz-, Metall-, Kunststoff- oder Steinkasten sein, der wenigstens 70 cm tief ist. Einige Firmen führen auch transportable Frühbeetkästen in ihrem Sortiment, die sich als Aufsätze für darunter angelegte Mistbeete anbieten.

So bereiten Sie die Mistpackung richtig vor

Die Mistpackung sollte eine Schichtstärke von etwa 20 bis 30 cm aufweisen. Durch Festtreten wird der Mist verdichtet. Die Packung verrottet dann langsamer. Vor dem Einbringen muss der Boden ausreichend tief ausgekoffert werden. Ein Teil der Aushuberde dient nach dem Bepacken des Kastens wieder als Substrat. Sie kann mit Kompost vermischt und speziell für die Gemüsepflanzen verbessert werden. Die Substratschicht sollte etwa 20 cm dick sein. Zu beachten ist, dass oben noch genügend Zwischenraum zu den Fenstern bleibt.

Nach dem Einfüllen des Substrats und dem Planieren der Pflanzfläche ist der Mistbeetkasten fertig. Jetzt können die Fenster aufgelegt werden. Die Bepflanzung sollte allerdings erst einige Tage später erfolgen, wenn die Ammoniakgase aus dem Mist entwichen sind. Dazu werden die Fenster mit Lüftungshölzchen offen gehalten.

In den warmen Kasten kommen zunächst vorzugsweise Frühsalate und Kohlrabipflanzen. Sie profitieren von

Im Mist steckt Wärme

6 Messen Sie die Tiefe mit einem Zollstock. Der Aushub kann später zum Mischen des Substrats verwendet werden

7 Nun verteilen Sie den Mist gleichmäßig in einer Schichtstärke von 20 bis 30 cm in der ausgehobenen Grube

8 Es empfiehlt sich, die Mistpackung durch Feststampfen zu verdichten. Dadurch verlangsamt sich der Verrottungsprozess

9 Der Aushub wird eins zu eins mit gutem Kompost vermischt und dient dann als Substrat für das Mistbeeet

10 Geben Sie das wie beschrieben angemischte Substrat nun über die Mistpackung, und verteilen Sie es gleichmäßig

11 Das nährstoffreiche, lockere Substrat lässt sich leicht planieren. Es bietet ideale Wachstumsbedingungen

12 Jetzt wird der Frühbeetkasten wieder an seine alte Stelle gesetzt. Die Seitenwände sollten dicht abschließen

198

Bepflanzung des Mistbeets

13 In die Mitte des Kastens kommt ein Thermometer zum Kontrollieren der Wärme. Dann die Fenster einsetzen

14 Ein paar Tage lässt man die frischen Ammoniakdämpfe entweichen. Dann kann der Kasten bepflanzt werden.

15 Einmal gut angießen und dann die Fenster des Kastens schließen. Sofort entsteht ein warmfeuchtes Klima

16 An heißen Sonnentagen nimmt man die Fenster am besten ganz ab, damit es im Kasten keinen Hitzestau gibt

17 Ansonsten dienen zum Regulieren der Temperatur Hölzer, die man tagsüber zwischen Kasten und Fenster stellt

18 Schon nach wenigen Wochen kann im Mistbeet die erste Ernte erfolgen – z. B. von Frühsalat und Kohlrabipflanzen

der Bodenheizung und entwickeln sich auch bei noch kühlem Spätwinter- oder Frühlingswetter besser als im Freien oder im unbeheizten Frühbeet.

An sonnigen Tagen ist natürlich eine ausreichende Belüftung nötig, damit es keinen Hitzestau gibt. Nach dem Abernten der ersten Frühsalate und Kohlrabi dient der warme Kasten insbesondere zur Bepflanzung mit Tomaten.

Ein solches Mistbeet gab es früher in jedem Garten – die Technik mit der Bio-Wärme ist noch heute aktuell

Einen Folientunnel (oben) hat man in wenigen Minuten aufgestellt. Noch unproblemati-
scher ist Vlies, das man z. B. über den Rhabarber legt (unten)

Alternativen zum Frühbeet mit festem Holzrahmen

Wer den Bau eines festen Frühbeets scheut und zudem besonders flexibel sein will, kauft sich spezielle gelochte Folie und dazu passende Kunststoffbögen, aus denen im Nu ein Folientunnel errichtet ist. Rundum muss man die Folie mit Erde beschweren. In diesem Mini-Gewächshaus können Sie alle Frühgemüse auspflanzen, wenn es draußen noch zu kalt ist.

Noch leichter können Sie die Vegetation im zeitigen Frühjahr durch aufgelegtes Vlies unterstützen. Licht und Regen durchdringen das Material. Unter dem Vlies entsteht ein warmes Klima, das z. B. den Rhabarber um Wochen früher reifen lässt.

Naturschutz
im Garten

Ein Garten für Tiere

Vogelparadiese schaffen

Naturnahe Gartenbepflanzung

Insekten, Spinnen und Co.

Ein Garten für Tiere

Singvögel, Igel, Marienkäfer und andere Tiere kommen von selbst in den Garten. Sie bleiben aber nur, wenn sie Unterschlupf und Nahrung finden

Bis aufs i-Tüpfelchen geordnete Gärten kommen mehr und mehr aus der Mode. Gefragt sind wieder üppige Anlagen mit Blumenwiesen, Staudenbeeten und Blütensträuchern. Das kommt natürlich auch vielen Tieren zugute, denn artenreiche Gärten sind ökologisch wesentlich wertvoller als geschniegelte und eintönige „Koniferen-Rasen-Gesellschaften".

Lebensräume für zahlreiche Tiere schaffen

Denken Sie bei der Gartengestaltung nicht nur an den eigenen Geschmack, sondern auch an die unzähligen Lebewesen, die das Grundstück gern bevölkern möchten. Alte Bäume – und zwar Laub- wie Nadelbäume – sind beispielsweise ein Segen für Insekten. In ihren Rindenritzen finden Marienkäfer, Schlupfwespen und viele andere Tierchen ein Versteck. Solche Bäume sind schon deshalb erhaltenswert, auch wenn sie bereits vergreisen. Wo alte Bäume fehlen – etwa in frisch angelegten Gärten – können Unterschlupfmöglichkeiten für Insekten auch künst-

Im Gartenteich finden sich meist schon nach kurzer Zeit Frösche ein

lich geschaffen werden. Jeder kennt die Nisthöhlen für Ohrwürmer. Die mit Holzwolle gefüllten Blumentöpfe werden gerne von diesen Blattlausfeinden angenommen. Den Wildbienen, die für die Bestäubung der Blüten wichtig sind, kommen Nisthilfen etwa aus Ziegeln oder Holzbündeln und dergleichen zugute. Zur Ansiedlung von Hummeln dienen Hohlräume im Boden. Erdhummeln beispielsweise beziehen gern ins Erdreich eingelassene umgedrehte Blumentöpfe.

Wo Insekten zu Hause sind, findet man auch zahlreiche Singvögel. Sie sind nützliche Schädlingsvertilger. Wenn man ihnen dichte Hecken, begrünte Fassaden oder Nistkästen anbietet, siedeln sie sich dauerhaft im Garten an.

Ein besonderer Magnet für viele Tiere ist eine Wasserstelle im Garten. Frösche wandern zu und nutzen wie die Kröten das Gewässer im Frühjahr zum Laichen. Vögel kommen an den Teich zum Trinken und Baden. Selbst nachts finden heimliche Gartenbewohner wie etwa Igel zum Teich, um Wasser aufzunehmen.

Wer Nützlinge wie Kröten, Eidechsen oder Igel im Garten ansiedeln möchte, sollte neben naturnahen Wasserstellen auch ein Stück Brachland zum Verwildern erhalten sowie Natursteinhaufen, Holzstapel, Laubschüttungen und andere Unterschlupfmöglichkeiten anlegen. Wie die Kröten brauchen auch Zauneidechsen Erdhöhlen als Winterquartiere. Im Sommer halten sich die flinken Reptilien gern in Steingärten auf. Wie Kröten leben sie zum Teil von Schnecken und deren Eiern, obwohl sie vorzugsweise Spinnen und Insekten fangen. Eidechsen sind wie Kröten und Frösche recht langlebige Nützlinge, die viele Jahre im Garten bleiben, wenn sie genügend Nahrung und geschützte Ruheplätze vorfinden.

Der Haussperling ist selten geworden. Er freut sich über vogelfreundliche Gärten

Solche Nisthilfen machen Ihren Garten für die verschiedensten Insekten attraktiv

Blühende Pflanzen sind eine beliebte Nektarquelle für Schmetterlinge

Die vor allem nachts aktiven Kröten vertilgen die ungeliebten Schnecken

Im Steingarten fühlen sich Eidechsen wohl und sonnen sich bei schönem Wetter

Vogelparadiese schaffen

Singvögel wie Meisen, Buchfinken und Kleiber siedeln sich gerne im Garten an, wenn sie schützende Hecken und dichte Baumkronen vorfinden

Besonders zur Versorgung ihres Nachwuchses sammeln Singvögel im Garten eine Menge an Blattläusen, Raupen und anderen kleinen Tierchen, indem sie Rindenritzen und Blätter absuchen. Auf diese Weise verhindern sie die Ausbreitung saugender und beißender Insekten. Ein einziges Meisenpaar kann während der Brutzeit bis zu 30 Kilogramm an Raupen und anderen Schädlingen vernichten. Aber auch weniger „leistungsfähige" Vögel schaffen eine Menge an Blattläusen und anderen Saugern weg. Selbst die bei uns immer seltener werdenden Spatzen helfen bei der Gartenpflege mit und verputzen zur Brutzeit Blattläuse. Außerdem picken sie Unkrautsamen vom Boden oder aus den reifenden Samenständen.

Wo Singvögel sich zuhause fühlen

Um Vögel anzulocken sind große Bäume ideal. Sie bieten den gefiederten Gästen Schutz und Nahrung. Ideal sind Obstbäume, von denen die Vögel

Kohlmeisen sind äußerst nützlich. Im Winter freuen sie sich über Futtergaben

wie die Gartenbesitzer gleichermaßen profitieren.

Für den geschützten Nestbau sind dichte Hecken ideal. Dabei sollten Sie auf die nordamerikanischen Thujen lieber verzichten und besser heimische Arten pflanzen, die von den Singvögeln meist bevorzugt werden. Die Naturschutzvereinigungen geben gerne Pflanzempfehlungen. Schutz und Nahrung für Vögel bieten beispielsweise Holunder, Brombeere, Schlehe, Weißdorn und Vogelbeere.

Auch ein offener Komposthaufen zieht Vögel an, da sich dort zahlreiche Insekten finden. Sie schlagen also zwei Fliegen mit einer Klappe: Haus- und Gartenabfälle werden zu wertvollem Humus verarbeitet, und gleichzeitig stellt der Komposthaufen mit seinen Insekten eine Nahrungsquelle für die verschiedensten Singvögel dar.

Nistmöglichkeiten für Höhlenbrüter schaffen

Höhlenbrüter wie die Meisen finden kaum noch natürliche Höhlen in alten Bäumen. Also muss man ihnen geeignete Nistkästen anbieten. Wie man einen einfachen Meisenkasten selbst baut, zeigen wir auf den folgenden Seiten. Je nach Gartengröße können Sie mehrere Kästen aufhängen. Man rechnet mindestens 100 Quadratmeter Gartenfläche pro Nistkasten.

Die Kästen müssen unerreichbar für Katzen und andere Feinde platziert werden. Das Einflugloch möglichst nicht nach Westen ausrichten. Ideal sind Osten oder Süden.

Im Winter dürfen Sie Ihre Singvögel auch gern mit einem Futterhäuschen verwöhnen. Dabei ist Sauberkeit die wichtigste Grundregel.

Eine Badestelle am Gartenteich wird von Vögeln (hier Stare) gern angenommen

Wo keine Wasserstelle zur Verfügung steht, bietet man eine künstliche Vogeltränke an

Der Komposthaufen im Garten ist eine ideale Nahrungsquelle für Vögel

Nistkasten für Höhlenbrüter wie Meisen gleichen den Mangel an Naturhöhlen aus

Fütterung ist bei Schnee und Frost erlaubt. Das Futter sauber und trocken halten

Einen einfachen Meisenkasten selbst bauen

1 Die benötigten Einzelteile (siehe Zeichnung rechte Seite) werden auf dem Brett mithilfe eines Winkels angezeichnet

2 Die elektrische Stichsäge ist ideal, um die Teile auszusägen. Das Sägeblatt dabei immer genau auf dem Strich führen

3 Kleine Unregelmäßigkeiten der Sägekanten werden nun mit Schleifpapier und einem Stück Latte als Schleifklotz geglättet

4 Der Nistkastenboden (B) erhält vier Bohrungen, damit Feuchtigkeit abziehen kann. Dabei ein Restholz unterlegen

5 Mit einer Lochsäge schneiden Sie das Flugloch in die Vorderwand. Empfohlene Durchmesser siehe Materialliste Seite 207

6 Wenn Sie gehobelte Bretter verwenden, muss die Innenseite der Vorderwand mit einer Raspel angeraut werden

7 Die obere Vorderkante der Vorderwand wird mit Raspel und Schleifpapier gerundet, damit man sie später hochklappen kann

8 Nun werden die Teile miteinander vernagelt oder verschraubt. Wasserfester Leim gibt den Verbindungen zusätzlichen Halt

9 Zuerst Boden (B) und Seitenwände (E) vernageln. Nehmen Sie Nägel mit Stauchköpfen, die sich bündig einsenken lassen

10 Die Vorderwand sitzt beweglich zwischen den Seiten. Nägel dienen als Drehachsen. Unten mit einem Haken fixieren

Nistkastenbau

Besonders die Höhlenbrüter unter unseren Singvögeln sind auf Nistkästen angewiesen, da sie kaum noch natürliche Baumhöhlen finden. Das hier gezeigte Modell wird von den verschiedensten Höhlenbrütern angenommen. Welche Vögel es in Besitz nehmen, hängt in erster Linie von der Größe des Fluglochs ab. Kleinmeisen (Blau-, Hauben-, Sumpf- und Tannenmeise) sowie Feldsperlinge brauchen nur einen Durchmesser von 26 bis 28 mm. Weist das Flugloch dagegen eine Größe von 32 bis 34 mm auf, können auch größere Vögel wie Kohlmeise, Trauer- und Halsbandschnäpper, Gartenrotschwanz, Kleiber, Haussperling oder Wendehals einziehen.

Unser Bauvorschlag beruht auf der Nutzung eines Brettes von 18 cm Breite und einer Dicke von etwa 20 mm.

Solche Bretter gibt es als Hobelware in jedem Baumarkt. Damit die Vögel im Inneren Halt finden, wird die Vorderwand an ihrer Innenseite ein wenig angeraut (Bild 6).

Zuerst zeichnen Sie alle Teile nach den Maßen der Materialliste rechts auf das Brett und sägen sie sauber aus. Wer keine Stichsäge hat, kann auch einen normalen Fuchsschwanz benutzen.

Die Kanten mit Schleifpapier glätten, das Flugloch sägen und dann die Teile zusammensetzen. Wenn Sie schrauben statt nageln wollen, sollten Sie die Schraublöcher vorbohren. Die Vorderwand wird mit zwei Nägeln oben beweglich eingesetzt und unten durch einen Haken gesichert. So lässt sich der Kasten zum Reinigen öffnen.

TIPP: Nistkästen jedes Jahr gründlich reinigen

Das alte Nest sollten Sie im Winter entfernen. Die Vögel würden sonst Nest über Nest bauen, und der Kasten wäre bald unbrauchbar. Außerdem würden sich Vogelflöhe und Lausfliegen darin vermehren. Den Kasten nur auskehren, nicht mit Insektenspray behandeln.

Der Nistkasten sollte so aufgehängt werden, dass das Flugloch möglichst nach Osten oder nach Süden weist

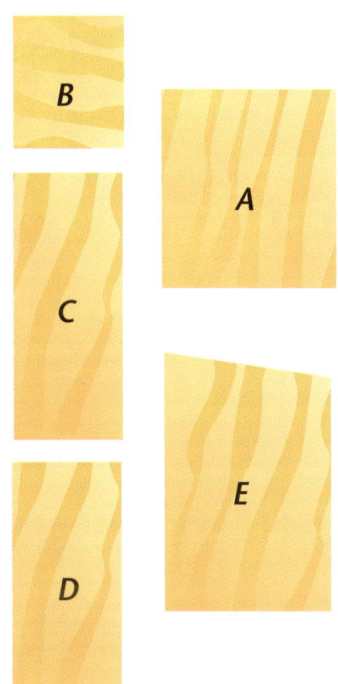

Sie brauchen fünf verschiedene Teile für den Nistkasten. Die Seitenwand (E) muss zweimal zugeschnitten werden

Materialliste

Gehobeltes Fichtenbrett, 20 mm dick

A Dach 180 x 220 mm 1 Stück
B Boden 120 x 140 mm 1 Stück
C Rückwand 120 x 270 mm 1 Stück
D Vorderwand 120 x 250 mm 1 Stück
E Seitenwand 270 x 180 mm 2 Stück

Fluglochdurchmesser:
26–28 mm für Kleinmeisen
32–34 mm für Kohlmeisen und andere Höhlenbrüter

So sichert ein Haken die Vorderwand

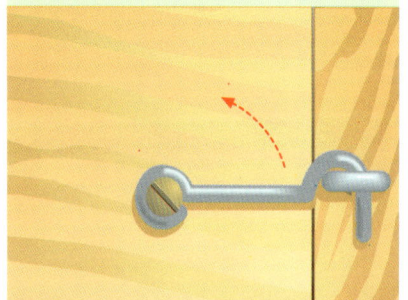

Naturnahe Gartenbepflanzung

Wenn Sie heimische Wildpflanzen statt überzüchteter Sorten in Ihrem Garten ansiedeln, betreiben Sie damit aktiven Naturschutz

Der erste Schritt, natürliche Vielfalt in den Garten zurückzuholen, ist der Verzicht auf die radikale Bekämpfung so genannter „Unkräuter". Auch im regelmäßig geschnittenen Rasen siedeln sich mit der Zeit verschiedene Wildpflanzen an. Breitwegerich, Gänseblümchen, Löwenzahn und Ehrenpreis beleben – wenn man sie lässt – das Einheitsgrün. Mit ihnen wandern Insekten ein, die auf die blühenden Pflanzen angewiesen sind.

Häufig ist der Rasen viel größer als der tatsächliche Bedarf an kurzgeschorener Freizeitfläche für Liegestuhl und Ballspiel. Warum also nicht den verbleibenden Teil zur bunten Blumenwiese umgestalten? Der natürlichste Weg besteht darin, diese Bereiche ein-

Wenn es der Platz im Garten zulässt, sollten Sie zumindest einen Teil der Fläche zur Wildblumenwiese machen

Ist das Hausgrundstück sehr groß, lohnt es sich, einen Obstgarten anzulegen. Damit schaffen Sie ein Paradies für viele Tiere

fach weitgehend sich selbst zu überlassen. Statt wöchentlichem Rasenmähereinsatz genügt ein ein- bis zweimaliger Sensenschnitt pro Jahr (im Juni und September). Zusätzlich ausgestreuter Wildblumensamen sorgt schon bald für eine artenreiche Flora. Das Insektenleben nimmt zu und auch für Vögel, Spitzmäuse und Igel entsteht eine neue Heimat.

Naturnahe Blumengärten

Manch schöne Blüte, über die der stolze Gärtner sich freut, ist für Bienen wenig attraktiv, da ihnen bei den herausgezüchteten Sorten oft prall gefüllte Blütenkelche den Zugang zu den Nektarquellen versperren. Bei manchen auf größere und zahlreichere Blütenblätter gezüchteten Blumen ist die Nektarproduktion sogar gänzlich verlorengegangen. Stolze Schönheiten im Garten, die ihre ökologische Funktion verloren haben. Im naturnah angelegten Garten verzichtet man auf solche Pflanzen und macht zumindest teilweise Platz für heimische Wildstauden und Sträucher.

Der Schutz heimischer Pflanzen bedeutet gleichzeitig auch Schutz heimischer Tiere. Wer in seinem Garten der Brennnessel ein Eckchen überlässt, schafft damit beispielsweise Schmetterlingsnahrung. Der Admiral und rund 15 weitere Schmetterlingsarten brauchen als Raupen die Brennnessel als alleinige Futterpflanze.

Auf den folgenden Seiten finden Sie eine kleine Auswahl heimischer Pflanzen, die Ihren Garten verschönern und ein Stück Natur zurückholen.

Tipps vom Experten

Typische Sünden vermeiden

Gartenbauingenieur Ingmar Stöckel rät zu naturnaher Bepflanzung: „Vermeiden Sie die typischen Sünden von Gartenbesitzern, die ihr Grundstück zu geordnet und geschniegelt anlegen wollen. Sie sind im Sinne des Naturschutzes weniger wertvoll als naturnahe Anlagen. So ist bereits bei der Bepflanzung darauf zu achten, dass nicht nur Koniferen und fremdländische Gehölze ausgewählt werden, sondern auch heimische Sträucher zum Einsatz kommen, die dann als Bienenweiden sowie als Vogelfutterpflanzen dienen. Ein häufiger Fehler nach der Bepflanzung ist das willkürliche Stutzen von Gehölzen. Dabei werden die Bäume und Sträucher oft nicht nur unnötig verstümmelt, sondern auch ihrer Früchte beraubt. Meist genügt ein maßvoller und gezielter Auslichtungsschnitt."

Thujahecken auf der Grenze bieten guten Sichtschutz, sind für die meisten heimischen Vögel aber wenig attraktiv

Schafgarbe
Achillea-Sorten, Asteraceae

Merkmale

Neben der wilden Schafgarbe, die an Wegrändern wächst und im Sommer ihre weißen Blüten entwickelt, lassen sich im naturnah angelegten Garten auch farbige Sorten ansiedeln. Alle Garben brauchen einen nährstoffreichen Boden und einen sonnigen Standort. Nach der Pflanzung bilden Schafgarben ausdauernde Bestände, die zunehmend üppiger werden und lange blühen. Die genügsamen und robusten Stauden sind völlig frosthart und brauchen wenig Pflege. Der Rückschnitt sollte erst im Frühjahr vor dem Neuaustrieb erfolgen, da die Samenstände auch den Winter hindurch dekorativ wirken. Zudem dienen sie als Futter für Finken und andere heimische Singvögel.

Die Küchenschelle blüht schon ab März. Sie bevorzugt magere, kalkhaltige Böden

Küchenschelle
Pulsatilla vulgaris, Ranunculaceae

Merkmale

Diese heimische Staude erblüht schon im zeitigen Frühjahr. Küchenschellen gehören nicht, wie man meinen könnte, zu den Glockenblumen, sondern zu den Hahnenfußgewächsen (Ranunculaceae). Am Naturstandort sind die blauen Frühblüher geschützt. Wer Pflanzen ausgräbt, macht sich strafbar und schadet dem Bestand. Das gilt übrigens auch für andere geschützte Steingartengewächse. Jungpflanzen aus der Gärtnerei wachsen ohnehin leichter an, da sie in Töpfen bereits gut bewurzelte Ballen gebildet haben. Die seltenen Stauden lassen sich recht erfolgreich im Garten ansiedeln. In der Natur wachsen Küchenschellen auf kargen Kalksteinböden; die selben Wachstumsbedingungen sollten sie auch im Garten vorfinden. Nach der Blüte erhalten sie keinen Rückschnitt, da auch die Samenstände dekorativ wirken und zur Vermehrung beitragen.

Beinwell
Symphytum officinale; Boraginaceae

Merkmale

Besonders an feuchten Plätzen, an Wasserläufen oder Teichen kommt der Beinwell häufig wild vor. Die ausdauernde Staude lässt sich auch gezielt im Garten ansiedeln. Sie hat große filzige Blätter und kleine weiße, blaue oder rötliche Blüten. Sie sind eine wertvolle Nektarquelle für Hummeln und Wildbienen. Die Wurzeln sind ein traditionelles Heilmittel und werden frisch oder getrocknet für Umschläge oder Bäder verwendet.

Wiesen-Hybrid-Schafgarben wurden in verschiedenen attraktiven Farben gezüchtet

Beinwell wächst im naturnahen Garten in feuchten Bereichen oder am Teichrand

Schlehe
Prunus spinosa, Rosaceae

Merkmale
Der Schlehdorn gehört zur Familie der Rosengewächse. Der dornige Strauch wächst wild auf steinigen Hängen oder an Feldrändern. Im Frühjahr ist er übersät mit weißen Blüten. Daraus entwickeln sich die kugelrunden dunkelblauen Früchte, die gerne für Wein

Schlehen pflanzt man am besten in gemischten Wildobsthecken

oder Likör geerntet werden. Wenn sie am Strauch bleiben, dienen sie den Singvögeln als gern angenommenes Winterfutter. Die Ansiedlung von Schlehen im Garten ist nur in großen Anlagen zu empfehlen oder in gemischten Wildobsthecken. Die Pflanzen vermehren sich durch Wurzelausläufer, die sich im Garten ausbreiten, wenn sie nicht eingedämmt werden.

Holunder
Sambucus nigra, Adoxaceae

Merkmale
Es gibt einige Gehölze, die sich sowohl durch wertvolle Blüten auszeichnen, als auch mit guten Früchten aufwarten. Ein solches Nutzgehölz ist der Holunder. Der Strauch entwickelt im

Juni große Doldenblüten, die sich für Sekt, für Hollerküchel oder andere Leckereien nutzen lassen. Wenn sie erhalten bleiben, reifen daraus schwarze Fruchtdolden, die gleichermaßen wertvoll sind. Im Garten ist ein Platz für einen Holunder in einer Wildstrauchhecke zu finden. Häufig siedeln sich Jungpflanzen auch von selbst an.

Pfaffenhütchen
Euonymus europaeus, Celastraceae

Merkmale
Den seltsamen Namen hat dieser heimische Wildstrauch wegen seiner Früchte, die wie kleine Bischofsmützen aussehen. Diese sind bei Singvögeln sehr begehrt, aber für Menschen giftig! Sie entwickeln sich aus kleinen, unscheinbaren Blüten. Auffällig wirkt besonders die leuchtend rote Herbstfärbung.

In der Natur wächst der robuste Strauch an Feldrändern. Im Garten wird er gerne in gemischten Wildstrauchhecken eingesetzt. Er erreicht

Die Früchte des Holunders kann man nutzen oder sie den Vögeln überlassen

etwa 3 m Höhe und passt gut zu anderen heimischen Gehölzen wie Geißblatt, Hartriegel und Hundsrose. Das Pfaffenhütchen wächst auf jedem Gartenboden, ist völlig frosthart und braucht keine besondere Pflege.

Das Pfaffenhütchen ist im Herbst mit seinem rot verfärbten Laub ein Hingucker

Insekten, Spinnen und Co.

Die größte Artenvielfalt ist im Reich der Insekten zu finden. In einem natur-nahen Garten finden sich bereits unzählige Vertreter dieser Gattung

Zu den Insekten gehören alle Käfer, Hautflügler wie Hummeln und Bienen, Wanzen oder auch die Schmetterlinge. Insekten sind deutlich in Kopf, Brust und Hinterleib gegliedert. Dagegen bilden die Spinnen, die Tausendfüßler und die Milben eine eigene Gruppe. Sie gehören zu den Gliederfüßlern. Nachfolgend sind einige Arten beschrieben.

Bienen und Hummeln

Bienen sind wesentlich an der Bestäubung der Obstbäume beteiligt. Sie müssen in der näheren Umgebung angesiedelt sein. Obwohl sie weite Flugstrecken zurücklegen können, leisten sie mehr, wenn die Nektarquellen nahe am Bienenstock blühen. Immerhin müssen sie

mehr als 100 Blüten aufsuchen, bis ihre etwa 50 mg fassende Honigblase mit Nektar gefüllt ist.

Wie die Bienen bilden auch die Hummeln Staaten. Sie spielen eine wichtige Rolle in der Natur: Schon bei niedrigen

Großlibellen faszinieren als geschickte Flieger rund um den Gartenteich

Temperaturen fliegen sie aus und sind damit wichtig für die Bestäubung von Frühblühern; zudem erreichen sie mit ihrem langen Rüssel auch langröhrige Blüten, die von den kurzrüsseligen Bienen gemieden werden.

Libellen – schnittige Flieger am Gartenteich

Libellen brauchen stehende Gewässer zur Eiablage. Die daraus entstehenden Larven leben ein bis zwei Jahre im Wasser und ernähren sich von kleinen Wassertieren. Wenn sie das Wasser verlassen, klettern sie an Schilf oder Binsen hoch und verlassen dort ihre Larvenhülle, um zur fliegenden Libelle zu werden. Mit etwas Glück kann man am Teich diese Verwandlung beobachten.

Libellen haben wenig Scheu vor Menschen und nähern sich ihnen bei ihren rasanten Flügen, auf denen sie Insekten fangen, oft bis auf kurze Distanz. Dies wird fälschlicherweise als Angriffslust verstanden. Dabei sind Libellen völlig harmlos.

Käfer im Garten

Im Verborgenen leben die verschiedensten Käfer im Garten. Besondere Aufmerksamkeit erlangen schon immer die Marienkäfer. Jedes Kind kennt die kleinen roten Nützlinge mit den schwarzen Punkten auf den Deckflügeln. Wer diese Nützlinge gezielt unterstützt, kann zuschauen, wie sie Blattlauskolonien in wenigen Tagen abräumen. Gute „Futterpflanzen" für Marienkäfer sind Holunderbüsche, deren junge saftige Triebe oft schwarz von Läusen sind. Der Befall schadet den vitalen Gehölzen nicht. Er garantiert aber, dass sich früher oder später auch Marienkäfer einfinden und sich auch weiter im Garten ausbreiten.

Wie Bienen sind auch Hummeln als fleißige Bestäuber wichtig für den Gartenbesitzer. Sie werden von den verschiedensten Blühpflanzen angelockt

Spinnen

Von den Insekten (sechs Beine) unterscheiden sich die Spinnen durch ihre acht Beine. Zu ihnen gehören auch Milben, Skorpione und Weberknechte.

Wenn es eine Statistik für gern gesehene Tiere gäbe, stünden wahrscheinlich die Spinnen an letzter Stelle. Wer diese seltsamen Gliederfüßer aber etwas näher betrachtet, wird sie als Nützlinge schätzen oder zumindest dulden, wo sie nicht stören.

Neben den rund 50 Arten von Radnetzspinnen, zu denen auch die Kreuzspinne gehört, krabbeln viele andere Spinnenarten im Haus und im Garten herum. Häufige Vertreter aus der Familie der echten Spinnen sind die Zitterspinnen, die sehr umfangreiche Gespinste in Dachböden oder auch in trockenen Kellerräumen weben. Diese sehr langbeinigen Spinnen spritzen den gefangenen Tieren ein Betäubungsmittel, nachdem sie gut in den klebrigen Schnüren verpackt wurden.

Marienkäfer sind bei Gartenfreunden sehr beliebt. Sie gehören zu den eifrigsten Vertilgern der ungeliebten Blattläuse

Spinnweben, die kunstvoll gewobenen Insektenfallen, werden oft erst sichtbar, wenn sich darauf Tau niederschlägt

Wunderschöne Tagfalter anlocken

Schmetterlinge

Blüten locken Schmetterlinge in Ihren Garten. Hier ein Kleiner Fuchs mit wunderschönen Perlenrändern an den Flügeln

Das Tagpfauenauge wird vom Roten Sonnenhut wie magisch angezogen. Seine Raupen ernähren sich von Brennnesseln

Der Distelfalter ist ein besonders ausdauernder Flieger. Er kommt im Frühjahr den weiten Weg aus Nordafrika zu uns

Der Schwalbenschwanz ist ein eleganter Flieger. Mit seiner auffälligen Zeichnung ist er wohl unser schönster Falter

Der Zitronenfalter ist ein langlebiger Schmetterling. Die warme Frühlingssonne erweckt ihn aus seiner Winterstarre

Der Gewöhnliche Bläuling ist über ganz Europa verbreitet. Beim weiblichen Tier ist die Oberseite nicht blau, sondern braun

Wie schwierig es ist, Nützlinge und Schädlinge zu trennen, machen die Schmetterlinge deutlich. Während die Raupen dieser vielfältigen Insekten eine Menge an Blättern verzehren, tragen die fertigen Falter zur Bestäubung der Blüten bei. Da viele Schmetterlinge schon ausgesprochen selten geworden sind, sollte man Fraßschäden der Raupen hinnehmen und den Faltern für sie attraktive Blühpflanzen anbieten. Selbst seltene Arten wie den Schwalbenschwanz (Papilio machaon) kann man anlocken, da er von Natur aus bestimmte Gewächse aufsucht. Der Falter fliegt im Garten vorzugsweise Schmetterlingsflieder (Buddleia), Phlox und Astern an, während die Raupen ihren Hunger an Möhren, Dill und anderen Doldengewächsen stillen. Auch diese auffälligen, aber leider seltenen Flieger sind also Nützlinge und Schädlinge zugleich.

Die meisten Schmetterlinge erreichen nur ein Alter von wenigen Wochen. Ihr kurzes Leben beenden viele Falter im Schnabel eines Vogels. So kommen sie meist den Jungvögeln als Futter zugute. Auch die Raupen leben nach dem Schlüpfen aus den Eiern nur wenige Tage. Die Reifung der Puppen dauert etwa zwei Wochen. Manche Nachtfalter-Arten lassen sich aber bis zu drei Jahre Zeit zum Schlüpfen.

Der Wert der Schmetterlinge ist für bestimmte Pflanzen kaum abzuschätzen. Beispielsweise sind Zaunwinden fast ausschließlich auf die Bestäubung durch diese Insekten angewiesen. Und viele Pflanzen mit tiefen Blütenkelchen brauchen zur Bestäubung die Nachtfalter mit ihren langen Saugrüsseln.

Der Admiral kommt als typischer Wanderfalter jedes Jahr aus dem Süden zu uns

Wohnen und Spielen im Garten

Praktische Klappmöbel

Romantische Rundbank

Selbstgebaute Pflanzkästen

Spielhäuser für den Garten

Wippe und Karussell kombiniert

Praktische Klappmöbel

Gartenmöbel sollen vor allem praktisch sein: Man möchte sie mit wenigen
Handgriffen aufstellen und während des Winters verstauen können

Weil die Füße von Sessel und Liege durch bloßes Festziehen der Flügelmuttern auf den Schlossschrauben nicht kippsicher fixiert werden können, ist eine zusätzliche Sperre erforderlich. Man kann beispielsweise, wie in den Zeichnungen auf S. 223 dargestellt, neben der Drehachse Holzdübel in entsprechende Löcher stecken. Möglich ist auch das Montieren zusätzlicher kleinerer Schlossschrauben neben den Drehachsen, die im aufgeklappten Zustand die Füße stabilisieren. Beim Tisch ist diese Sicherung überflüssig, es sei denn, er wird alternativ auch als Sitzgelegenheit genutzt.

Die Sitzbretter haben geriffelte Oberflächen

Auf die Rahmenelemente aus glatt gehobelten und an den Kanten gerundeten Brettern von 90 x 26 mm Querschnitt haben wir nebeneinander Sitz- bzw. Lehnenbretter von 20 mm Dicke und 600 mm Breite geschraubt. Diese Bretter haben eine geriffelte Oberfläche. Die Riffelung vergrößert die Oberfläche der Bretter und sorgt so für ein schnelleres Abtrocknen des Holzes, wenn es durch Regen feucht geworden ist. Selbstverständlich kann man aber auch hier wie bei den Rahmen glatt gehobeltes Holz verwenden.

Damit die Gartenmöbel auch ohne chemischen Holzschutz jedem Wetter problemlos trotzen, wurde als Material Western Red Cedar gewählt. Dieses in Nordamerika aus nachwachsenden Beständen geschlagene Holz braucht keine „chemische Keule", denn es hat den erforderlichen Schutz von Natur aus. Besondere Harzbestandteile machen Western Red Cedar wetterfest und unempfindlich gegen die meisten Schädlinge. Eine zusätzliche Oberflächenbehandlung ist nicht erforderlich. Mit der Zeit vergraut die Oberfläche

Alle Teile werden aus Western Red Cedar hergestellt, einem Holz, das einen natürlichen Wetterschutz enthält

Das Problem kennt jeder Garten- und Terrassenbesitzer: Wenn die Freiluftsaison zu Ende geht, müssen die Gartenmöbel im Haus oder in der Garage untergebracht werden. Auch wenn sie prinzipiell wetterfest sind, bekommt ihnen die Überwinterung im Freien schlecht. Metallkonstruktionen beginnen an versteckten Stellen zu rosten, Kunststoffe bleichen aus und verspröden durch die Kälte, Holzgestelle verziehen sich bei Dauerfeuch-

Neben Liege und Tisch (Bild links) gehört noch ein Sessel zum System (siehe S. 223).

tigkeit und bieten Angriffsflächen für Fäulnisbakterien und Pilze. Also war beim hier gezeigten Bauvorschlag das erste Ziel, ein Konstruktionsprinzip zu entwickeln, bei dem die einzelnen Elemente leicht zusammengeklappt und Platz sparend untergebracht werden können. Das Ergebnis ist ein Rahmensystem mit aufgeschraubten Sitz- und Lehnenbrettern. Schlossschrauben aus Messing verbinden die Rahmenteile miteinander und machen sie um die Drehachsen beweglich.

Vorbereiten der Einzelteile

1 Vor dem Aussägen der Rundungen bohrt man mithilfe des Bohrständers die Löcher zum Durchstecken der Schlossschrauben, welche die Einzelteile später verbinden

2 Besonders exakt lassen sich die Rundungen sägen, wenn man die Stichsäge mit einem Sägetisch stationär montiert

3 Alternativ können Sie durch das Bohrloch im Brett eine Schraube mit einem runden Anschlagholz als Führung stecken

4 Nun die mit der Stichsäge gerundeten Brettenden an den stationären Bandschleifer heranführen und sorgfältig glätten

5 Passend zu den gerundeten Längskanten der Rahmenbretter werden auch die Stirnseiten rundgefräst

der Bretter allerdings. Wenn Sie dies verhindern wollen, können Sie das Holz mit einem speziellen Pflegeöl auf natürlicher Basis behandeln. Einmal pro Saison werden die Bretter zunächst mit Wasser und einer groben Bürste gereinigt und dann, nachdem die Oberfläche wieder abgetrocknet ist, satt mit dem Pflegeöl eingepinselt. Das Holz behält dann seinen rötlichen Farbton und lässt Feuchtigkeit gar nicht erst eindringen.

In den Vereinigten Staaten und in Kanada, wo Western Red Cedar in nachwachsenden Forsten angebaut wird, nutzt man das wetterfeste Holz traditionell für alle Einsatzgebiete im Außenbereich. Dachschindeln, Fassadenverkleidungen und Holzterrassen, die daraus gefertigt sind, überdauern mühelos 50 Jahre und mehr.

Zuschnitt und Montage der Holzteile

Das Bearbeiten und Zusammenfügen der Teile für unsere praktischen Gartenmöbel wird auch einem Anfänger auf Anhieb gelingen. Zunächst werden alle erforderlichen Bretter nach den in den Materiallisten angegebenen Maßen zugeschnitten. Dann reißen Sie die Rundungen der Rahmenteile mit einem Zirkel an und schneiden sie mit der Stichsäge aus. Zum anschließenden Runden der Sägekanten wird die Oberfräse eingesetzt, bestückt mit einem so genannten Viertelstabfräser, der einen Anlaufring besitzt. Zuletzt schleift man die Kanten sehr sorgfältig, damit sich später keine Holzsplitter mehr ablösen können. Sind die Bohrungen für die Schlossschrauben hergestellt, können die Rahmenteile miteinander verbunden werden. Dann schrauben Sie in gleichmäßigen Abständen die Sitz- und Lehnenbretter auf die Rahmen.

Montageschritte

6 Hier die bearbeiteten Brettkanten und der dazu benutzte Viertelstabfräser mit Anlaufring in der Großaufnahme

7 Vor dem Verbinden der Sitz- und Lehnenbretter mit rostfreien Schrauben bohrt man die Schraublöcher vor

8 Schlossschrauben und Flügelmuttern aus Messing verbinden die Rahmenteile. Die Räder der Liege laufen auf Achsen aus Alu

9 So rastet die Rückenlehne der Liege in verschiedenen Positionen ein. Die Fixier-klötze mit je zwei Schrauben befestigen

10 Das hier verwendete Holz braucht keinen Wetterschutz. Eine Behandlung mit Holzöl betont allerdings seine Maserung

11 So schnell sind die Teile ausgeklappt und montiert: Nur die Rahmenbretter mit den Schlossschrauben verbinden

12 Für Transport und Lagerung lassen sich die Elemente zu flachen und hand-lichen Paketen zusammenfalten

Materiallisten für den Nachbau

Liege

Position	Anzahl	Bezeichnung	Maße in mm	Material
①	2	Füße	280 lang	Red Cedar, 90 x 26 mm
②	2	Füße	300 lang	
③	2	Längsträger	1980 lang	
④	2	Lehnenträger	665 lang	
⑤	1	Justierbrett	535 lang	
⑥	3	Unterzüge	600 lang	
⑦	1	Fixierholz	30 breit	
⑧	2	Stützstreben	300 lang*	
⑨	4	Räder	125 Ø	Red Cedar, 26 mm
⑩	2	Stirnbretter	600 lang	Red Cedar, 90 x 20 mm
⑪	6	Lehnbretter	495 lang**	
⑫	13	Auflagebretter	600 lang	
⑬	1	Querstütze	440 lang***	
⑭	4	Fixierklötze	90 lang	Red Cedar, 30 x 10 mm

8 Schlossschrauben (Messing) M8 x 60 mm mit Scheiben und Flügelmuttern; 4 Hutmuttern (Messing) M8;
4 Scheiben für M8; 2 Gewindestäbe M8 x 95 mm; Spanplattenschrauben;
4 Holzkugeln Ø 15 mm; 4 Holzdübel Ø 6 x 55 mm

*= auf 25 mm Breite geschnitten; **= unteres Brett auf 445 mm gekürzt; ***= auf 40 mm Breite geschnitten

Tisch

Position	Anzahl	Bezeichnung	Maße in mm	Material
①	4	Füße	300 lang	Red Cedar, 90 x 26 mm
②	2	Querträger	680 lang	
③	2	Stirnbretter	600 lang	Red Cedar, 90 x 20 mm
④	6	Auflagebretter	600 lang	

4 Schlossschrauben (Messing) M8 x 60 mm mit Scheiben und Flügelmuttern;
32 Spanplattenschrauben 4,0 x 50 mm

Sessel

Position	Anzahl	Bezeichnung	Maße in mm	Material
①	2	Füße	300 lang	Red Cedar, 90 x 26 mm
②	2	Diagonalträger	850 lang	
③	2	Stützen	855 lang	
④	2	Diagonalstreben	830 lang	
⑤	2	Distanzscheiben	Ø 90	
⑥	1	Stirnbrett	600 lang	Red Cedar, 90 x 20 mm
⑦	5	Sitzbretter	600 lang	
⑧	7	Rückenbretter	600 lang	

6 Schlossschrauben (Messing) M8 x 60 mm mit Scheiben und Flügelmuttern; 2 Schlossschrauben (Messing)
M8 x 90 mm mit Scheiben und Flügelmuttern; 52 Spanplattenschrauben 4,0 x 50 mm;
2 Holzkugeln Ø 15 mm; 2 Holzdübel Ø 6 x 55 mm

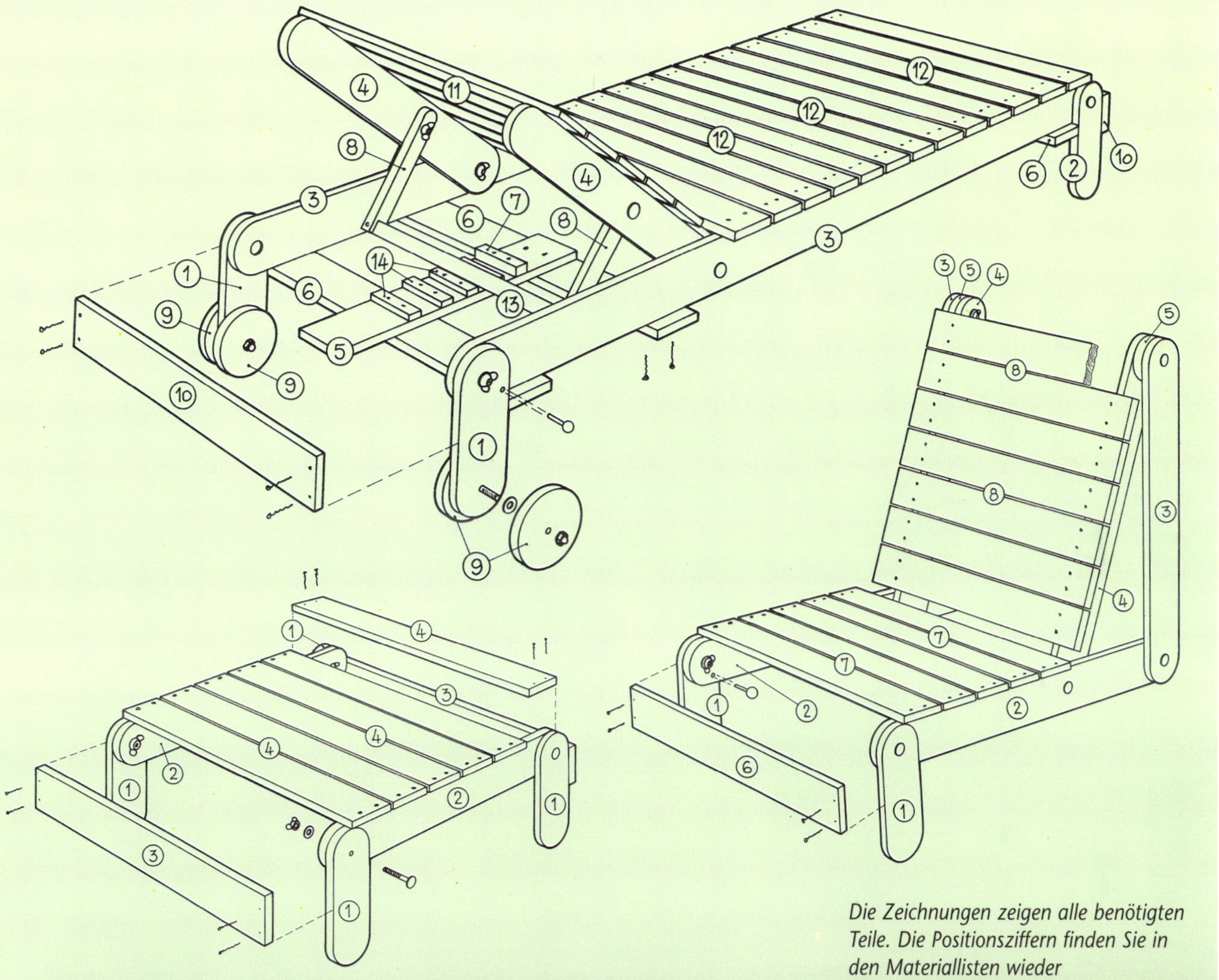

Die Zeichnungen zeigen alle benötigten Teile. Die Positionsziffern finden Sie in den Materiallisten wieder

Romantische Rundbank

In einen romantischen Garten mit alten Obstbäumen und Blumenwiese gehört auch die passende Sitzgelegenheit: eine Rundbank aus Holz

Für einen alten Obstbaum in Ihrem Garten können Sie ohne großen Aufwand eine solche hübsche Rundbank bauen

Die für den Baum in Ihrem Garten passende Rundbank gibt es in der Regel nicht fertig zu kaufen. Wenn beispielsweise ein alter dicker Hausbaum Ihren Garten ziert, müssen die einzelnen Sitzelemente der Rundbank andere Maße haben als bei einem jüngeren Exemplar.

Bewährt hat sich für Rundbänke die sechseckige Form. Sie macht eine geschlossene Rundung schon mit sechs Sitzelementen möglich. Alle Sitzelemente müssen dann im 60°-Winkel gebaut werden, damit ein geschlossener Kreis von 360° entsteht.

Es empfiehlt sich, vor dem Zuschnitt der Teile eine Skizze anzufertigen. Dabei muss der Durchmesser des Baumes beachtet werden. Je dicker der Stamm ist, umso größer ist der Innendurchmesser der Rundbank zu wählen. Dementsprechend wird natürlich auch der Außendurchmesser größer, damit noch ausreichend tiefe Sitzflächen zustande kommen.

Beispielsweise ist für einen Baumstamm von 50 cm Dicke ein Innendurchmesser von mindestens 60 cm nötig, damit der nötige Abstand zur Borke bestehen bleibt. Bei einer gewöhnlichen Sitzfläche für eine Bank von 40 cm Tiefe erreicht die Rundbank dementsprechend 140 cm Durchmesser (40 cm + 60 cm + 40 cm). Mithilfe der Skizze kann dann das Bauholz berechnet und beschafft werden. Dafür eignen sich gehobelte Bretter. Daneben brauchen Sie noch Schrauben zum Verbinden der Teile.

Zum Anzeichnen der Schnittlinien wird ein 60°-Winkel gebraucht. Wenn statt einer Handsäge eine einstellbare Gehrungssäge zur Verfügung steht, bleibt Ihnen das Anzeichnen der 60°-Winkel erspart. Dann können Sie die Maschine entsprechend einstellen und die Bretter besonders leicht in Serie zuschneiden.

Ein Bankelement wird zuerst als Muster gebaut

Konstruktionsbedingt müssen die einzelnen Sitzbretter unterschiedliche Längen haben, damit eine trapezförmige Sitzfläche entsteht. Am besten bauen Sie zunächst ein Element fertig, an dem Sie dann die Maße für die Fertigung der fünf weiteren abnehmen.

Bei der hier gezeigten Rundbank wurden beidseitig gehobelte Fichtenbretter von 10 cm Breite gewählt. Das vorderste Sitzbrett weist eine Länge von 70 cm an der Außenkante auf.

Es wird an beiden Seiten im 60°-Winkel zugeschnitten und auf zwei hochgestellte Bretter aufgelegt. Diese dienen als Konstruktionshölzer zum Festschrauben der Sitzbretter. Nach dem Ausrichten der Konstruktionshölzer im 60°-Winkel wird die Form der Sitzfläche erkennbar.

Wenn die Form und Größe zufriedenstellend sind, kann das zweite Sitzbrett folgen. Zwischen den Brettern ist ein geringer Abstand einzuhalten, damit das Regenwasser ablaufen kann. Als Abstandshalter dient hier ein Glied des Zollstocks. Nach dem zweiten Brett

Anreißen, sägen und montieren

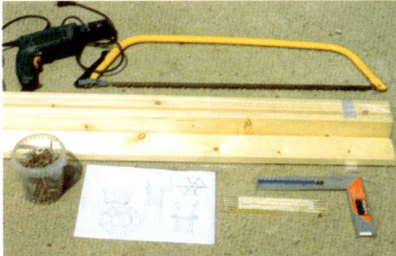

1 Sie brauchen nur gehobelte Bretter von etwa 10 cm Breite, Säge, Bohrmaschine, Winkel und rostfreie Schrauben

2 Um die Schrägen der Sitzbretter der Bank exakt anzureißen, benötigt man einen 60°-Winkel

3 Mit einer einfachen Bügelsäge lassen sich die gehobelten Fichtenbretter problemlos auf das richtige Maß bringen

4 So vereinfachen Sie sich das Zusägen: Die Sitzbretter im 60°-Winkel auf die senkrecht gestellten Konstruktionshölzer legen

5 Wenn man ein Bankelement als Muster gefertigt hat, kann man die erforderlichen Bretter für fünf weitere Elemente in Serie ablängen. Lasur schützt das Holz vor Vergrauen

Sechs Sitzelemente werden zusammengefügt

Wie groß die Rundbank werden soll, hängt immer davon ab, welchen Durchmesser der Baum im Zentrum der Konstruktion aufweist. Für einen Baum mit 50 cm Stammstärke muss man mindestens 60 cm Innendurchmesser der Bankkonstruktion rechnen. Die Schrägen der Bretter weisen stets einen Winkel von 60° auf.

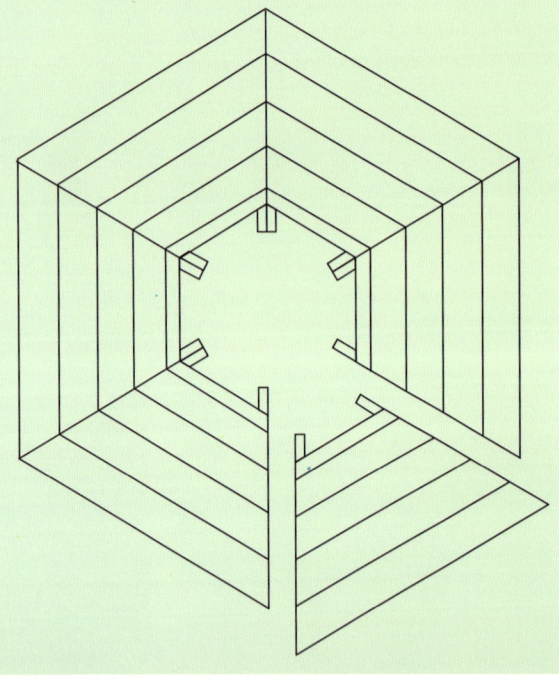

folgen das dritte und vierte. Sie werden allesamt mit den hoch stehenden Konstruktionshölzern verschraubt. Die Schraublöcher sollten Sie unbedingt vorbohren und dann oben mit einem so genannten Krauskopf erweitern. Dann reißt das Holz nicht aus, und die Schraubenköpfe lassen sich etwas versenken. Anschließend können Sie die Überstände der Sitzbretter genau entlang der Kante des Konstruktionsholzes abschneiden. Das geht mit einer Stichsäge besonders leicht (s. Bild 4). Damit ist die erste Sitzfläche fertig.

Nun geht es mit dem Anfügen der Bankbeine weiter. Für die übliche Sitzhöhe von 40 cm brauchen Sie bei einer Stärke der Sitzbretter von ca. 2 cm vorn also 38 cm lange Beine. Hinten ragen die Beine über das Konstruktionsholz der Sitzfläche hinaus und bilden weiter oben das Auflager der Rückenlehne. Hier ist eine Höhe von 90 cm ideal. Zur Stabilisierung des Untergestells wird noch eine Querzarge an der jeweiligen Innenseite des Sitzelements mit den beiden Beinen verschraubt. Nun fehlt nur noch die Rückenlehne, und das erste Sitzelement ist fertig.

Die nötige seitliche Stabilität erhält die Rundbank dadurch, dass jedes zweite Element noch ein auf den Querstreben liegendes Stützbrett bekommt. Vor der Endmontage sollten Sie alle Sägekanten mit Schleifpapier abrunden und dann die Holzoberfläche gründlich mit Wetterschutzlasur behandeln.

Das Verschrauben der sechs Elemente vor Ort erfolgt durch die Konstruktionshölzer, auf denen die Sitzbretter aufliegen. Bei Höhenunterschieden Keile unterlegen.

Die Rundbank wird Element für Element um den Baum gruppiert und dann erst fertig zusammengeschraubt

Gartenmöbel renovieren

Gärtner Leonard Rasnaj rät: „Bänke, Stühle und Tische aus Holz, die im Freien dem Wetter ausgesetzt sind, brauchen gelegentlich eine Renovierung. Meist genügt ein neuer Anstrich. Marode Teile müssen aber ersetzt werden.

Holz ist beim Gartenmöbelbau nach wie vor besonders beliebt. Holzmöbel sehen natürlich aus und sind bei entsprechender Oberflächenbehandlung recht wetterfest. Dennoch nagt der Zahn der Zeit an den Bohlen und Brettern. Selbst massive Bänke aus imprägniertem Vollholz oder Sitzgruppen aus besonders verrottungsfestem Eichen- oder Robinienholz bleiben nicht verschont. Sie brauchen gelegentlich eine Renovierung. Bei Naturholzmöbeln genügt es in der Regel, die vergrauten Oberflächen zu behandeln. Dafür gibt es spezielle Öle, die nach dem Abschmirgeln aufgetragen werden.

Bei Holzmöbeln mit verwittertem Farbanstrich ist es nötig, den alten Lack vollständig zu entfernen. Das gelingt am besten mit einem elektrischen Schleifgerät. Danach erhalten sie einen neuen Anstrich – am besten mit offenporiger Lasur.

Bei Gartenmöbeln mit Metallgestellen, beispielsweise den typischen Biergartenstühlen und -tischen ist das Entfernen alter Lackreste sehr mühsam. Eine

Alternative zum handwerklichen Entfernen der alten Farbe bietet das Sandstrahlen. Spezialbetriebe bieten diesen Service an. Er lohnt sich vor allem für hochwertige schmiedeeiserne Gartenmöbel. Nach der gründlichen Reinigung können Sie das Metall verzinken lassen. Die Preise für diese sehr dauerhafte Oberflächenbehandlung von Metallmöbeln oder Metallteilen sind verhältnismäßig gering. Sie richten sich nach dem Gewicht. Pro Kilo Metall ist mit ungefähr 1,50 Euro zu rechnen."

Grau gewordenes Tropenholz schmirgelt man ab und ölt es ein

Möbel mit Metallgestellen können Sie sandstrahlen und verzinken lassen

Selbstgebaute Pflanzkästen

Rund um das Haus soll es grünen und blühen. Glanzpunkte setzen attraktiv bepflanzte Kästen, die man mit wenig Aufwand selbst bauen kann

Wer Pflanzkästen für den Garten selbst bauen will, greift am besten zum Werkstoff Holz. Sind beispielsweise Bretter vom Bau einer Holzterrasse übrig geblieben, können Sie diese im Nu verwerten.

Pflanzkästen aus Restbrettern bauen

Je drei Bretter für den Boden und die vier Wände sowie vier Verbindungsbretter und drei Auflagebohlen – mehr brauchen Sie nicht. Die Fotos rechts oben zeigen die Arbeitsschritte. Ein senkrecht angeordnetes innen liegendes Brett verbindet die Bretter einer Kastenseite. Daran werden dann stumpf die drei Seitenbretter ange-

Pflanzkästen aus Brettern bauen

1 Die Schraublöcher im Randbereich werden vorgebohrt und angesenkt, damit das Holz beim Verschrauben nicht ausreißt

2 Hier werden die letzten Bretter der Vorderseite des Pflanzkastens verschraubt. Der Kastenboden ruht auf kurzen Bohlen

3 Auf die Innenseiten des Kastens getackerte Teichfolie schützt die Bretter vor direktem Kontakt zur Pflanzerde

schraubt. Ist der Kasten montiert, schrauben Sie drei dickere Bohlenreste als Lagerhölzer gegen die Unterseite.

Innen wird der Kasten mit Teichfolie ausgeschlagen, die am Boden mehrere Abzugslöcher für überschüssiges Wasser erhält. So kann sich keine Staunässe bilden. Zum Schluss schrauben Sie eine Abdeckleiste auf den oberen Rand und schneiden die überschüssige Folie ab.

Viele Hersteller bieten montagefertige Bausätze aus Kanthölzern an, die man einfach aufeinander legt und verschraubt. Im Bereich der Ecken verzahnen sich die unterschiedlich langen Hölzer miteinander.

Efeu rankt aus diesen beiden Pflanzkästen und bedeckt das Mauerwerk dahinter

Nach dem gleichen Bauprinzip können Sie auch Ihre eigenen Pflanzkästen konstruieren. Wie die Bilder auf der folgenden Seite zeigen, lassen sich so beispielsweise beliebig große Pflanzkästen in eine Holzterrasse integrieren. Mobile Pflanzkästen, die nach diesem Prinzip gebaut werden, erhalten einen Boden aus Brettern und werden auf Klötze oder untergeschraubte Balken gestellt.

Rund ums Jahr finden sich immer attraktive Blühpflanzen, mit denen Sie den selbst gebauten Kasten bestücken können (links)

In eine Holzterrasse integrierte Pflanzkästen

Der Pflanzkasten auf Seite 230 besteht aus 90 x 90 mm starken Kanthölzern, die wie beschrieben einfach lagenweise aufeinandergeschraubt werden.

Entsprechend der vorgesehenen Größe des Pflanzkastens werden die Kanthölzer mit dem Fuchsschwanz oder einer Stichsäge abgelängt. Beim Einsatz der Stichsäge ein extra langes Sägeblatt wählen und von allen vier Seiten wechselseitig sägen. So entsteht ein genau winkliger Schnitt. Um die 140 mm langen Schrauben problemlos eindrehen zu können, braucht man eine Bohrmaschine mit mindestens 600 Watt Leistung. Die meisten Akkuschrauber sind damit überfordert.

Auf der Innenseite des Kastens angenagelte Teichfolie schützt das Holz vor direktem Erdkontakt und damit vor Fäulnis. Nehmen Sie am besten verzinkte Dachpappenstifte, um die am Rand nach innen umgeschlagene Folie sicher zu fixieren.

In die Holzterrasse integrierter Pflanzkasten

1 Auf dem Rand der Terrassenaussparung werden die unterschiedlich lang zugeschnittenen Kanthölzer verschraubt

2 Im Eckbereich sind die Hölzer bei dieser Konstruktion absolut stabil verzahnt. Innen wird der Kasten mit Folie isoliert

3 Nun wird Gartenerde eingefüllt, die man je nach Konsistenz mit etwas Torf oder Humus auflockert

Auf der Sonnenseite bietet sich die Bepflanzung mit mediterranen Kräutern an

wände und die Oberkante der Stirnwände mit einem Viertelstabfräser. Ebenso werden die Kufen verziert, die man aus zwei Lagen zusammenleimt. Den Kasten innen mit Folie ausschlagen und im Kieferton lasieren.

Material:
Kiefer massiv, 20 mm dick
1 Bodenplatte 640 x 220 mm
2 Längswände 760 x 215 mm
2 Stirnwände 285 x 185 mm
2 Kufen 400 x 60 mm (je 2 Lagen)
dazu: 12 Zierkappen Kiefer 20 x 20 x 13 mm, Spanplatten-Schrauben, wasserfester Holzleim.

Freistehender Pflanzkasten für die Terrasse

Ein Pflanzkasten wie auf der rechten Seite findet überall einen schönen Platz. Man kann das ganze Jahr über wechselweise Blühpflanzen einsetzen oder ihn auch dauerhaft bepflanzen.

Der Nachbau ist im Nu geschafft. Sie schneiden die laut Materialliste notwendigen Teile aus gehobeltem Kiefernholz zu, versehen die Längswände unten mit je vier Bögen und profilieren dann die Vorderkanten der Längs-

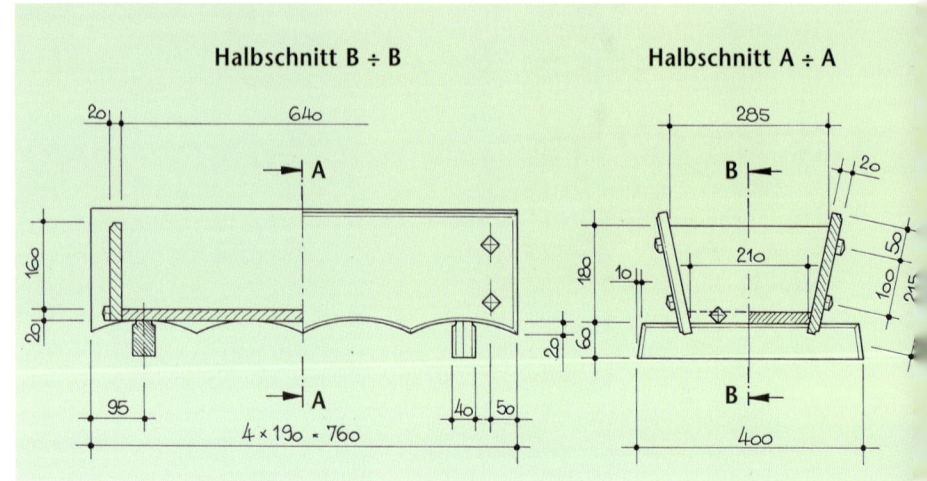

Aussägen, fräsen, zusammenschrauben

1 Mit der Stichsäge werden die geschweiften Konturen der Unterkanten der beiden Längswände ausgeschnitten

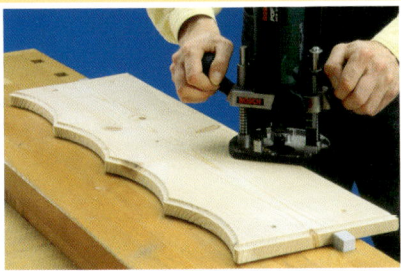

2 Mit Oberfräse und Viertelstabfräser mit Anlaufzapfen profiliert man die nach vorn weisenden Kanten der beiden Längswände

3 Je zwei versenkte Schrauben verbinden Wände und Bodenplatte. Zuletzt deckt man die Schraublöcher mit Zierkappen ab

Spielhäuser für den Garten

Für Kinder gibt es nichts Schöneres, als im Garten zu spielen.
Ein Spielturm mit Rutsche oder Schaukel bringt meist noch mehr Spaß

Unterschätzen Sie niemals die Kraft und Hartnäckigkeit, mit der Kinder die Stabilität von Spielgeräten auf die Probe stellen. Spielhäuser, Rutschen und Ähnliches müssen daher mehr als solide konstruiert werden. Am besten kauft man Geräte wie den hier gezeigten Spielturm als vorgefertigten Bausatz, den man nur noch selbst montiert. Auch bei Bausätzen zu Sonderpreisen sollten Sie vorsichtig sein. Unter Umständen handelt es sich dann um Importware, die nicht den strengen deutschen Sicherheitsvorschriften entspricht. Verlässliche Sicherheit bieten die Produkte einheimischer Hersteller, die zudem mit dem GS-Zeichen für Geprüfte Sicherheit versehen sind.

Für einen Spielturm mit Rutsche braucht man zunächst ausreichend Platz. Am Fuß der Rutsche muss genü-

Hier kennt der Spaß keine Grenzen. Der Holzturm mit Rutsche begeistert jedes Kind

Aufbau eines fertig gekauften Bausatzes

1 Sind die Pfosten ausgerichtet, fixiert man sie mit Schraubzwingen, durchbohrt das Holz und setzt Schrauben ein

2 Im nächsten Schritt durchbohrt man Träger und Pfosten und setzt je Befestigungspunkt eine Schlossschraube ein

3 Auf die bereits montierten unteren Querträger des Spielturms kann man dann die Bodenbretter schrauben

4 Sind auch die oberen Querträger angebracht, werden die Wände montiert. Für Leiter und Rutsche bleiben Öffnungen

5 Sind die Seitenwände komplett fertiggestellt, können als Nächstes die Dachsparren verschraubt werden

6 Die Leiter wird an einem zusätzlichen Querträger verschraubt. Auf der Gegenseite montiert man die Rutsche

7 Zuletzt schrauben Sie die Bretter der Dacheindeckung auf die Sparren. Nun können die Kinder das Spielhaus übernehmen

TIPP: Sicherheit
Überstehende Schraubenenden werden bündig abgesägt, damit sich die Kinder nicht daran verletzen können.

Spiel und Spaß für die ganze Familie bietet dieses Spielhaus mit Schaukel, Sandkasten und Kletternetz

gend Auslauffläche vorhanden sein. Die Fußpunkte der tragenden Pfosten des Turms wie auch der Leiter und Rutsche müssen entsprechend der Montageanleitung einbetoniert werden. Die gesamte Fläche rund um den Turm wird dann mit Sand abgedeckt, damit es keine Verletzungen beim Rutschen oder Springen vom Turm gibt. Für die Montage der Holzteile braucht man Bohrmaschine, Akkuschrauber, Schraubenschlüssel und eine Wasserwaage. Prüfen Sie nach Abschluss der Montage, ob es noch raue oder absplitternde Holzteile gibt. Wenn ja, die Hölzer mit Raspel und Schleifpapier glätten, um Verletzungen zu vermeiden.

Ein Spielhaus im Blockhüttenstil

Spielhäuser in luftiger Höhe haben seit jeher einen besonderen Reiz für Kinder, weil sie einen gewissen Abstand vom Alltag und mitunter auch von den Erwachsenen gewähren. Wo ein tragfähiger Baum für eine Baumhütte fehlt, kann das oben gezeigte Haus aus Baumstämmen die komfortablere Alternative sein.

Natürlich muss man beim Bau kräftig anpacken, denn das Tragen und Bearbeiten der massiven Rundhölzer erfordert einige Kraft. Unser Spielhaus im Blockhüttenstil besteht aus unbehandelten Stämmen, die direkt aus dem Wald kommen. Wer das Holz beim Förster einkauft, zahlt nur einen

Bruchteil dessen, was beim Kauf fertig bearbeiteter und imprägnierter Rundholzpalisaden anfällt.

Das Spielhaus muss fest im Erdreich verankert sein und auf einem verrottungssicheren Fundament stehen. Am besten gießt man ein Fundament aus Beton, das in unserem Fall zugleich die Einfassung für einen Sandkasten bildet, der geschützt unter dem Haus liegt. Auf dieser tragfähigen Basis wird nun das Spielhaus aus den Rundhölzern aufgebaut. Aus Eckpfosten, die mit Winkelverbindern auf dem Betonfundament montiert und mit Querstreben verbunden werden, entsteht ein stabiles Grundgerüst. Dieses erhält einen massiven Boden aus halbierten Balken und ein Dach, das gleichermaßen konstruiert ist. Vor Regen

Montage eines selbst gebauten Spielhauses

1 Sicherheit geht vor! Daher bekommt das Spielhaus ein Betonfundament. Entsprechend der Bauskizze ausheben

2 Nachdem der Beton hart geworden ist, kann die als Abgrenzung gesetzte Schalung aus Holzbrettern entfernt werden

3 Nun bereitet man die Eckpfosten vor. Sie werden seitlich abgeflacht, damit sie besser in die Balkenschuhe passen

4 Anschließend kann man die verzinkten Balkenschuhe probeweise aufschieben. Gegebenenfalls muss man nachsägen

5 Dann werden die Eckpfosten provisorisch aufgestellt, um die Befestigungspunkte am Fundament zu markieren

6 Jetzt kommt der Bohrhammer zum Einsatz. Mit ihm werden die Dübellöcher in das Betonfundament gebohrt

7 Im nächsten Schritt stellt man die Pfosten auf und verschraubt sie fest und sicher mit den Balkenschuhen

8 Als Querstreben werden halbierte Stämme benötigt. Zum Teilen braucht man eine große Tischkreissäge

9 Sind alle vier Holzpfosten montiert, können Sie an ihnen die quer liegenden Auflager für den Boden anschrauben

10 Das Grundgerüst des Spielhauses ist fertiggestellt. Die Konstruktion überzeugt durch Stabilität und Sicherheit

11 Vier Sparren teilen das Dach auf jeder Seite. Sie werden mit dem Firstprofil und dem Traufprofil verschraubt

12 Die Detailaufnahme zeigt, wie die Profile an den Knotenpunkten durch Schrauben und Winkel verbunden werden

Stabile Verbindungen herstellen

13 Die sich diagonal kreuzenden Verstrebungen geben der Konstruktion noch zusätzliche seitliche Stabilität

14 Für den Boden schraubt man dünne halbierte Stämme auf die Lagerbalken. So entsteht eine ebene Auftrittsfläche

15 So präsentiert sich der Boden in der Draufsicht. Achten Sie darauf, dass keine zu großen Lücken entstehen

16 Nun kann die Montage des Auslegers für die Schaukel vorbereitet werden. Provisorisch arbeitet man mit Brettern

17 Zwischenzeitlich wurde das Dach aus rohen Brettern aufgenagelt. Das Haus ist nun vor Regen und Sonne geschützt

18 Schräg an Punktfundamenten befestigte Balken tragen den Schaukelausleger. Markieren Sie die Einsteckhöhe

19 Der Ausleger wird auf seine Lagerbalken gelegt und am Haus befestigt. Hier muss man unbedingt zu zweit arbeiten

20 An einer der vier Seiten wurde zwischen den senkrecht montierten Holzpfosten ein Kletternetz gespannt

21 Halbierte Stämme bilden die Giebelverkleidung. Ein Fensterladen mit Scharnieren kann geöffnet werden

22 Auch die noch offenen Seiten werden mit halbierten Stämmen verkleidet. Auch hier arbeitet man besser zu zweit

23 Nun schraubt man Bretter auf das Fundament und füllt den Innenraum mit Sand. Eine Kiste nimmt Spielsachen auf

schützt aufgenagelte Dachpappe. Fenster in den Seitenwänden, deren Läden ebenfalls aus massiven Balken entstehen, geben den Blick nach draußen frei.

Zugang zum Spielhaus bietet eine stabile Leiter. Zum Abseilen dient ein dicker Strick, der an einem Dachbalken befestigt wird. Zur zusätzlichen Stabilisierung des Gebäudes tragen zwei schräg in Punktfundamente eingesetzte Balken bei, die mit einem Querbalken am Spielhaus montiert sind. Dieser Ausleger bietet zugleich Befestigungsmöglichkeiten für eine oder mehrere Schaukeln.

Zur sicheren Verbindung der Holzteile werden verzinkte Schlossschrauben von 10 mm Durchmesser mit entsprechend langen Schäften verwendet. Wo die Länge handelsüblicher Schrauben nicht reicht, arbeitet man mit Gewindestangen, die passend abgelängt werden. Zur Befestigung der senkrechten Pfosten am Betonfundament benutzt man verzinkte Winkelverbinder. Unsere Arbeitsfotos zeigen Ihnen, wie das Haus mit seinen vielen verschiedenen Spielmöglichkeiten Schritt für Schritt entsteht.

So wird das hier verwendete Rundholz direkt im Wald von der Rinde befreit. Dabei muss man sorgfältig arbeiten, damit sich die Kinder später nicht daran verletzen

Tipps vom Experten

Sicherheit für Kinder

Peter Baruschke ist Technik- und Test-Redakteur beim Do-it-yourself-Magazin „Selbst ist der Mann". Er betont, dass Sicherheit bei Bau und Montage von Spielgeräten für Kinder höchsten Rang hat:

„Beim Aufstellen von Kletter- oder Schaukelgerüsten, ganz gleich ob aus Stahlrohr oder Holz, ist eine stabile Verankerung im Boden das Wichtigste. Den besten Halt bieten Stahlanker, die in Betonfundamente gegossen werden. Beachten Sie aber, dass diese Fundamente auf keinen Fall aus dem Boden ragen dürfen. Sie müssen ausreichend mit Erde abgedeckt sein.

Holz ist ein beliebtes Baumaterial für Spielgeräte im Garten. Doch selbst kesseldruckimprägnierte Hölzer können bei unmittelbarem Kontakt zum Erdreich faulen. Vermeiden Sie es also, das Holz in den Boden einzugraben und kontrollieren Sie Holz in Bodennähe regelmäßig. Ebenso ratsam ist es, alle Schraub- und Steckverbindungen regelmäßig zu überprüfen. Schrauben, die sich gelockert haben, müssen sofort nachgezogen werden. Strickleitern und Seile an Spielgeräten können durch Witterungseinfluss mit der Zeit an Tragkraft verlieren. Tauschen Sie solche Teile bei ersten Anzeichen auf Verwitterung und Materialschwäche aus.

Beanspruchte Geräte wie solche Schaukelelemente muss man fest verankern

Eine grundsätzliche Empfehlung: Bedecken Sie den Boden im Umfeld aller Spielgeräte mit einem falldämpfenden Material, zum Beispiel Sand oder Rindenmulch. Diesen Bodenbelag müssen Sie dann regelmäßig auf Verunreinigungen überprüfen, vor allem auf scharfkantige Gegenstände wie Steine oder abgebrochene Teile von Spielzeug."

Überprüfen Sie Stabilität und Verschraubungen der Spielgeräte im Garten regelmäßig

Wippe und Karussell kombiniert

Kinder spielen und toben gern im Freien. Mit dieser Wippe, die gleichzeitig auch ein Karussell ist, sind die Stunden draußen doppelt schön

Mit diesem Spielgerät machen Sie Ihren Kindern oder Enkeln eine Riesenfreude. Der Trick bei der Wippe ist, dass sie sich auch in ein Karussell verwandeln lässt. Das geht einfach und schnell: Mit einer zusätzlichen Schraube kann der Balken in der waagerechten Stellung arretiert werden.

Der Nachbau sollte mit unserer Bauanleitung nicht allzu schwer fallen. Bild 1 zeigt, wie man die Fußteile für

das Untergestell aus den 22 mm dicken MDF-Platten aussägt. Die Schnitte durch die relativ dicken Platten gelingen schnell und sauber mit einer Pendelhub-Stichsäge. Dabei ein Kurvensägeblatt benutzen. Für eine sichere Ausführung der Arbeit werden die Platten mithilfe von Schraubzwingen am Arbeitstisch fixiert. Mit Holzfeile und Sandpapier oder – noch einfacher – mit einem Schwingschleifer werden die ge-

schwungenen Kanten vor dem anschließenden Lackieren bearbeitet.

Bau des Untergestells

Im nächsten Arbeitsschritt wird aus den Fußteilen und den Eckleisten das Untergestell zusammengesetzt und

Ein tolles Spielgerät für den Garten: Die Kinder können wippen und sich gleichzeitig rasant im Kreis drehen

mit wasserfestem Leim verbunden. Dazu leimen Sie zuerst eine Eckleiste an zwei Fußteile und pressen die Teile mit Schraubzwingen zusammen. Dabei ist zu beachten: Das mittlere Stahlrohr mit 20 mm Innendurchmesser kann je nach Wandstärke unterschiedliche Außendurchmesser aufweisen. Damit es später von unten in das Gestell eingeschoben werden kann, müssen die Eckleisten entsprechend weit über die senkrechten Kanten der Fußleiste herausstehen, eventuell nur 1 bis 2 mm. Am besten die Teile zuerst nur mit Schraubzwingen fixieren und ohne Leim ausprobieren. Nach dem Trocknen des Leims werden die so vorbereiteten Fußteile mithilfe der zwei übrigen Eckleisten auf die gleiche Weise zusammengefügt, verleimt und wieder mit Schraubzwingen verpresst.

Das Stahlrohr mit der angeschweißten Fußplatte wird am besten direkt beim Schlosser bestellt. Dieser kann auch gleich den Stahl-Rundstab als Einsatzstück am Balkenschuh ansetzen. Die Abrundung des Rundstabes am Balkenschuh kann man selbst vornehmen, zum Beispiel mit einer Eisenfeile. Die Abrundung ist wichtig, damit der Balken sich leicht drehen lässt, wenn er mittels einer zweiten Schraube zur Karussell-Fahrt in waagerechter Position festgestellt wird. Abhängig von den Maßen des Balkenschuhs müssen laut Detailzeichnung S. 241 entsprechende Änderungen vorgenommen werden.

Bild 4 zeigt die Wippe, nachdem das Stahlrohr in das Untergestell eingesetzt worden ist. In das Rohr passt jetzt der 19-mm-Rundstab mit dem Balkenschuh. An der Stelle, wo später die Maschinenschraube mit glattem Schaft für die Wipp-Funktion durch den Balken geschoben wird, muss beidseitig noch je eine 8 mm dicke Sperrholz- oder Multiplex-Scheibe zur Verstärkung angeleimt werden.

Arbeitsschritte

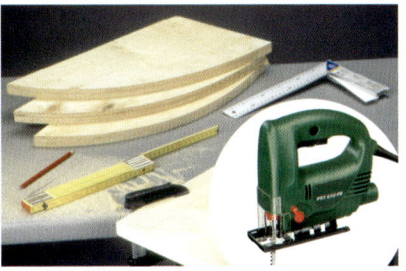

1 Mit der elektrischen Stichsäge lassen sich die geschwungenen Teile am besten entsprechend der Zeichnung aussägen

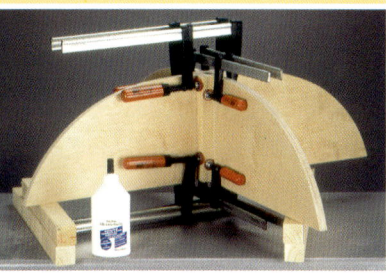

2 So leimen Sie das Untergestell aus den vorbereiteten Teilen zusammen. Unbedingt wasserfesten Holzleim verwenden

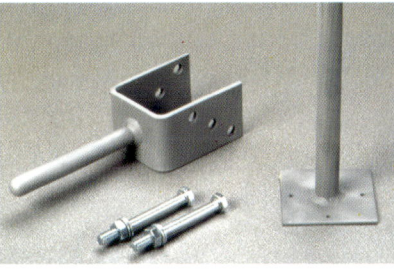

3 Das Stahlrohr mit der Fußplatte lässt man beim Schlosser zusammenschweißen. Daneben Balkenschuh und Schrauben

4 Das Stahlrohr ist in das Untergestell eingesetzt worden. In das Rohr passt jetzt der Balkenschuh mit dem 19-mm-Rundstab

5 Mit farbigem Lack schützen Sie die Holzoberfläche vor der Witterung. Wenn Sie die natürliche Maserung erhalten wollen, nehmen Sie klaren Bootslack für die Oberflächenbehandlung

TIPP:
Fundament betonieren

Wenn Sie die Wippe im Garten fest montieren wollen, heben Sie ein Loch von etwa 50 cm Durchmesser und gleicher Tiefe aus, das Sie mit Fertigbeton füllen. Die Betonmischung gibt es sackweise zu kaufen. Sie müssen nur noch Wasser zugeben und das Ganze in einem Mörtelkübel gut durchmischen. An die vier Teile des Untergestells schrauben Sie dann seitlich je einen verzinkten Flachverbinder und stecken diese in den frischen Beton.

Etwas oberhalb, rechts davon, ist die Bohrung zu sehen, wo mit einer zweiten Maschinenschraube der Balken für den Karussell-Betrieb festgestellt werden kann.

Der Mittelvogel wird wie die beiden vor den Sitzen angeleimten Vögel und die Sitze selbst an den Kanten abgerundet. Am einfachsten und schnellsten geht diese Arbeit mit einer Oberfräse von der Hand. Mit 10 mm Holzdübeln und Holzleim werden die Vögel und die Sitzflächen auf den Balken gesetzt.

Mit Buntlacken erhalten Vögel, Sitze, Balken und Untergestell zuletzt einen farbenfrohen Anstrich. Wer die natürliche Holzmaserung lieber mag, kann die Wippe auch mit klarem Bootslack vor der Witterung schützen. Falls notwendig, müssen die Balken vor der Farbbehandlung mit einem Bandschleifer geglättet werden.

Seitenansicht

Vorderansicht

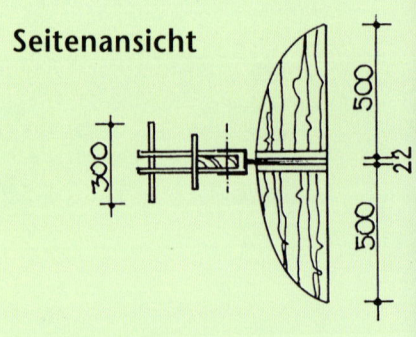
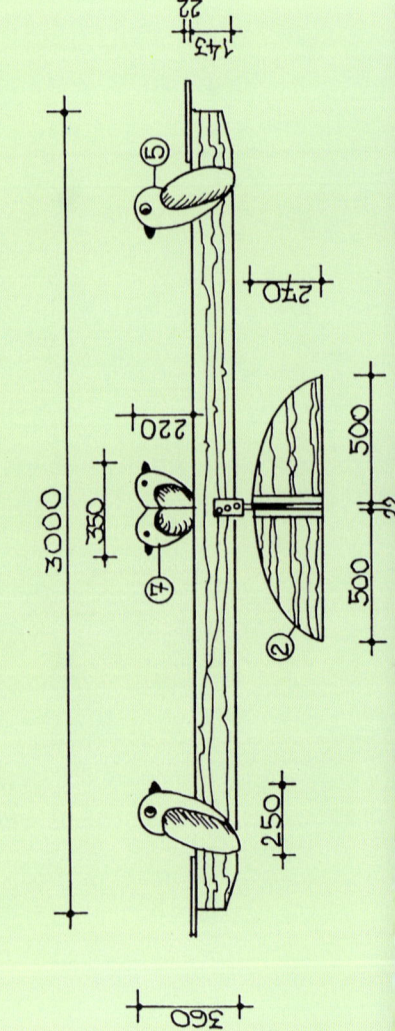

Materialliste mit allen Maßen

Position	Anzahl	Bezeichnung	Maße in mm	Material
①	1	Balken	3000 lang	Fichte
			143 x 54 mm	
verleimt aus 2 Stück			143 x 27 mm	
②	4	Fußteile	500 x 270 mm	Multiplex, 22 mm
③	4	Eckleisten	265 mm lang	Fichte,
				30 x 30 mm
④	2	Sitze	280 x 200 mm	Multiplex, 18 mm
⑤	4	Vögel	360 x 250 mm	Multiplex, 18 mm
⑥	2	Griffstangen	300 mm lang	Buche,
				25 mm rund
⑦	1	Mittelvogel	220 x 350 mm	Multiplex, 18 mm

Weiterhin werden benötigt: 1 Balkenschuh, z. B. mit 70 mm Öffnungsbreite und 19 mm Rundstab, 1 Stahlrohr 280 mm lang mit 20 mm Innendurchmesser, 1 Stahl-Rundstab als Einsatzstück laut Detailzeichnung, 2 Schlüssel- oder Maschinenschrauben mit glattem Schaft, Holzdübel 10 mm

Die Konstruktion der Wippe in der Zeichnung

*In der Detail-
zeichnung sehen
Sie, wie der
Balkenschuh mit
dem unten ange-
schweißten
Rundstab in dem
Rohr sitzt, das ins
Untergestell ein-
gelassen wurde*

Aufsicht

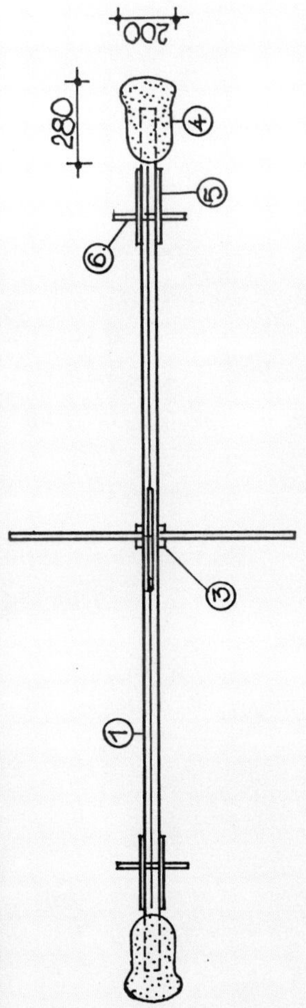

200

280

④

⑤

⑥

③

①

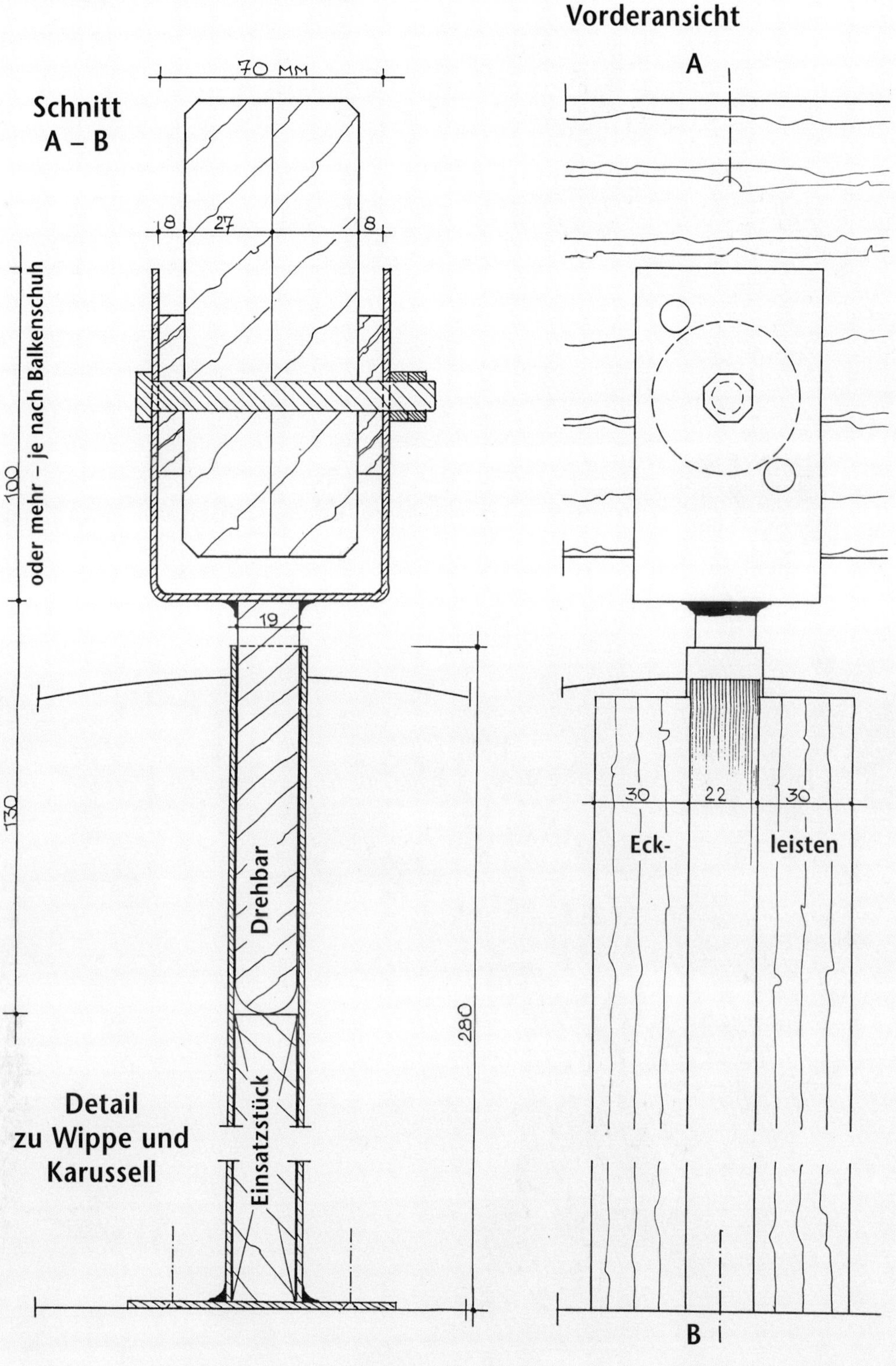

Vorderansicht

A

B

30 22 30

Eck-   leisten

**Schnitt
A – B**

70 MM

8   27   8

oder mehr – je nach Balkenschuh

100

19

130

280

Drehbar

Einsatzstück

**Detail
zu Wippe und
Karussell**

Garten-Dekorationen

Zauberhaftes Windspiel

Schöne Dinge für den Garten

Zauberhaftes Windspiel

Windspiele, die sich mit jedem Luftzug bewegen, beleben jeden Garten.
Das hier gezeigte Windrad stellt sich selbsttätig in die Brise

Wenn Sie gern beobachten wollen, wie stark und aus welcher Richtung der Wind in Ihrem Garten weht, dann ist das hier präsentierte Windrad sicher ein hübscher Bauvorschlag. Aus wenigen Einzelteilen ist die solide Konstruktion im Nu zusammengeleimt.

Und so wird's gemacht

Wir beginnen mit dem Flügelrad. Es besteht aus acht Einzelflügeln, die an Rundstäben befestigt und damit in eine Nabe geleimt werden. Zunächst schneiden Sie die acht Sperrholzflügel aus. Dann müssen die Rundstäbe am äußeren Ende in Länge der Flügel auf halbe Materialstärke aufgetrennt werden. Wir haben dazu am Stichsägetisch eine Anschlagleiste angeklemmt. Die so vorbereiteten Rundstäbe werden anschließend mit den Flügeln verleimt.

Die Nabe des Flügelrads besteht aus einer Buchenholzscheibe von 19 mm Dicke und 76 mm Durchmesser. Sie wird mit der Stichsäge ausgeschnitten und dann mit Raspel und Schleifpapier geglättet.

Mithilfe von Bohrständer und Maschinenschraubstock versehen Sie die Nabe anschließend mit den acht Bohrungen zur Aufnahme der Flügelstäbe. Eine weitere 5-mm-Bohrung im Zentrum der Nabe dient zum Durchführen der Schraube mit abgesetztem Gewinde, auf der sich das Flügelrad dreht.

Die Flügelstäbe können nun in die Nabe eingeleimt werden. Dabei stellen Sie die Flügel im 45-Grad-Winkel schräg zum Wind.

Das Windrad ist aus ein paar Rundstäben und etwas Sperrholz schnell gebaut (links)

Das Zuschneiden und Montieren der Teile

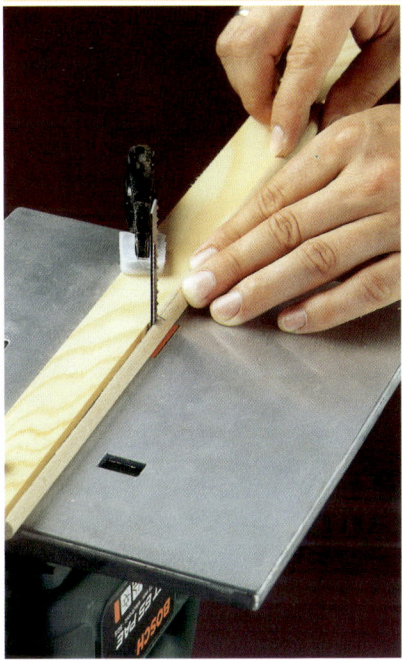

1 Zum Auftrennen der Flügelstäbe spannt man eine Latte als Hilfsanschlag über die Platte des Stichsägetisches

2 Nun die Flügel mit den aufgesägten Rundstäben verleimen. Dabei unbedingt wasserfesten Holzleim verwenden

3 Zum Bohren der Löcher für die Flügelstäbe wird die Nabe des Flügelrads in den Maschinenschraubstock gespannt

4 Die Flügel in einen Winkel von 45 Grad einleimen. So fangen sie den Wind ein und bringen das Rad in Bewegung

5 Die Wetterfahne wird in den vorbereiteten Schlitz der Mittelachse gesteckt, verleimt und zusätzlich verdübelt

Zuletzt erfolgt die Oberflächenbehandlung

6 *Vor der Oberflächenbehandlung des Holzes sollten Sie die Funktion des fertig gestellten Windrads in einem Probelauf testen*

Ist das Flügelrad fertig gestellt, geht's an den Bau der Mittelachse. Sie wird am hinteren Ende eingeschlitzt, um die Wetterfahne aus Sperrholz einschieben und durch zwei Dübel und Leim befestigen zu können. Nun das vordere Ende der Mittelachse vorbohren, um die als Drehachse des Rads dienende Holzschraube eindrehen zu können.

Ist das Flügelrad montiert, legt man die Mittelachse auf eine Brettkante, um durch Verschieben das Gleichgewicht zwischen Flügelrad vorn und Wetterfahne hinten einzupendeln. Ist der richtige Auflagepunkt gefunden, wird er markiert. Hier ist nun eine weitere Bohrung zur drehbaren Befestigung der Mittelachse auf der Halteleiste erforderlich. Eine weitere Holzschraube mit abgesetztem Gewinde stellt das Verbindungsglied dar.

Das schmucke Windrad ist jetzt funktionsfähig und wird im Freien probeweise aufgestellt und getestet.

Anschließend bekommt das Holz einen wetterfesten Klarlacküberzug. Als optischen Akzent haben wir die Flügel teilweise sowie Wetterfahne und Nabe ganz rot gestrichen. Natürlich können Sie auch das gesamte Windrad farbig gestalten.

Materialliste:
① 1 Radnabe 76 mm Durchmesser, 19 mm dick (Buchenholz)
② 8 Flügelstäbe von 10 mm Durchmesser und 295 mm Länge (Buchenholz)
③ 1 Wetterfahne 250 x 300 mm (Rohmaß) aus 5-mm-Sperrholz
④ 8 Flügel 175 x 75 mm aus 5-mm-Sperrholz
⑤ 1 Mittelachse 330 mm lang, Durchmesser 22 mm (Buchenholz)
⑥ 1 Ständer Durchmesser 28 mm (Buchenholz), Länge nach Bedarf

Die Konstruktion des Windspiels in der Schemazeichnung

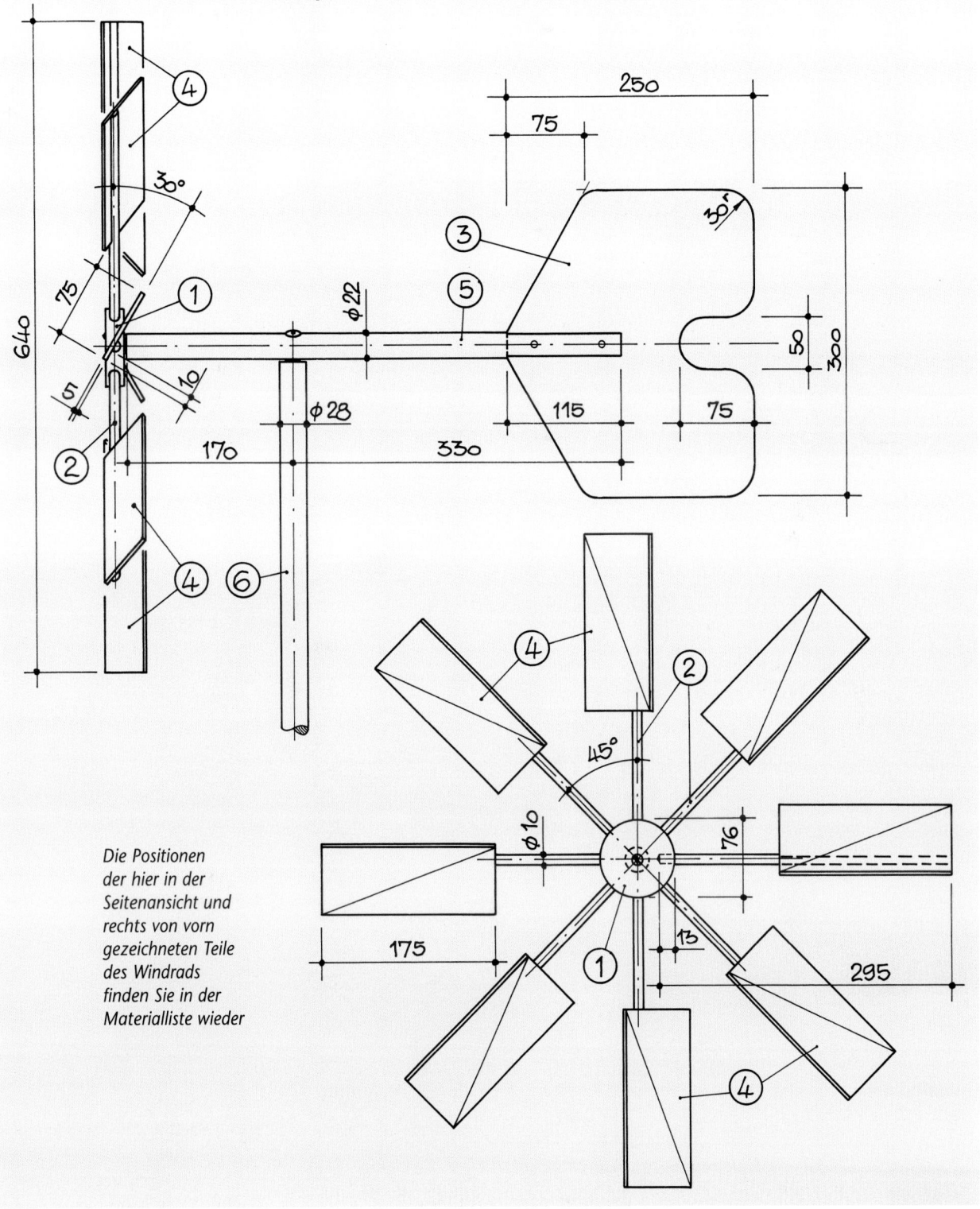

Die Positionen
der hier in der
Seitenansicht und
rechts von vorn
gezeichneten Teile
des Windrads
finden Sie in der
Materialliste wieder

Schöne Dinge für den Garten

Hübsche Gartenaccessoires, mit Phantasie und Liebe zum Detail ausgesucht und platziert, verleihen Ihrem Garten einen individuellen Charakter

Elemente des Naturschutzes werden zur Gartenzierde

Nützliche Dinge, die in einen naturnah gestalteten Garten gehören, können gleichzeitig auch ausgesprochen dekorativ sein. So gibt es wunderschöne Vogeltränken aus Keramik und Metall, die von den gefiederten Gästen gern angenommen werden. Wie im großen Bild auf der linken Seite gezeigt, darf die Vogeltränke auch einmal mit Blüten dekoriert werden.

Futterhäuser und Nistkästen müssen an erster Stelle vogelgerecht konstruiert werden (siehe Seite 205 bis 207). Wenn man bei der Form etwas variiert und dazu einen ausgefallenen Anstrich wählt, kann ein Nistkasten aber auch zum Schmuckstück werden, wie das Bild rechts beweist.

Jahreszeitlich wechselnder Gartenschmuck

Neben der Bepflanzung von Beeten und Rabatten gibt es im Garten Platz für mobile Töpfe und Pflanzkästen, die je nach Jahreszeit mit Frühblühern, prächtigen Sommerblumen oder schönen Herbststauden bestückt werden können. Vielleicht platzieren Sie auch ein kleines Tischchen an einen geeigneten Platz, auf dem Sie im Herbst eine Auswahl schöner Blüten und Gartenfrüchte präsentieren wie auf dem Bild rechts. Solche Dekorationen sind zwar vergänglich, bereiten dem Auge aber auch besondere Freude.

Arrangements von Zierkürbissen, Trockenblumen und Ähnlichem halten sich sogar etliche Wochen oder Monate.

Blätter von Funkien und Teerosen in einer Wasserschale oder wie hier in der Vogeltränke sind ein echter Hingucker

Nistkästen einmal anders: Meisen und Co. akzeptieren auch diese Variante (oben). Passt gut zum Erntedankfest: herbstliche Blüten und Früchte des Gartens (unten)

Phantasievoll gestaltete Dekorationselemente aus Keramik (oben).
Farbig glasierte Keramikkugeln setzen Akzente zwischen Grün und weißen Kieseln (unten)

Gartenaccessoires aus dauerhaften Materialien

Als ständiger Gartenschmuck sind mittlerweile die verschiedensten Accessoires erhältlich. Neben den altbekannten Rosenkugeln (siehe Seite 242), die auf Stäben stecken, gibt es die verschiedensten Kugeln, die man direkt auf den Boden legt. Sie können aus grauem Stein bestehen und sich nur dezent von der umgebenden Bepflanzung abheben. Sie können aber auch als bunt glasierte Keramikkugeln Farbtupfer setzen.

Aus glasierter und naturbelassener Keramik finden Sie im Handel zahlreiche Figuren und Dekorationselemente. Links ein Beispiel dafür, wie man damit Kiesbeete verschönern kann.

Ein Hauch von Asien

Besonders beliebt sind neuerdings asiatische Dekorationen im Garten. Statt des üblichen Sichtschutzes aus Holz kann man aus Bambus bestehende Elemente kaufen. Dazu passen lebende Bambusstauden sehr gut. Und schimmert dann noch eine Buddhastatue durch das Bambusgrün, ist schon eine gutes Stück des Zaubers asiatischer Gartenkunst eingefangen.

Im Handel werden Figuren unterschiedlichster Größe angeboten. Auch steinerne Brücken, Sitzbänke und natürlich die zauberhaften Tempelleuchten mit ihren Pagodendächern sind in zahlreichen Varianten erhältlich. Achten Sie darauf, dass die Dekorationen standsicher aufgestellt werden, da sie oft mehrere hundert Kilo schwer sind.

Ein größerer Buddha aus Sandstein oder Granit braucht ein stabiles Fundament, damit er nicht umkippen kann (rechts)

Die Auswahl an asiatischen Steindekorationen ist groß. Verglei-
chen Sie die Feinheit der Oberflächenbearbeitung

Solche Tempelleuchten können mit Wachslichtern bestückt werden.
Dann verbreiten sie im Dunkeln ihren asiatischen Zauber

Register

Wir danken den Experten, die in diesem Buch ihr Fachwissen zur Verfügung gestellt haben:

Peter Baruschke ist als Technik- und Test-Redakteur bei der Heimwerkerzeitschrift „Selbst ist der Mann" zuständig für Produkt-Tests unter anderem von Gartengeräten. Weitere Infos unter: www.selbst.de

Peter Himmelhuber ist als gelernter Landschaftsgärtner mit der Planung, Gestaltung und Pflege von Gärten beschäftigt. Zudem arbeitet er als Fachjournalist, Fotograf und Buchautor.

Leonard Rasaj arbeitet seit vielen Jahren als Gärtner. Zu seinem Aufgabengebiet gehören unter anderem die Anlage von Rasenflächen, die Pflanzung und Pflege von Gehölzgruppen und Staudenbeeten sowie die Ausführung von Pflaster- und Holzbauarbeiten.

Hildegard Stöckel hat in Berlin ein Studium als Gartenbau-Ingenieurin absolviert. Sie betreibt heute eine eigene Gärtnerei und lehrt Floristik in einer Berufsschule.

Ingmar Stöckel ist Gartenbau-Ingenieur und war viele Jahre als Bauleiter bei einem Architekturbüro tätig. Heute arbeitet er im eignen Unternehmen und ist zudem für die Planung, Anlage und Pflege von Gärten zuständig.

Bildquellennachweis

Fotografien:

Arbeitsgemeinschaft Pflasterklinker e. V., Bonn: S. 10 (1), 11 (2), 12 (3), 13 (3), 14 (1), 15 (5), 20, 21-23, 24 (4), 25-31, 37, 44 (2); Bosch Elektrowerkzeuge, Leinfelden-Echterdingen: S. 14 (1); Gardena, Ulm: S. 167, 168 (1); Heissner AG, Lauterbach: S. 176, 178 (1); Peter Himmelhuber, Regensburg: S. 53, 55, 58 (1), 60 (1), 65, 67 (5), 87, 101, 182-184, 186-190, 191 (3), 193-194, 195 (4), 196-198, 224-226, 234-236, 237 (1); Oase Wübker GmbH, Hörstel: S. 177 (2); OBI, Wermelskirchen: S. 172-173; Osmo Holz und Color, Warendorf: S. 77-79, 82, 86, 88 (4), 90, 91 (1), 92, 108-113, 138; Selbst ist der Mann, Das Heimwerker-Magazin, Köln: S. 121-122; Stein+Design Infodienst, Freiburg: S. 11 (1), 12 (1), 32-35, 42-43, 44 (2), 45, 49, 50 (1); Ubbink, Bocholt: S. 164, 167, 168 (1).
Alle anderen Fotos stammen aus dem Archiv des Autors, Hans-Werner Bastian, Brühl

Illustrationen:
Alle Malcolm Powell, Bergisch-Gladbach